Te abraza con todo fervor revolucionario

Epistolario de un tiempo 1947-1967

Te abraza con todo fervor revolucionario

Epistolario de un tiempo 1947-1967

Ernesto Che Guevara

Compilación
María del Carmen Ariet García
Disamis Arcia Muñoz

Centro de Estudios
CHE GUEVARA

una editorial latinoamericana

Seven Stories Press/Ocean Sur
140 Watts Street
New York, NY 10013

Library of Congress Cataloging-in-Publication Data

Names: Guevara, Che, 1928-1967, author. | Ariet, María del Carmen, editor.
   | Arcia Munoz, Disamis, editor. | Centro de Estudios Che Guevara.
Title: Te abraza con todo fervor revolucionario : epistolario de un tiempo
   1947-1967 / Ernesto Che Guevara ; compilacion María del Carmen Ariet
   García, Disamis Arcia Munoz.
Description: New York : Ocean Sur ; Seven Stories Press, [2021]
Identifiers: LCCN 2021045443 (print) | LCCN 2021045444 (ebook) | ISBN
   9781925756395 (trade paperback) | ISBN 9781644211236 (ebook)
Subjects: LCSH: Guevara, Che, 1928-1967--Correspondence. | Guevara, Che,
   1928-1967--Political and social views. | Cuba--History--Revolution,
   1959--Personal narratives. | Guerrillas--Latin America--Correspondence.
Classification: LCC F1788.2.G83 A4 2021 (print) | LCC F1788.2.G83 (ebook)
   | DDC 980.03/5092--dc23
LC record available at https://lccn.loc.gov/2021045443
LC ebook record available at https://lccn.loc.gov/2021045444

Primera edición 2019
Reimpresión 2021
Impreso en los estados unidos.

Índice

Segundo viaje por América Latina

Al leer las cartas de mi padre

Aleida Guevara[1]

Este libro es una de las verdaderas joyas en el proyecto editorial entre el Centro de Estudios Che Guevara (Habana) y Ocean Press y Ocean Sur. En tanto selección de sus cartas, se nos revela en ellas la dimensión personal de ese hombre que fue mi padre. Es cuando leemos las cartas de alguien a quien quizá no conocimos muy bien, que podemos saber quién fue verdaderamente. Para mi, esto es lo que vuelve muy importante a este libro, porque se trata de cartas de diferentes periodos de su vida que nos muestran la transformación de una persona real, la evolución de un ser humano.

Al preparar un discurso, el Che consideraba con gran cuidado sus palabras y planeaba lo que que quería decir. Usualmente discursos estaban llenos de emoción y presentaba sus ideas con gran claridad. En sus cartas a amigos y familiares, sin embargo, se nos presenta de manera espontánea y honesta. Por eso, leer las cartas de mi padre es un medio fascinante para llegar a conocerlo de verdad. Hace poco, el escritor cubano Miguel Barnet lamentaba que hoy en día ya no escribamos cartas. Es verdad. Todo lo que recibimos hoy es un email o un mensaje de texto en el teléfono. Las cartas escritas a mano son cosa del pasado, lo cual es lamentable porque, como verá quien lea el libro, uno puede ser testigo de los cambios en un joven con el paso del tiempo.

---

1   Pasajes de las palabras de Aleida Guevara, durante el lanzamiento de la edición en español del presente libro, en La Habana, en 2019.

La selección inicial de las cartas pertenece a su juventud, cuando Ernesto deja la Argentina por vez primera. En una carta a su madre, a quien llama con cariño *vieja*, escribe lo siguiente:

> De dos cosas estoy seguro: la primera es que si llego a la etapa auténticamente creadora alrededor de los treinta y cinco años mi ocupación excluyente o principal al menos, será la física nuclear, la genética o una materia así que reúna lo más interesante de las materias conocidas, la segunda es que América será el teatro de mis aventuras con un carácter mucho más importante que lo que hubiera creído; realmente he llegado a comprenderla y me siento americano con un carácter distintivo de cualquier otro pueblo de la tierra. Naturalmente que visitaré el resto del mundo. […]

Al inicio —viajero despreocupado y ambicioso investigador científico— comunica a su madre que en él la visión del mundo se ha "acentuado" tras ser testigo presencial del derrocamiento, con apoyo de Estados Unidos, del gobierno democráticamente electo en Guatemala:

> La forma en que los gringos tratan a América (acordate que gringos son yanquis) me iba provocando una indignación creciente, pero al mismo tiempo estudiaba la teoría del por qué de su acción y la encontraba científica. Después vino Guatemala y todo eso difícil de contar,

Con motivo del nacimiento de su primera hija, Hilda, en febrero de 1956, le escribe a su madre, a la que ahora se dirige como *Abuelita*:

> Los dos somos un poquito más viejos, o si te considerás fruta, un poquito más maduros. La cría es bastante fea, pero no es más que mirarla para darse cuenta de que es diferente de todas las criaturas de su edad, llora cuando tiene hambre, se mea con frecuencia… le molesta la luz y duerme casi todo el tiempo; sin

embargo, hay algo que la diferencia inmediatamente de cualquier otro crío: su papá se llama Ernesto Guevara.

¡Ese es mi padre!

Una de las cartas más interesantes en este libro es la que el Che escribió, como líder del gobierno revolucionario, al director de la publicación cubana *Bohemia*, en mayo de 1959, para hacer frente a las críticas personales dirigidas contra él, como extranjero en Cuba:

> No es mi intención defenderme de las falaces imputaciones y de la insidiosa puntualización de mi nacionalidad argentina; soy argentino y nunca renegaré de mi patria de origen (si me perdona el atrevimiento por la comparación, tampoco Máximo Gómez renunció a su patria dominicana) 3pero me siento cubano, independientemente de que las leyes lo certifiquen o no, porque como cubano compartí los sacrificios de este pueblo en la hora de la lucha armada y comparto hoy sus esperanzas en la hora de las realizaciones.[2]

Son muchas las cartas que sin duda los lectores disfrutarán, entre ellas la que hizo llegar a mi madre durante sus viajes por el extranjero como representante del gobierno de la revolución cubana; entre ellas, la siguiente, escrita pocas semanas después de su matrimonio en 1959:

> Me condecoraron con la orden de la república. Un medallón muy grande que me queda de lo más bonito, no es porque lo diga yo. Ya salí al mercado de plata para comprar tu pulsera pero no encontré nada de lo que esperaba para ti, aunque te llevo algunas cosillas. El viaje hasta aquí fue muy rápido, sin poder ver nada de nada y en la RAU estamos en las mismas condiciones. Estoy durmiendo muy poco y ya se me pegan los ojos.

2   Ernesto Che Guevara obtuvo la ciudadanía cubana el 9 de febrero de 1959.

Al día siguiente la delegación cubana visitó Gaza y quedó horrorizada ante las condiciones que padecían los palestinos que ahí vivían.

> Fui a visitar los oficiales brasileros que están cuidando estos lugares. Establecí nuevas normas diplomáticas de confraternidad entre los pueblos pues me dormí en el hombro del oficial egipcio que me acompañaba.

Escribió otras encantadoras cartas a mi madre. Adoro este pequeño fragmento:

> No puedo escribirte mucho porque el tiempo es corto. Solamente decirte que te compré un kimono precioso que para mí tiene un encanto especial pues lo tenía una geisha que me brindó sus encantos.

Como verán, mi madre es celosa.

Una carta especial es la que escribió al escritor argentino Ernesto Sábato, en la cual el Che explica el proceso de la revolución cubana, y la manera en que entendía el papel de Fidel. El Che describe a Fidel como alguien firme, siempre a la vanguardia; alguien que siempre era honesto sobre lo que deseaba hacer. El gobierno de los Estados Unidos, explica el Che a su compatriota argentino, tenía ciertas expectativas sobre los líderes políticos latinoamericanos, y la honestidad de Fidel los confundía. Para ellos, lo que el gobierno cubano había dicho sobre la reforma agraria, por ejemplo, significaba que no llevaría a cabo dicha reforma agraria, si se destinaba suficiente dinero a Cuba. Así que cuando el gobierno revolucionario hizo exactamente lo que anunció que haría, el gobierno estadounidense quedó convencido de que los cubanos habían mentido. Nunca pudieron imaginar que los líderes revolucionarios eran honestos.

En varias cartas el sentido del humor de mi padre se hace evidente; como aquella que le escribiera al Dr. Eduardo Ordaz, el entonces responsable de la publicación de 6,300 ejemplares de una publicación de psiquiatría en Cuba. El Che dice estar en "los umbrales de una sicosis neuro-económica", porque piensa que se han imprimido 3,000 ejemplares de más, dado que, en ese entonces, solo había 3,000 doctores en Cuba:

> ¿Estarán las ratas usando la revista para profundizar sus conocimientos siquiátricos o templar sus estómagos; o tal vez cada enfermo tenga en su cabecera un tomo de la publicación?

El Che celebra la calidad de la publicación pero señala que "la tirada es intolerable. Créemelo porque los locos dicen siempre la verdad".

La carta inédita del Che a Fidel, con fecha de 26 marzo de 1965, es una de las más importantes en el libro. Representa un análisis fascinante de la situación en Cuba. Comparte sus reflexiones sobre los errores en el acercamiento a la economía política, el sistema presupuestal, el funcionamiento del recién formado Partido Comunista, entre otros temas. Define sus ideas sobre la importancia de la conciencia política en el desafío de crear una nueva sociedad, y explica que el nuevo ser humano emergerá durante el proceso de transformación de la economía cubana.

El libro finaliza con algunas cartas de despedida que me hacen llorar cada vez que las leo. Cuando yo tenía unos seis años de edad, nos escribió a todos nosotros, sus hijos e hijas, desde Bolivia.

> Les escribo desde muy lejos y muy aprisa, de modo que no les voy a poder contar mis nuevas aventuras. Es una lástima porque están interesantes [....]
> Ahora quería decirles que los quiero mucho y los recuerdo siempre, junto con mamá, aunque a los más chiquitos casi los

conozco por fotografías porque eran muy pequeñines cuando me fui. Pronto yo me voy a sacar una foto para que me conozcan como estoy ahora, un poco más viejo y feo.

En la carta mi padre me pide a mi, su hija mayor, "ser bastante estudiosa y ayudar a tu mamá en todo lo que puedas". Le recuerda a Camilo usar menos malas palabras en la escuela, que aprenda "a usarlas donde se pueda". De su hijo más joven, Ernesto, espera que siga creciendo y que, cuando adulto, esté dispuesto a luchar contra el imperialismo. Y si para entonces el imperialismo ya ha sido derrotado, promete llevarlo de viaje a la luna.

Cuando era niña me molestaba leer esta carta. ¿Por qué no habría yo de ir también a la luna con mis hermanos, mientras que a mi hermana Celia y a mí nos pedía ser buenas niñas y ayudar en casa? Tiempo después pude perdonarlo cuando vi que en su oficina tenía muchas fotografías mías. Me di cuenta de que, si bien nunca me llevaría a la luna, me llevaba siempre en su corazón.

Ernesto Che Guevara: Nota biográfica

Ernesto Guevara de la Serna nació en Rosario, Argentina el 14 de junio de 1928. Como estudiante de medicina en Buenos Aires y después de graduado como médico, viajó a través de América Latina. Mientras vivía en Guatemala durante 1954 —durante el periodo del electo presidente Jacobo Árbenz— fue testigo presencial del derrocamiento del gobierno por una operación militar organizada, financiada y dirigida por la CIA con la participación de militares guatemaltecos y mercenarios.

Después de la invasión, Guevara fue a Ciudad México. Allí se vinculó con revolucionarios cubanos miembros del Movimiento 26 de Julio a los que había conocido durante su estancia en Guatemala y que se preparaban para liberar a su patria del dictador Fulgencio Batista. En julio 1955 conoció a Fidel Castro e inmediatamente se alistó en la expedición guerrillera organizada por este. El apodo de «Che», dado por los cubanos, es una forma de saludo muy popular en Argentina.

Del 25 de noviembre al 2 de diciembre de 1956, los expedicionarios navegaron hacia Cuba a bordo del yate *Granma* para comenzar la lucha armada revolucionaria en las montañas de la Sierra Maestra. El originalmente médico, se convirtió en el primer comandante del Ejército Rebelde en julio de 1957.

En agosto de 1958, Che Guevara y Camilo Cienfuegos encabezaron, respectivamente, las columnas invasoras guerrilleras desde la Sierra Maestra al occidente de Cuba. Ellos extendieron con éxito las operaciones del Ejército Rebelde hasta el centro de la Isla. A fines de diciembre de 1958, el Che dirigió las fuerzas del Ejército Rebelde en la victoriosa batalla de Santa Clara, una de las acciones decisivas de la guerra contra la tiranía.

Tras el triunfo del 1ro. de enero de 1959, Che Guevara se convirtió en uno de los principales líderes del gobierno revolucionario. En septiembre de 1959 fue el Jefe del Departamento de Industrialización del Instituto Nacional de Reforma Agraria; en noviembre de ese año se convirtió en presidente del Banco Nacional de Cuba, y en febrero de 1961 fue nombrado ministro de Industrias. Formó parte también de la Dirección Política de las organizaciones que en 1965 se convirtieran en el Partido Comunista de Cuba. Fue una de las principales personalidades dirigentes de la Revolución Cubana.

Encabezó numerosas delegaciones cubanas en foros internacionales y ante las Naciones Unidas.

En abril de 1965, Guevara salió de Cuba para participar directamente en las luchas revolucionarias de otros países. Pasó algunos meses en el Congo, África, retornó a Cuba secretamente en julio de 1966 para participar en un intenso entrenamiento y en noviembre de ese año, arribó a Bolivia donde encabezó una columna guerrillera que combatió contra la dictadura militar en dicha nación. Fue herido y capturado por entrenadores norteamericanos y tropas contrainsurgentes bolivianas el 8 de octubre de 1967, fue asesinado al siguiente día.

Cronología

Junio 14, 1928 Ernesto Guevara nace en Rosario, Argentina, siendo sus padres Ernesto Guevara Lynch y Celia de la Serna; fue el primogénito de cinco hermanos.

1947 La familia Guevara se muda para Buenos Aires.

1947–1953 Ernesto Guevara se matricula y estudia en la Escuela de Medicina de Buenos Aires.

Diciembre 1951–Julio 1952 Guevara visita Chile, Perú, Colombia y Venezuela. En Perú trabajó en una colonia de leprosos, atendiendo pacientes.

Marzo 10, 1952 Fulgencio Batista realiza el Golpe de Estado en Cuba.

Marzo 1953 Guevara se gradúa como doctor.

Julio 6, 1953 Después de graduado, Guevara viaja a través de América Latina. Visita Bolivia observando el impacto de la Revolución de 1952.

Julio 26, 1953 Fidel Castro encabeza un ataque armado al cuartel Moncada de Santiago de Cuba, comenzando una lucha revolucionaria para derrocar al régimen de Batista. El ataque fracasa y las tropas de Batista masacran a más de 50 combatientes capturados. Castro y otros sobrevivientes son rápidamente capturados y encarcelados.

Diciembre 1953 Guevara tiene los primeros contactos en San José, Costa Rica con un grupo de sobrevivientes del asalto al Moncada.

Diciembre 24, 1953 Arriba a Guatemala, entonces bajo el gobierno electo de Jacobo Árbenz.

Enero 4, 1954 Se encuentra con Ñico López, un veterano del asalto al Moncada, en la Ciudad de Guatemala.

Enero–Junio 1954 Al no poder encontrar un trabajo como médico en Guatemala, Guevara obtiene diferentes empleos no acordes con su profesión. Estudia marxismo y se vincula a actividades políticas. Conoce a revolucionarios cubanos en el exilio.

Junio 17, 1954 Fuerzas mercenarias apoyadas por la CIA invaden Guatemala.

Junio 27, 1954 Árbenz dimite.

Agosto 1954 Las tropas mercenarias entran en Ciudad de Guatemala y comienza una masacre contra los que apoyaban al gobierno de Árbenz.

Septiembre 21, 1954 Después de salir de Guatemala, Guevara llega a Ciudad de México y obtiene un trabajo como doctor en el Hospital Central.

Mayo 15, 1955 Fidel Castro y otros sobrevivientes del Moncada son liberados de la prisión en Cuba debido a una masiva campaña pública de masas en defensa de sus derechos civiles.

Junio 1955 Guevara encuentra a Ñico López quien está también en Ciudad de México. Algunos días más tarde López lo presenta a Raúl Castro.

Julio 7, 1955 Fidel Castro arriba a México con la meta de organizar una expedición armada a Cuba.

Julio 1955 Guevara se encuentra con Fidel Castro e inmediatamente se enrola como miembro de la futura expedición guerrillera. Posteriormente comienza el entrenamiento con los combatientes. Los cubanos le ponen el sobrenombre de «Che», una expresión popular en Argentina.

Junio 24, 1956 Guevara es arrestado por la policía mexicana como parte de una redada de 28 expedicionarios, incluyendo a Fidel Castro; se mantiene detenido por 57 días.

Noviembre 25, 1956 Ochenta y dos combatientes incluyendo a Guevara como médico, navegan hacia Cuba a bordo del pequeño yate *Granma*. Salen desde Tuxpan, en México.

Noviembre 30, 1956 Frank País encabeza un levantamiento en Santiago de Cuba que debía coincidir con el programado arribo de la expedición del *Granma*.

Diciembre 2, 1956 El *Granma* llega a las costas de Cuba por playa Las Coloradas en la antigua provincia de Oriente.

Diciembre 5, 1956 Los combatientes rebeldes son sorprendidos por las tropas de Batista en Alegría de Pío, y dispersados. La mayoría de los guerrillos mueren o son capturados. Guevara resulta herido.

Diciembre 21, 1956 El grupo en el que estaba Guevara se encuentra con Fidel Castro. Son 15 combatientes del Ejército Rebelde.

Julio 1957 El Ejército Rebelde organiza una segunda columna. Guevara es seleccionado para encabezarla y es promovido al rango de Comandante.

Abril 9, 1958 El Movimiento 26 de Julio llama a una huelga general en toda Cuba. La huelga fracasa.

Mayo 24, 1958 Batista lanza una gran ofensiva militar contra el Ejército Rebelde en la Sierra Maestra. La ofensiva fracasa eventualmente.

Agosto 31, 1958 Guevara encabeza una columna invasora desde la Sierra Maestra hacia la provincia central de Las Villas y días más tarde firma el Pacto del Pedrero con el Directorio Revolucionario 13 de Marzo que tenía una fuerte guerrilla en ese lugar. Algunos días antes, a Camilo Cienfuegos se le había encomendado llevar otra columna hacia Pinar del Río, la zona más oeste de Cuba.

Octubre 16, 1958 La columna del Ejército Rebelde encabezada por Guevara arriba a las montañas del Escambray.

Diciembre 1958 La columna 8 del Ejército Rebelde encomandada por Guevara, fuerzas del Directorio Revolucionario 13 de Marzo, y dirigida por Camilo Cienfuegos con una pequeña guerrilla del PSP, toman varias poblaciones en la provincia de Las Villas y cortan la isla a la mitad.

Diciembre 28, 1958 Comienza la batalla de Santa Clara, en la capital de Las villas, bajo la dirección del Comandante Guevara.

Enero 1, 1959 Batista abandona Cuba. Una junta militar lo sustituye. Fidel Castro se opone a la nueva junta y llama a continuar la lucha revolucionaria. Santa Clara cae en manos del Ejército Rebelde. A Guevara y Cienfuegos se les ordena ir para La Habana inmediatamente.

Enero 2, 1959 Los trabajadores cubanos responden al llamado de Fidel Castro a una huelga general y el país queda paralizado. Las columnas del Ejército Rebelde de Guevara y Cienfuegos llegan a La

Habana. La columna de Guevara ocupa la fortaleza de La Cabaña, un antiguo bastión del ejército de Batista.

Enero 5, 1959 Manuel Urrutia es designado por el Movimiento 26 de Julio para asumir la presidencia.

Enero 8, 1959 Fidel Castro llega a La Habana y es saludado por cientos de miles de personas.

Febrero 9, 1959 Se le otorga la ciudadanía cubana a Guevara en reconocimiento a su contribución por la liberación de Cuba.

Febrero 16, 1959 Fidel Castro es nombrado Primer Ministro.

Febrero 27, 1959 El gobierno revolucionario aprueba leyes que reducen las tarifas eléctricas.

Marzo 6, 1959 El gobierno revolucionario aprueba leyes que reducen las rentas por 30-50%.

Marzo 1959 El gobierno revolucionario proscribe la discriminación racial.

Mayo 17, 1959 Se proclama la primera ley de Reforma Agraria, fijando un máximo de tenencia legal de la tierra de 1 000 acres y distribuyendo la tierra a los campesinos.

Junio 12–Septiembre 8, 1959 Guevara viaja por Europa, África y Asia. El objetivo principal de este viaje es visitar los países que formaban el Pacto de Bandung.

Julio 16–17, 1959 Castro dimite como primer ministro porque el gobierno de Urrutia bloqueaba las medidas revolucionarias; en respuesta, una masiva movilización popular forzó a Urrutia a renunciar a la presidencia y fue reemplazado por Osvaldo Dorticós.

Julio 26, 1959 Castro retorna al puesto de primer ministro.

Octubre 7, 1959 Guevara es designado al frente del Departamento de Industrialización del Instituto Nacional de Reforma Agraria (INRA).

Noviembre 26, 1959 Guevara es nombrado presidente del Banco Nacional de Cuba.

Marzo 4, 1960 *La Coubre*, un barco francés que cargaba armas belgas, explota en el puerto de La Habana como resultado de un sabotaje, matando a más de un centenar de personas; en una manifestación efectuada al día siguiente Fidel Castro proclama la consigna de la Revolución Cubana: "Patria o Muerte".

Marzo 17, 1960 El presidente Eisenhower ordena a la CIA comenzar la preparación de un ejército de exiliados cubanos para invadir a Cuba.

Mayo 8, 1960 Cuba y la Unión Soviética establecen relaciones diplomáticas.

Junio 29–Julio 1, 1960 El gobierno revolucionario nacionaliza las refinerías Texaco, Esso y Shell que se negaban a refinar el petróleo adquirido por Cuba en la Unión Soviética.

Julio 6, 1960 Eisenhower ordena la reducción de 700 000 toneladas de azúcar de la cuota que Estados Unidos había acordado comprar a Cuba.

Julio 9, 1960 La Unión Soviética anuncia que adquirirá toda el azúcar cubana que Estados Unidos había rechazado comprar.

Agosto 6, 1960 En respuesta a la agresión económica norteamericana el gobierno cubano decreta la nacionalización de las mayores compañías estadounidenses en Cuba.

Octubre 13, 1960 El gobierno revolucionario nacionaliza los Bancos de propiedad extranjera y cubana, y 382 grandes industrias de propiedad cubana.

Octubre 14, 1960 Es aprobada la Ley de Reforma Urbana. Se nacionalizan casas, a los cubanos se les garantiza el derecho a la vivienda.

Octubre 19, 1960 El gobierno norteamericano decreta un embargo parcial de comercio contra Cuba.

Octubre 21, 1960 Se fusiona el movimiento juvenil revolucionario en la Asociación de Jóvenes Rebeldes (AJR). Guevara sale a una extensa visita a la Unión Soviética, República Democrática Alemana, Checoslovaquia, China y Corea del Norte.

Octubre 24, 1960 El gobierno cubano nacionaliza el remanente de las compañías norteamericanas en Cuba.

Enero 3, 1961 Washington rompe relaciones diplomáticas con Cuba.

Enero 6, 1961 Guevara anuncia al pueblo cubano acuerdos económicos firmados con la Unión Soviética y otros países.

Enero 17, 1961 El gobierno norteamericano proscribe los viajes de ciudadanos norteamericanos a Cuba.

Febrero 23, 1961 Se crea el Ministerio de Industrias, Guevara es nombrado ministro.

Marzo 31, 1961 El presidente Kennedy elimina la cuota azucarera cubana.

Abril 15, 1961 Como preludio a los planes de invasión norteamericana, organizada con un ejército mercenario, naves aéreas atacan Santiago de Cuba y La Habana.

Abril 16, 1961 Ante una manifestación en honor a las víctimas de los ataques del día anterior, Fidel Castro proclama el carácter socialista de la revolución cubana. Cuba es puesta en alerta como anticipación a un imprevisto ataque.

Abril 17–19, 1961 Mil quinientos mercenarios de origen cubano, organizados y respaldados por Estados Unidos invaden a Cuba por Bahía de Cochinos, en la costa sudeste. Se intentaba establecer un "gobierno provisional" que reclamara la intervención directa de Estados Unidos. Fueron derrotados en menos de 72 horas, los últimos se rindieron en Playa Girón, por lo cual ese nombre ha sido usado por los cubanos para nombrar esa batalla. Guevara estuvo al frente de las fuerzas militares en la provincia de Pinar del Rio.

Agosto 8, 1961 Guevara pronuncia un discurso ante la Conferencia del Consejo Interamericano Económico y Social de la Organización de Estados Americanos (OEA) en Punta del Este, Uruguay, como jefe de la delegación cubana.

Diciembre 22, 1961 Culmina exitosamente en Cuba la campaña de alfabetización que duró un año. Cuba es declarada territorio libre de analfabetismo.

Enero 31, 1962 La OEA vota por la expulsión de Cuba.

Febrero 3, 1962 El presidente Kennedy ordena el embargo comercial total contra Cuba.

Marzo 8, 1962 Se establece la Dirección Nacional de las Organizaciones Revolucionarias Integradas (ORI) que surge de la fusión del

Movimiento 26 de Julio, el Partido Socialista Popular y el Directorio Revolucionario; Guevara es miembro de la Dirección Nacional.

Agosto 27-Septiembre 7, 1962 Guevara realiza su segunda visita a la Unión Soviética.

Octubre 22, 1962 Se inicia la Crisis de los Misiles. El presidente Kennedy denuncia que en Cuba estaban instalados misiles capaces de llevar cabezas de armas nucleares para defenderse contra un ataque norteamericano. Washington impone un bloqueo naval contra la Isla. Cuba responde con una movilización general para la defensa. Guevara es designado al frente de las fuerzas en la provincia de Pinar del Río como preparación a una inminente invasión norteamericana. Era en esa provincia donde estaban las instalaciones de los misiles soviéticos.

Octubre 28, 1962 El primer ministro soviético Nikita Jruchev retira los misiles soviéticos a cambio de la garantía norteamericana de no invadir a Cuba.

1963 Se forma el Partido Unido de la Revolución Socialista (PURS). Guevara es uno de los integrantes de la Dirección Nacional.

Julio 3-17, 1963 Guevara visita Argelia, entonces recientemente independizada, bajo el gobierno de Ahmed Ben Bella.

Marzo 1964 Se encuentra con Tamara Bunke, *Tania* y discute su misión de radicar en Bolivia.

Marzo 25, 1964 Se dirige a la Conferencia de Comercio y Desarrollo de Naciones Unidas en Ginebra, Suiza.

Noviembre 4-9, 1964 Visita la Unión Soviética.

Diciembre 9, 1964 Sale de Cuba por tres meses para una visita de Estado.

Diciembre 11, 1964 Se dirige a la Asamblea General de las Naciones Unidas.

Diciembre 17, 1964 Sale de Nueva York para África, donde hasta marzo de 1965 visita Argelia, Mali, Congo (Brazzaville), Guinea, Ghana, Tanzania y Egipto.

Febrero 24, 1965 Se dirige al Segundo Seminario Económico de la Organización de Solidaridad Afroasiática en Argelia.

Marzo 14, 1965 Retorna a Cuba y poco tiempo después desaparece de la vista pública.

Abril 1, 1965 Guevara envía una carta de despedida a Fidel Castro. Él posteriormente sale de Cuba a una misión internacionalista en el Congo (Anteriormente Zaire y ahora República Democrática del Congo) entrando a través de Tanzania. Guevara opera bajo el nombre de *Tatu*.

Abril 18, 1965 Al responder una pregunta sobre el paradero de Guevara, Fidel Castro dice a los reporteros extranjeros que Guevara «siempre estará donde sea más útil a la revolución».

Julio 16, 1965 Fidel Castro anuncia que el paradero de Guevara será revelado «cuando el comandante Guevara quiera que se conozca».

Octubre 1, 1965 Se forma oficialmente el Partido Comunista de Cuba.

Octubre 3, 1965 Castro lee públicamente la carta de despedida de Guevara en la reunión de presentación del nuevo Comité Central del Partido Comunista de Cuba.

Enero 3–14, 1966 Se celebra en La Habana la Conferencia Tricontinental de Solidaridad de los Pueblos de Asia, África y América Latina.

Marzo 1966 Arriban a Bolivia los primeros combatientes cubanos para iniciar los preparativos del destacamento guerrillero.

Julio 1966 Guevara regresa en secreto a Cuba y se encuentra con los combatientes cubanos seleccionados para la misión en Bolivia que se entrenan en una zona de la provincia de Pinar del Río, en Cuba.

Noviembre 3, 1966 Guevara arriba a Bolivia enmascarado y con otra identidad.

Noviembre 7, 1966 Llega al área donde el movimiento guerrillero tendrá su base; hace su primera anotación en el Diario de Bolivia.

Noviembre–Diciembre 1966 Más combatientes arriban al campamento guerrillero.

Diciembre 31, 1966 Guevara se reune con el secretario del Partido Comunista Boliviano, Mario Monje. En la entrevista surgen desacuerdos sobre la proyección de la guerrilla.

Febrero 1–Marzo 20, 1967 El destacamento guerrillero sale del campamento para explorar la región.

Marzo–Abril, 1967 Fuerzas especiales de Estados Unidos llegan a Bolivia para entrenar a las tropas contrainsurgentes del ejército boliviano.

Marzo 23, 1967 La primera acción militar guerrillera tiene lugar con un triunfo de los combatientes al emboscar a una columna del ejército boliviano.

Abril 10, 1967 La columna guerrillera dirige una emboscada exitosa contra las tropas bolivianas.

Abril 16, 1967 Se publica el mensaje de Guevara a la Tricontinental con su llamado a la creación de «dos, tres, muchos Vietnam».

Abril 17, 1967 Un destacamento de la guerrilla encabezado por Joaquín e integrado por los enfermos entre ellos Tania, se separa del resto por unos tres días; los dos grupos no lograrán reunirse.

Abril 20, 1967 Régis Debray es arrestado después de haber pasado varias semanas con la guerrilla. Es posteriormente juzgado y sentenciado a 30 años de prisión.

Julio 6, 1967 La guerrilla ocupa el poblado de Samaipata.

Julio 26, 1967 Guevara dirige unas palabras a la guerrilla sobre el significado del ataque al Cuartel Moncada, el 26 de Julio de 1953.

Julio 31–Agosto 10, 1967 La Conferencia de la Organización de Solidaridad de América Latina (OLAS) se celebra en La Habana. La conferencia apoya los movimientos guerrilleros en toda América Latina. Che Guevara es electo como miembro honorario.

Agosto 4, 1967 Desertores le señalan al ejército boliviano los principales lugares secretos y de abastecimiento de la guerrilla; toman documentos que los dirigen al arresto de los principales contactos urbanos.

Agosto 31, 1967 El destacamento de Joaquín es emboscado y aniquilado mientras cruzaba un río después que un informante dirige a las tropas gubernamentales hasta el sitio.

Septiembre 26, 1967 Los guerrilleros caen en una emboscada. Tres resultan muertos y las fuerzas gubernamentales rodean al remanente de la guerrilla.

Octubre 8, 1967 Los restantes 17 guerrilleros caen en un cerco del ejército boliviano y se inicia el combate de la Quebrada del Yuro. Guevara es herido y resulta capturado.

Octubre 9, 1967 Guevara y otros guerrilleros capturados son asesinados siguiendo instrucciones del gobierno boliviano y de Washington.

Octubre 15, 1967 Comparece en la televisión cubana Fidel Castro confirmando la noticia de la muerte de Guevara y declara tres días de Duelo Oficial en Cuba. Es designado el 8 de Octubre como «Día del Guerrillero Heroico».

Octubre 18, 1967 Se realiza en la Plaza de la Revolución, en La Habana, una velada solemne en honor al Che Guevara. Las palabras centrales son pronunciadas por Fidel Castro.

Febrero 22, 1968 Tres sobrevivientes de la gesta guerrillera en Bolivia cruzan la frontera con Chile, después de haber viajado a través de Los Andes a pie para eludir al ejército boliviano. Regresan a Cuba posteriormente.

Mediados de marzo, 1968 Un microfilm con el Diario de Guevara en Bolivia llega a Cuba.

Julio 1, 1968 El diario de Guevara en Bolivia es publicado en Cuba y distribuido gratis al pueblo cubano. Fidel Castro escribe su introducción.

Junio 28, 1997 Los restos de Guevara son descubiertos en Bolivia, casi tres décadas después de haber sido ocultados.

Octubre 1997 Los restos de Guevara y sus compañeros de la guerrilla son colocados en el Memorial «Che Guevara» en la ciudad de Santa Clara en Cuba.

Presentación

Dentro de los aspectos más relevantes y a la vez más atrayentes de pensadores, escritores y revolucionarios, el género epistolar ocupa un espacio particular, muchas veces demandado por estudiosos o público en general, al considerarse una fuente viva de conocimiento sobre el lado más íntimo de quien escribe y a la vez demostrativo de conductas, al querer explicar o proponerse rutas o metas por alcanzar, siempre desde una óptica muy personal.

Ernesto Guevara de la Serna, Che para la historia y para él mismo, no escapó a la tentación de escribir pasajes y momentos cruciales de su vida por intermedio de cartas. Desde su infancia hasta su adultez se pueden auscultar los sentimientos que afloran con mayor o menor intensidad en las cartas que escribe, acorde con las circunstancias que las motivan, pero todas con un ingrediente sustancial, su sentido de la verdad y la honestidad en sus expresiones y en su modo de decirlas, acompañadas de un estilo muy suyo que, con el tiempo, logra depurar para alcanzar un clímax relevante.

En la presente edición se han ordenado parte de las cartas redactadas por el Che en diferentes momentos de su vida —desde su juventud— que sintetizan y definen al revolucionario integral en toda su dimensión. Muchas se conocen y otras, las menos, son inéditas, conservadas en su archivo personal y de singular importancia.

El valor de la división establecida no está solo en el orden cronológico propuesto, sino sobre todo para que se pueda ir comprendiendo el paso a etapas superiores de su ejecutoria como hombre y revolucionario y en las que quedaron plasmadas una parte importante de su pensamiento y actuar en lo concerniente a su fervor latinoamericanista y antiimperialista y su profunda cultura; pero también en su labor creadora como dirigente dentro de la Revolución Cubana, donde se denota su esencia humanista, su lealtad a Fidel y, por supuesto, su ternura y cariño para con su familia e hijos, marcadas por las ausencias y las decisiones irrevocables.

Más allá del contenido, un elemento que las distingue es el estilo asumido, muy particular por el poder de síntesis y el empleo de la recreación para narrar sucesos que lo conmueven o se resaltan, sin excluir una ironía muy propia en el decir, que se mantienen en el tiempo y se hacen más directos y eficaces, cuando tiene que enfrentarse a decisiones mayores, contradictorias y complejas. Estas últimas quedan diferenciadas a medida que va apropiándose de un sentido del deber contraído en sus responsabilidades como jefe militar, como dirigente de la Revolución o en las misiones internacionalistas que definitivamente emprende.

El texto en su conjunto, de manera resumida, coloca al lector en una posición muy personalizada y escrutadora, sin que medien juicios agregados, solo con el placer de conocer con mayor precisión y detalle el modo en que el Che encaraba, desde lo personal y más íntimo hasta lo más concreto de su ascendencia como revolucionario, los diversos ángulos a los que debía enfrentarse si quería solucionar o dar respuestas coherentes desde su invariable humanismo.

María del Carmen Ariet

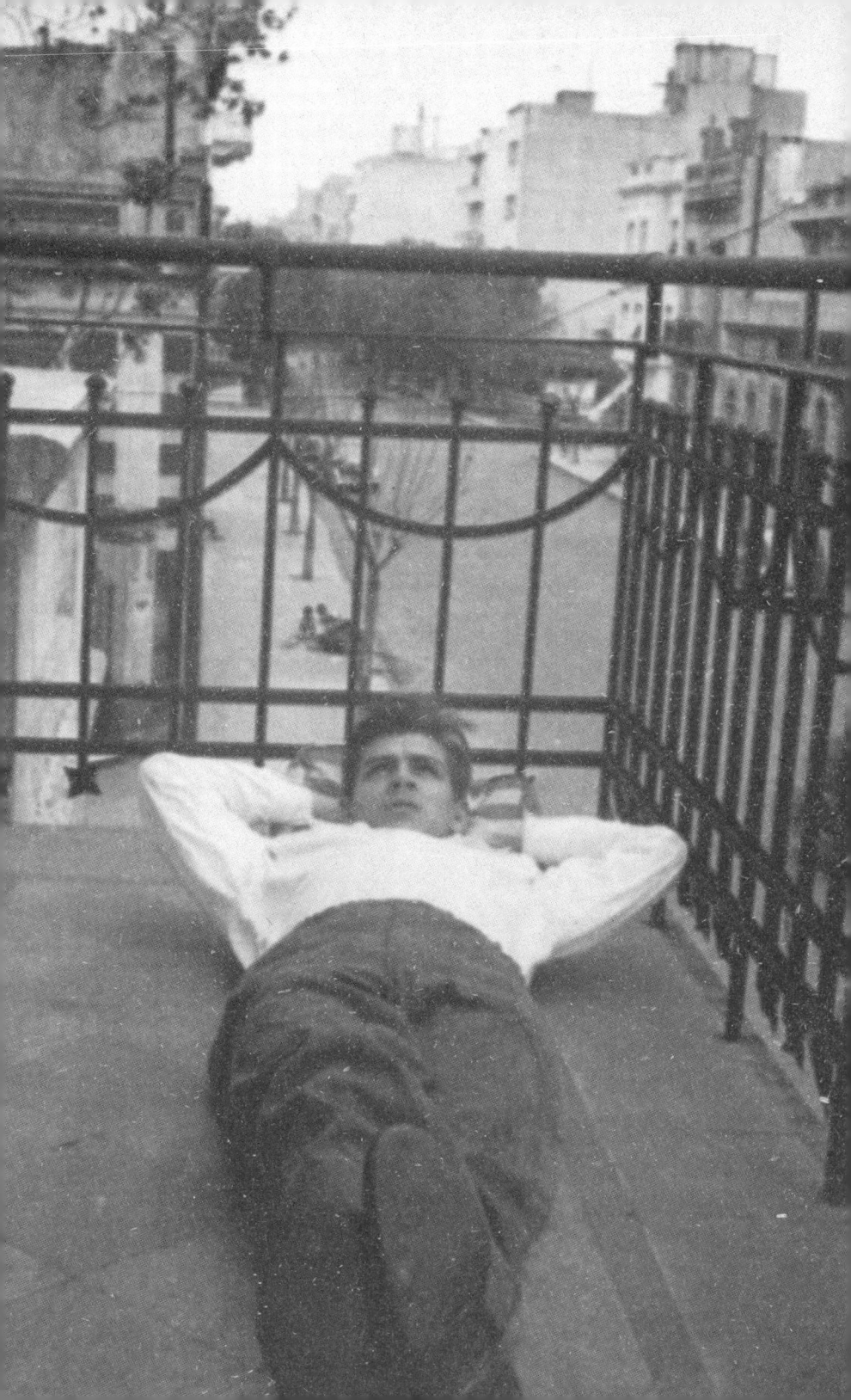

CARTAS DE JUVENTUD
(1947-1956)

La lectura de su correspondencia permite descubrir entre líneas las sensaciones, sentimientos, aspiraciones y el modo en que se hilvanan y a su vez se engranan en circunstancias diversas, para ir conformando un universo cercano a la predeterminación del futuro, aun cuando no se encuentran estructurados los caminos que conducirían a objetivos y anhelos superiores.

Ese resulta uno de los recursos empleados por el joven Ernesto Guevara de la Serna en sus viajes de encuentros y desencuentros, para expresar ideas y testimonios que constituirían, años más tarde, fuente inagotable de un pensamiento mayor. El modo elegido fueron las cartas que escribiría a su familia y a amigos más íntimos, con un sentido muy particular en el decir y en el estilo empleado, como cimiento de escritos posteriores.

El recuento y la narración oscila entre la admiración por lo que está viviendo y percibiendo, acompañado por momentos de frustraciones, dudas y decisiones; todos unidos entre sí para marcar los horizontes que le permitirían encontrar derroteros mayores y a la vez deseados. Es muy interesante cómo maneja el lenguaje, sin apartarse de su modo característico de expresarse, para describir paisajes desconocidos, la admiración por lo visualizado; pero también la síntesis para narrar la barbarie y manifestar su inconformidad, atónito ante la mirada insatisfecha de su entorno.

De igual forma, el engranaje que combina entre las vivencias y el modo de contarlas para quien las reciba, exteriorizan un fuerte lazo de complicidad con sus padres, especialmente con su mamá, y también con amigos íntimos como fueron Tita Infante, su eterno compañero Alberto Granado u otros menos cercanos, pero expresados de tal manera que al recibirlas se sintiera el cúmulo de sensaciones que se proponía significar con total espontaneidad.

Es, sin dudas, el preludio que conformaría su trayectoria revolucionaria y su elevado valor como ser humano.

VIALIDAD

Carta a su padre
Villa María, 21 de enero de 1947*[1]

Mi querido viejo:[2]

Recibí tu giro el otro día y por cierto que me vino muy bien. No te contestaba porque mi situación estaba en el aire.

Ya me cortaron el gañote y me mandaron a Villa María, lo que me gusta es que tendré que actuar como sobrestante y voy a poder aprovechar el tiempo para tratar de ascender. Por ahora voy a tener un trabajo enorme porque el laboratorista que estaba antes era un vago de primera y tengo que hacer ensayos atrasados correspondientes a diez kilómetros de camino, pero después de

---

*   En este capítulo, las cartas que aparecen sin referencia bibliográfica fueron tomadas de Ernesto Guevara Lynch: *Mi hijo el Che*. Editorial Planeta, Barcelona, 1981; y Ernesto Guevara Lynch: *Aquí va un soldado de América*, Editorial Planeta, Barcelona, 1981. La aclaración solo se incluirá con aquellas que pertenecen al archivo del Centro de Estudios Che Guevara.

[1]   Debido a la propia naturaleza de las cartas que se reúnen en este volumen, en las que las fechas aparecían con diferentes formas de presentación, en esta edición se decidió unificar su formato. *(Todas las notas, excepto cuando se especifique algo más, pertenecen a las editoras. N. de las E.).*

[2]   En 1946, con 18 años de edad, Ernesto Guevara concluye sus estudios de Segunda Enseñanza y se matricula en un curso de laboratorista de suelo. En esa época trabaja por un tiempo en la Dirección de Vialidad junto a su amigo Tomás Granado. Como resultado, pasa un tiempo en la pequeña ciudad de Villa María, desde donde escribe estas cartas a su familia.

unos diez días de trabajo espero mejorar un poco y tener tiempo para estudiar.

Estoy esperando noticias de Osvaldo Payer, que fue al Uruguay para pedir los programas. Si se puede rendir libre me voy a quedar todo el invierno, pues calculo que ahorraría entre ochenta y cien pesos mensuales. Tengo doscientos de sueldo y casa, de modo que mis gastos son en comer y comprar unos libros con qué distraerme. Mi dirección es Vélez Sarsfield... Villa María.

Estoy a unas diez cuadras del centro.

Chau y cariño de

Ernesto

Carta a su padre

Villa María, [fines] de 1947

Mi querido viejo:

Veo que andás muy asustado por lo de la camioneta. La compañía no me hace ninguna «gauchada», la gauchada la hago yo a ella, porque la obligación que tiene es darme un vehículo y peones que saquen la muestra, y al peón no lo veo ni cuadrado.

Desde hoy mi situación incómoda es con la comida, porque la compañía me la ha pagado, y eso es muy parecido a una «coima». Lo único que me queda por hacer es consultar con el jefe (que es un coimero de primera) y hacer lo que me diga él. Esta famosa Vialidad resultó ser un antro de coimeros.

Me contaba el encargado que yo era el único laboratorista que él había conocido en veinte años que no aceptaba la comida y uno de los dos o tres que no coimeaba.

Vos tenés miedo de que le tuviera demasiada consideración, pero les he hecho arar y recompactar un buen «cacho» de camino, y ahora estoy haciendo unos ensayos atrasados. Si fallan van a tener que arar ochenta centímetros (de profundidad) de camino y recompactarlo en tres capas, de modo que tienen un «chucho» bárbaro. (Me parece que hay gato encerrado).

Bueno, viejo, abrazos,

Ernesto

Recorrido por el norte de Argentina

La siguiente carta apareció publicada en la revista El Gráfico, *como parte de la publicidad de la empresa argentina* AMERIMEX, *comercializadora de los motores Micron.*

Carta a AMERIMEX
Buenos Aires, 28 de febrero de 1950
«Año del Libertador General San Martín»*

Señor Gerente de
AMERIMEX S.R.L.
Calle Reconquista. 575.
Cap. Fed.

Muy señores míos:

Les envío para su revisión el motor «MICRON» que Uds. representan y con el que realicé una gira de 4 000 kilómetros, a través de 12 provincias argentinas.[3] El funcionamiento del mismo, durante

---

*   Archivo del Centro de Estudios Che Guevara.

3   En enero de 1950, aprovechando unos días de vacaciones mientras cursaba los primeros años de la carrera de Medicina, Ernesto recorre en una motobicicleta 12 de las provincias argentinas: Salta, Jujuy, Tucumán, Santiago del Estero, Chaco y Formosa por el norte; Catamarca, La Rioja, San Juan y Mendoza por el este, y San Luis y Córdoba por el centro, para completar un recorrido de 4 500 kilómetros por tierras áridas e inhóspitas, que le sirvieron de contraste y comparación con la Argentina poderosa y repleta de riquezas y esa otra abundante de miseria y abandono.

mi extensa gira, ha sido perfecto y solo he notado al final que había perdido compresión, motivo por el cual se lo remito para que lo dejen en condiciones.

Los saluda, atentamente,

Ernesto Guevara Serna

PRIMER VIAJE POR AMÉRICA LATINA

Carta a su madre

San Martín de los Andes, enero de 1952

Querida vieja:[4]

Ya sé que están sin noticias mías, pero a la recíproca, yo tampoco tengo noticias de ustedes y estoy intranquilo. Contarte todo lo que nos ha pasado escapa la intención de estas pocas líneas, solo te diré que a poco de salir de Bahía Blanca, dos días me dio un fiebrón de 40 grados que me tiró en la catrera de campaña durante todo el día; al siguiente pude tenerme en pie y fui a parar al Hospital Regional de Choele Choel donde me curé en cuatro días previa administración de una droga muy poco conocida: penicilina.

Después de eso en medio de mil dificultades que salvamos con nuestra acostumbrada pericia, llegamos a San Martín de los Andes, en un lugar precioso, en medio de bosques vírgenes con un lago lindísimo; en fin hay que verlo porque vale la pena. Nuestras caras

---

[4]   En diciembre de 1951, sin concluir la carrera de Medicina, Ernesto realiza su primer recorrido por América Latina con su amigo Alberto Granado, en una motocicleta Norton a la que nombraron *La Poderosa II*. El viaje se extiende hasta junio de 1952. Durante ese tiempo visitan Chile, Perú, Colombia y Venezuela, hasta una incierta estadía de un mes en Miami, en un avión de carga de caballos como única opción para regresar a su país. En ese momento comienza a redactar un diario de viaje que reelaborará en forma de crónicas. Estas fueron publicadas por primera vez en 1993, con el título de *Notas de Viaje*, que sirvió de base para la filmación de la película *Diario en motocicleta*, dirigida por el brasileño Walter Salles. Véase Ernesto Guevara: *Notas de Viaje*, Ocean Sur, 2004.

están adquiriendo la consistencia del carburundun, ya pedimos alojamiento, comida y lo que raye en cualquier casa con árboles que vemos a la orilla del camino. De casualidad fuimos a parar a la estancia de un Von Puthamer que eran amigos de Jorge, sobre todo uno que es peronista, borracho y el mejor tipo de los tres. De paso hice un diagnóstico de tumor de zona occipital de probable etiología hidatídica. Veremos lo que resulta. Dentro de dos o tres días partimos rumbo a Bariloche, con mucha calma si tu carta puede llegar alrededor del 10-2 escríbeme a poste restante allí.

Bueno vieja, la hoja que sigue está destinada a Chichina. Dale grandes abrazos a todos y contame si el viejo está en el sur o no. Un cariñoso abrazo de tu hijo que te ama,

Ernesto

Carta a su tía Beatriz
Iquitos, 1ro. de junio de 1952

[...] de paso te voy a hacer una confesión. Lo que puse sobre los cazadores de cabeza, etc., es mentira. Parece que desgraciadamente el Amazonas es tan seguro como el Paraná y el Putumayo como el Paraguay, de modo que no te voy a poder llevar de regalo una cabecita como era mi deseo, en fin, supongo que sabrás perdonar a tu amantísimo sobrino que víctima de la impetuosidad de su corta edad hizo planes descabellados. También pensaba lucir mis cualidades de mártir en medio de las fiebres palúdica y amarilla y resulta que tampoco hay más, es desesperante.

Yo salgo mañana en un barco que tarda tres días en llegar a San Pablo, allí estaremos una semana en la leprosería y desde este punto a Leticia es un día de viaje, de modo que si no consigo transporte inmediato para seguir viaje, me puedo juntar con alguna carta escrita a este punto.

En lo referente al ofrecimiento de dinero te diré que soy lo bastante machito como para aguantármelas sin llorar la carta a ningún familiar, máxime sabiendo que la m/n[5] no sobra. Los dólares de Ercilia[6] están intactos y en Lima nos ayudaron algo, de modo que no tenemos apuros económicos sobre los talones, aunque pudiera ser que nos viéramos obligados a trabajar en Colombia más adelante si las cosas siguen como hasta ahora. No creo porque vamos a salir del Perú con algunos pesos más de los que teníamos cuando

---

[5]   m/n: Moneda nacional.
[6]   Ercilia Guevara Lynch, tía paterna de Ernesto Guevara de la Serna.

entramos. Lo que sí necesitaría es un favor de ustedes: que me envíen a la dirección que pongo abajo (se ruega hacerme caso) lo que sigue: un vaporizador de Yanal[7] y ampollas del mismo. Hay que recordar esto: no tengo asma, pero no hay este producto en el Perú y probablemente en Colombia y es mucho mejor que los de aquí.

La navegación del Putumayo (lo pescaste en el mapa) tarda alrededor de un mes que será el tiempo que pasen sin noticias mías, siempre que nos colemos en algún avión que vaya a Bogotá o por lo menos a puerto Leguisamo, con lo que nos ahorraríamos la navegación de ese río que es algo tediosa.

Si la suerte nos ayuda yo me volveré a fines de julio o a principios de agosto, sino, no puedo decirles cuándo admirarán la poderosa barba que me ha salido en seis meses de viaje [...].

[No lleva firma]

---

[7]   Vaporizador de Yanal: antiasmático.

Carta a su padre
Iquitos, 4 de junio de 1952

[...] Las orillas de los grandes ríos están colonizadas en su totalidad, para encontrar tribus salvajes es necesario internarse profundamente en los afluentes —de los afluentes de estas zonas—, viaje que por lo menos esta vez no pensamos hacer; las enfermedades infecciosas han desaparecido completamente a pesar de lo cual estamos vacunados contra la fiebre tifoidea y amarilla y llevamos una buena cantidad de atebrina y quinina.

Abundan muchísimo las enfermedades por trastornos metabólicos provocados por la deficiente capacidad nutritiva de la selva, algo que a nosotros no nos preocupa porque en el peor de los casos estas enfermedades no son producto de una semana de carencia vitamínica que sería el tiempo máximo de nuestras privaciones alimenticias, en el caso de ir por el río, lo que todavía no sabemos a ciencia cierta, ya que nos tiramos el lance de que viajamos en avión a Bogotá o por lo menos a Leguisamo, y aquí hay carreteras y esto no por lo peligroso del viaje sino por ahorrarnos un mango que a mí me puede ser precioso más adelante. A medida que nos alejamos de los centros científicos donde nos podrían dar algunas revolcadas, nuestro viaje adquiere caracteres de acontecimiento para el personal de los dispensarios antileprosos de la zona y nos tratan con un respeto digno de los dos investigadores que los visitan, el viento de la leprología se me ha metido con alguna intensidad y no sé por cuánto tiempo. Es que despedida como la que nos hicieron los enfermos de la leprosería de Lima es de las que invitan a seguir adelante; nos regalaron un calentador Primus, juntaron entre ellos cien soles, que para ellos con sus condiciones económicas, es una barbaridad, y varios se despidieron con lágrimas en los ojos. Todo el cariño depende de que fuéramos sin guardapolvo ni guantes, les diéramos la mano como a cualquier hijo de vecino y nos sentáramos entre ellos a charlar de cualquier cosa o jugáramos al fútbol con ellos. Tal vez te parecerá una compadrada sin objeto, pero el beneficio psíquico que es para uno de estos enfermos tratados como animal salvaje, el hecho de que la gente los trate como seres normales es incalculable y el riesgo que se corre es extraordinariamente remoto. Hasta ahora todo el personal científico contagiado es un enfermero de la Indochina que convivía con sus enfermos y un celoso fraile por el que no pongo las manos en el fuego.

Desde que entramos a territorio extranjero no saqué el revólver ni para limpiarlo, y si no nos atacan los guerrilleros colombianos, no veo que haya necesidad de hacerlo. En vez de venirse para acá a seguirnos, sería bueno que rajaras para Venezuela cuanto antes, no sos el tipo ideal para ahorrar plata pero algún dólar que te quede olvidado en el bolsillo son treinta pesos y siempre es algo.

Yo que vos quemaba las naves y le metía con todo, en general se coincide en que Colombia y Venezuela son los dos países ideales para hacer plata en las condiciones actuales del continente. Por plata para nosotros no te preocupes, vamos a salir del Perú con más de la que entramos, después de vivir dos meses y recorrerlo íntegramente de punta a punta, y sobre todo, en general se coincide en que podemos trabajar en cualquier lugar. Sin ir más lejos, en Lima Alberto tuvo dos ofertas de laburo.

En este pueblo vamos a estar lo menos posible, de modo que deben escribir rápido, recién estos días tuve por primera vez algo de añoranza del hogar, pero fue una cosa efímera; verdaderamente tengo espíritu de trotamundos y no sería nada raro que después de este viaje me dé una vuelta por la India y otra por Europa. Con Alberto tenemos mil proyectos en el mate pero después de ver qué hay en Venezuela vamos a decidir. En general nuestro plan es que él se quede en Venezuela a juntar dólares y yo vaya a recibirme, pero hay muchas variantes posibles. El tiempo que le daba a la vieja era así: si puedo me voy a principios de agosto para recibirme este año o a principios del que viene, si por cualquier razón no pudiera ir para esa fecha, seguiría vagando hasta marzo, en que iría a seguir los estudios, naturalmente que perdiendo este año, lo que dado el éxito del viaje solo me importaría por el punto de vista económico, ya que pudiendo ejercer en algún país de estos es muy fácil vivir de la alergia, porque nadie sabe un comino. Parece mentira que esa pequeña experiencia al lado de Pisani[8] me pusiera tantos kilómetros de distancia por encima del término medio alérgico [...].

Desde Leticia escribiré anunciando cuál será el próximo punto a tocar. Bueno, viejo, espero que las cosas mejoren para vos y te puedas ir rápido a Caracas. Hasta que nos veamos allí un gran abrazo para vos y la vieja y otro para los chicos.

Ernesto

---

[8]   Se refiere al Dr. Salvador Pisani, director de la clínica especializada en temas de alergia, donde Ernesto trabajó y publicó sus primeros artículos siendo estudiante de Medicina. Esta experiencia le serviría posteriormente, durante su estadía en México, para trabajar como médico y continuar con algunas de las investigaciones a partir de lo aprendido.

Carta a su madre

Bogotá, 6 de julio de 1952

Querida vieja:

Aquí estoy, unos cuantos kilómetros más lejos y algún peso más pobre, preparándome a seguir viaje rumbo a Venezuela. Primero que todo tengo que mandarte el que los cumplas muy feliz de rigor, que lo hayas pasado siempre dentro del tiempo medio de la familia en cuestión felicitaciones, luego, seré ordenado, te contaré escuetamente mis grandes aventuras desde que salí de Iquitos: la salida se produjo más o menos dentro del término establecido por mí, anduvimos dos noches con la cariñosa compañía de los mosquitos y llegamos a la madrugada al leprosorio de San Pablo, donde nos dieron alojamiento. El médico director, un gran tipo, simpatizó enseguida con nosotros y en general simpatizábamos con toda la colonia, salvo las monjas que preguntaban por qué no íbamos a misa; resulta que las administradoras eran las tales monjas y al que no iba a misa le cortan la ración todo lo posible (nosotros quedamos sin […], pero los muchachos nos ayudaron y nos conseguían algo todos los días). Fuera de esta pequeña guerra fría la vida transcurría sumamente placentera. El 14 me organizaron una fiesta con mucho pisco, una especie de ginebra que se trepa de lo lindo. El médico director brindó por nosotros y yo, que me había inspirado por el trago, contesté con un discurso muy panamericano que me mereció grandes aplausos

del calificado y un poco piscado público asistente.[9] Nos demo-
ramos algo más del tiempo calculado pero por fin arrancamos
para Colombia. La noche previa un grupo de enfermos se trasladó
desde la parte enferma a la zona en una canoa grande, y que es
la vía practicable y en el muelle nos dieron una serenata de despedida y dijeron algunos discursos muy emocionantes; Alberto, que
ya pinta como sucesor de Perón, se mandó un discurso demagógico
en forma tan eficaz que convulsionó a los homenajeantes. En realidad fue este uno de los espectáculos más interesantes que vimos
hasta ahora: un acordeonista no tenía dedos en la mano derecha y
los reemplazaba por unos palitos que se ataba a la muñeca, el cantor
era ciego y casi todos con figuras monstruosas provocadas por la
forma nerviosa de la enfermedad, muy común en las zonas, a lo que
se agregaba las luces de los faroles y linternas sobre el río. Un espec-
táculo de película truculenta.

El lugar es precioso, todo rodeado de selvas con tribus aborí-
genes a apenas una legua de camino, las que por supuesto visitamos, con abundante pesca y caza para morfar en cualquier punto y
con una riqueza potencial incalculable, lo que provocó en nosotros
todo un lindísimo sueño de atravesar la meseta del Matto Grosso
por agua, partiendo del río Paraguay para llegar al Amazonas
haciendo medicina y todo lo demás; sueño que es como el de la
casa propia… puede ser… el hecho es que nos sentíamos un poco
más exploradores y nos largamos río abajo en una balsa que nos
construyeron especialmente de lujo; el primer día fue muy bueno
pero a la noche, en vez de hacer guardia nos pusimos a dormir los
dos cómodamente amparados por un mosquitero que nos habían
regalado, y amanecimos varados en la orilla.

---

[9]   Sobre este momento escribiría tiempo después la crónica «El día de San
Guevara», uno de los relatos que forman parte de sus *Notas de Viaje*.
Véase Ernesto Guevara: *Notas de Viaje*, ob. cit., pp. 135-137.

Comimos como tiburones. Pasó felizmente todo el otro día y decidimos hacer guardia de una hora cada uno para evitar inconvenientes, ya que al atardecer la corriente nos llevó contra la orilla y unas ramas medio hundidas casi nos descuajan la balsa.

[...].

Seguimos haciendo guardia hasta la mañana en que atracamos a la orilla para poder meternos los dos debajo del mosquitero, ya que los caraponás abundan un poquitillo. Después de dormir bien Alberto que prefiere la gallina al pescado se encontró con que los dos anzuelos habían desaparecido durante la noche, lo que agravó su bronca y como había una casa cerca decidimos ir a averiguar cuánto faltaba para Leticia. Cuando el dueño de casa nos contestó en legítimo portugués que Leticia estaba siete horas arriba y que eso era Brasil, nos trenzamos en una agria discusión para demostrar uno al otro que el que se había dormido en la guardia era el contendiente. No surgió la luz. Regalamos el pescado y un ananá como de cuatro kilogramos que nos habían regalado los enfermos y nos quedamos en la casa para esperar al día siguiente en que nos llevarían río arriba. [...].

Lo que salvó la situación fue que nos contrataron como entrenadores de un equipo de fútbol mientras esperábamos avión que es quincenal. Al principio pensábamos entrenar para no hacer papelones, pero como eran muy malos nos decidimos también a jugar, con el brillante resultado de que el equipo considerado más débil llegó al campeonato relámpago organizado, fue finalista y perdió el desempate con penales. Alberto estaba inspirado con su figura parecida en cierto modo a Pedernera y sus pases milimétricos, se ganó el apodo de *pedernerita*, precisamente, y yo me atajé un penal que va a quedar para la historia de Leticia. Toda la fiesta hubiera sido muy grata si no se les ocurre tocar el himno colombiano al final y me agacho para limpiarme un poco de sangre de la rodilla mientras lo ejecutaban, lo que provocó la reacción violentísima del comisario (coronel) que me atacó de palabra y le mandaba mi rociada flor cuando me acordé del viaje y otras yerbas y agaché el copete. Después de un lindo viaje en avión en que se movió como coctelera llegamos a Bogotá. […] El primer día en Bogotá fue regularcito, conseguimos la comida en la Ciudad Universitaria pero no alojamiento, porque esto está lleno de estudiantes becados para seguir una serie de cursos que organiza la ONU. Por supuesto, ningún argentino. Recién a la una de la mañana nos dieron alojamiento en un hospital, entendiéndose por tal una silla donde pasamos la noche. No es que estemos tan tirados como eso, pero un raidista de la talla nuestra antes muere que pagar la burguesa comodidad de una casa de pensión. Después nos tomó por su cuenta el servicio de lepra que el primer día nos había olfateado cuidadosamente a causa de la carta de presentación que traíamos del Perú, la que era muy encomiástica pero la firmaba el doctor Pesce que juega en el mismo puesto que Lusteau. Alberto puso varios plenos y apenas respiraban los tipos los agarré yo con mi alergia y los dejé turulatos, resultado: ofrecimiento de contrato para los dos. Yo no pensaba aceptar de ninguna manera pero Alberto sí, por razones obvias, cuando por culpa del cuchillito de Roberto que yo saqué en la calle para hacer un dibujo en el suelo tuvimos tal lío con la policía que nos trató en una forma vejante, que hemos decidido salir cuanto antes para Venezuela de modo que cuando reciban esta carta estaré por salir ya. […]. Este país es el que tiene más suprimidas las garantías individuales de todos los que hemos recorrido, la policía patrulla las calles con fusil al hombro y exige a cada rato el pasaporte, que no falta quien lo lea al revés, es un clima tenso que hace adivinar una revuelta dentro de poco tiempo. Los llanos están en franca revuelta y el ejército es impotente para reprimirla, los conservadores pelean entre ellos, no se ponen de acuerdo y el recuerdo del 9 de abril de 1948 pesa como plomo en todos los ánimos, resumiendo, un clima asfixiante, si los colombianos quieren aguantarlo allá ellos, nosotros nos rajamos cuanto antes. Parece que Alberto tiene bastantes posibilidades de conseguir un puesto en Caracas. [...].

Un abrazo de tu hijo que te añora por los codos, talones y fundillos. [...].

Chau

Ernesto

SEGUNDO VIAJE POR AMÉRICA LATINA

Carta a su padre
La Paz, 24 de julio [de 1953]

Querido viejo:[10]

No daba señales de vida porque estaba a la espera de un trabajo de un mes en una mina de estaño como médico, siendo *Calica* mi ayudante. Hemos desistido porque el tal médico (el que nos daba laburo), no daba señales de vida y no podemos estar aquí indefinidamente consumiendo el vento.[11] Estoy un poco desilusionado de no poder quedarme, porque esto es un país muy interesante y vive un momento particularmente efervescente. El 2 de agosto se produce la reforma agraria y se anuncian batidas y bochinches en todo el país. Hemos visto desfiles increíbles con gente armada de máu-

---

10   En 1953 Ernesto termina sus estudios de Medicina. El 7 de julio inicia su
      segundo y definitivo recorrido por América Latina, esta vez por tren, en
      compañía de su amigo de la infancia Carlos Ferrer (*Calica*). Los jóvenes
      recorren Bolivia, Perú, Ecuador —donde se interrumpe el plan acor-
      dado para reencontrarse con Granado en Venezuela—, y Ernesto pasa a
      Centroamérica, ahora en compañía de Eduardo García (*Gualo*): Panamá,
      Costa Rica, Nicaragua, El Salvador y finalmente Guatemala, con el obje-
      tivo expreso de conocer el proceso revolucionario que se estaba llevando
      a cabo en dicho país, bajo el gobierno de Jacobo Árbenz. Desde los inicios
      del viaje, al igual que en el primero, recoge sus experiencias en un diario
      que titularía *Otra Vez* y que fuera publicado por primera vez en el año
      2002. Véase Ernesto Guevara: *Otra Vez*, Ocean Sur, 2011.
11   Vento: dinero (argentinismo).

seres y piripipí[12] que tiraban porque sí. Todos los días se escuchan tiros y hay heridos y muertos por armas de fuego.

El gobierno muestra una casi total inoperancia para detener o aun encauzar las masas campesinas y mineras, pero estas responden de cierta medida y no hay duda que en una revuelta armada de la falange (el partido opositor), estos estarán del lado del MNR [Movimiento Nacionalista Revolucionario].

La vida humana tiene poca importancia aquí y se da o se quita sin mayores aspavientos; todo eso hace que para un observador neutral la situación sea sumamente interesante, pese a lo cual, con un pretexto u otro, todo el que puede se las toma olímpicamente, nosotros entre ellos.

[…]

Aquí la gente nos recibió en forma magnífica, y no hubo persona argentina o boliviana que en una forma u otra no se interesara por nuestra gira. Estamos en trámite para conseguir la visa a Venezuela, pero no es nada seguro todavía. Si te acordás de alguien más o menos conocido en el Ecuador, mándame al consulado argentino en Lima las direcciones. Mi salud, formidablemente bien, a pesar de que no hago el régimen como debiera. Escriban a ver si tengo noticias frescas en Lima. Un abrazo para toda la familia. Hasta la próxima. No sigo la lata porque me vinieron a buscar para una milonga.

[No lleva firma]

---

[12]   Piripipí: así llamaban los paraguayos y bolivianos a las ametralladoras; quizás imitando su sonido.

Carta a su madre
Cuzco, 22 [de agosto de 1953]

Calá el epígrafe mami:

Me di el gran gustazo por segunda vez y ahora a lo semibacán, pero el efecto es diferente. Alberto se tiraba en el pasto a casarse con princesas incas, a recuperar imperios. *Calica* putea contra la mugre y cada vez que pisa uno de los innumerables zoretes[13] que jalonan las calles, en vez de mirar al cielo y alguna catedral recortada en el espacio se mira los zapatos sucios. No huele esa impalpable materia evocativa que forma Cuzco sino el olor a guiso y a bosta; cuestión de temperamentos.

Toda esa aparente incoherencia de me voy, me fui, yo no he ido, etc., respondía a la necesidad que teníamos de que se nos supiera fuera de Bolivia, porque se esperaba una revuelta de un momento a otro y teníamos la sana intención de quedarnos a verla de cerca. Para nuestro desencanto no se produjo y solo vimos manifestaciones de fuerza del gobierno, que, contra todo lo que digan, me parece sólido.

Estuve por ir a trabajar a alguna mina pero no estaba dispuesto a quedarme más de un mes y me ofrecían tres como mínimo, de modo que no agarré.

Posteriormente nos fuimos a la orilla del lago Titicaca o Copacabana y pasamos un día en la Isla del Sol, famoso santuario del tiempo de los incas donde se cumplió uno de mis más caros anhelos de explorador: encontré en un cementerio indígena una esta-

---

[13] *Zorete:* excremento humano.

tuita de mujer del tamaño de un dedo meñique, pero ídolo al fin, hecho del famoso chompi, la aleación de los incas.

Ya al llegar a la frontera había que andar dos kilómetros sin que hubiera transporte, y a mí me tocó como un kilómetro llevar la valija mía llena de libros que era un explosivo. Llegamos los dos y dos peoncitos con la lengua por los tobillos.

En Puno se armó la bronca con la aduana porque me requisaron un libro boliviano diciendo que era rojo. No hubo forma de convencerlos de que eran publicaciones científicas.

De mi vida futura no te hablo porque no sé nada, ni siquiera cómo andarán las cosas en Venezuela; pero ya conseguimos la visa por intermedio […] del futuro más lejano te diré que sigo en mis trece de los 10 000 u$s que tal vez hagamos un nuevo viaje por Latinoamérica, pero esta vez en dirección norte-sur con Alberto, y que tal vez sea en helicóptero. Luego Europa y luego oscuro.

[No lleva firma]

Carta a Tita Infante
Lima, 3 de septiembre de 1953

Querida Tita:[14]

Lamento tener que escribirle usando esta mi bella letra, pero no conseguí máquina alguna que remediara el mal. De todos modos, espero que tenga algún día libre para dedicarlo a leer esta carta.

Vamos al grano. Agradézcale a su amigo Ferreira la carta de presentación para el colegio boliviano. El doctor Molina me trató muy amablemente y se mostró encantado conmigo y también con mi compañero de viaje, el que Ud. conoció en casa. Enseguida nos ofreció un puesto a mí de médico y a *Calica* de enfermero en una mina; aceptamos, pero restringiendo a uno los tres meses que quería hacernos quedar. Todo listo y tan amigos teníamos que presentarnos al otro día para ultimar detalles. Cuál sería nuestra sorpresa cuando nos encontramos al siguiente día con que el Dr. Molina había ido a inspecciones por la cadena de minas y volvería recién a los 2 o 3 días. Nos presentamos pasado este tiempo y ni noticias de Molina, pero se creía que en dos días estaría de vuelta. Sería muy largo enumerarle las veces que fuimos en su búsqueda, el hecho es que pasaron 20 días antes de que estuviera de vuelta, y ya no podíamos ir por un mes pues con la pérdida se hacían dos, de modo que nos dio unas letras para el encargado de la mina de wolfrang y allí fuimos a pasar 2 o 3 días. Es muy interesante, sobre

---

[14]   Berta Gilda Infante, *Tita*. Compañera de estudios y amiga entrañable del joven Ernesto Guevara. Murió el 14 de diciembre de 1976.

todo que la mina está situada en un paraje maravilloso. Fue un viaje sin desperdicio.

Le diré que en La Paz me olvidé del régimen y de todas esas macanas, a pesar de lo cual estuve magníficamente durante el mes y medio que permanecí. Paseamos algo por los alrededores más o menos lejanos de la capital, como las Yungas, que son unos valles tropicales preciosos, pero una de las cosas interesantes a que nos dedicábamos era a otear el panorama político que es sumamente interesante. Bolivia es un país que ha dado un ejemplo realmente importante a América. Vimos el escenario mismo de las luchas, los impactos de bala, y hasta los restos de un hombre muerto en la pasada revolución y encontrado recién en una cornisa a donde había volado su tronco, ya que explotaron los cartuchos de dinamita que llevaba en la cintura. En fin, se ha luchado sin asco. Aquí las revoluciones no se hacen como en Buenos Aires, y dos o tres mil muertos (nadie sabe exactamente cuántos) quedaron en el campo.

Todavía ahora la lucha sigue y casi todas las noches hay heridos de bala de uno y otro bando, pero el gobierno está apoyado por el pueblo armado de modo que no hay posibilidades de que lo liquide un movimiento armado desde afuera y solo puede sucumbir por sus luchas internas.

El MNR es un conglomerado en el que se notan tres tendencias más o menos netas: la derecha, que está representada por Siles Suazo, el vicepresidente y héroe de la revolución; el centro, por Paz Estenssoro, más resbaladizo aunque probablemente tan derechista como el primero, y la izquierda por Lechín, que es la cabeza visible de un movimiento de reivindicación serio, pero que personalmente es un advenedizo mujeriego y parrandero. Probablemente el poder quede en definitiva en manos del grupo Lechín, que cuenta con la poderosa ayuda de los mineros armados, pero la resistencia de sus colegas de gobierno puede ser seria sobre todo ahora que el ejército se reorganizará.

Bueno, le he contado algo del panorama boliviano, de Perú le contaré luego, cuando haya vivido un poco más aquí, pero en general me parece que el dominio yanqui ni siquiera ha significado para Perú ese ficticio bienestar económico que se puede ver en Venezuela, por ejemplo.

De mi vida futura sé poco en cuanto a rumbo y menos en cuanto a tiempo. Pensábamos ir a Quito y de allí a Bogotá y luego Caracas, pero los caminos intermedios los desconocemos. Aquí a Lima llegué nuevamente por vía Cuzco.

No me canso de recomendarle que en cuanto pueda haga una visita allí, y sobre todo a Machu Picchu, le aseguro que no se va a arrepentir.

Me imagino que desde que me fui habrá dado por lo menos 5 materias, y me imagino también que seguirá pescando gusanos entre la miércoles. De todas maneras, en cuestión de vocaciones hay poco o nada escrito, pero si algún día cambia la suya cloaquera por la de conocer mundo,

acordáte de este amigo
que por vos ha de jugarse el pellejo
pa ayudarte en lo que pueda
cuando llegue la ocasión

un abrazo y hasta cuando se le ocurra y yo llegue por dónde se le haya ocurrido.

Ernesto

Carta a su madre

Guayaquil, [21 de octubre de 1953]

Te escribo la carta que leerás vaya a saber cuándo desde mi nueva posición de aventurero 100%. Mucha agua corrió bajo los puentes luego de mi última noticia epistolar.

El grano es así: Caminábamos un poco añorantes de la amada patria, *Calica*, [Eduardo] García (una de las adquisiciones) y yo. Hablábamos de lo bien que estarían los dos componentes del grupo que habían conseguido partir para Panamá y comentábamos la formidable entrevista con X.X., este ángel de la guarda que me diste, lo que te cuento luego. El hecho es que García, como al pasar, largó la invitación de irnos con ellos a Guatemala, y yo estaba en una especial disposición psíquica para aceptar. *Calica* prometió dar su respuesta al día siguiente y la misma fue afirmativa, de modo que había cuatro nuevos candidatos al oprobio yanqui. Pero en ese momento se iniciaron nuestras desdichas en los consulados, llorando todos los días para conseguir la visa a Panamá, que es el requisito que falta, y después de variadas alternativas con sus correspondientes altibajos psíquicos pareció decidirse por el no. Tu traje, tu obra maestra, la perla de tus sueños, murió heroicamente en una compra-venta, y lo mismo sucedió con todas las cosas innecesarias de mi equipaje, que ha disminuido mucho en beneficio de la alcanzada (suspiro) estabilidad económica del terceto.[15]

---

[15]   Se refiere a Eduardo García (*Gualo*), Andrew Herrera y Ernesto, pues *Calica* había decidido seguir a Venezuela, tal como se habían propuesto los dos jóvenes a su salida de Buenos Aires.

Lo concreto es lo siguiente: si un capitán semiamigo accede a hacer la *matufia*[16] necesaria, podremos viajar a Panamá García y yo, y luego el esfuerzo mancomunado de los que llegaron a Guatemala, más los de aquel país, remolcarán al rezagado que queda en prenda de las deudas existentes; si el capitán de marras se hace el burro los mismos dos compinches seguirán con rumbo a Colombia, quedando siempre la prenda aquí, y de allí partirán con rumbo guatemalteco en lo que dios todopoderoso ponga incauto al alcance de sus garras.

Guayaquil 24, después de muchas idas y venidas y de llamar harto, más meter un perro discreto,[17] tenemos la visa a Panamá. Salimos mañana domingo y estaremos el 29 a 30 por allí. Escribí rápido al consulado.

Ernesto

---

[16]   Matufia: trampa (argentinismo).
[17]   Meter el perro: usar un artilugio (argentinismo).

Carta a su tía Beatriz

San José de Costa Rica, [10 de diciembre de 1953]

Tía-Tía-mía:

Mi vida ha sido un mar de encontradas resoluciones hasta que abandoné valientemente mi equipaje, y mochila al hombro emprendí con el compañero García el sinuoso camino que acá nos condujo. En El Paso tuve la oportunidad de pasar por los dominios de la United Fruit convenciéndome una vez más de lo terrible que son estos pulpos capitalistas. He jurado ante una estampa del viejo y llorado camarada Stalin no descansar hasta ver aniquilados estos pulpos capitalistas. En Guatemala me perfeccionaré y lograré lo que me falta para ser un revolucionario auténtico.

Informo que además de médico, soy periodista y conferenciante, cosas que me darán (aunque pocos) u$s.[18]

Junto con tus aditamentos, te abraza, te besa y te quiere tu sobrino, el de la salud de hierro, el estómago vacío y la luciente fe en el porvenir socialista.

Chau

Chancho

---

[18]   En este caso se refiere a las crónicas «Un vistazo a las márgenes del gigante de los ríos», publicado en el suplemento dominical *Panamá-América*, el 22 de noviembre de 1953; y «Machu Picchu, enigma de piedra en América», publicado en el suplemento semanal *Siete* de Panamá, el 12 de diciembre de 1953. Véase Ernesto Guevara: *Otra Vez*, Ocean Sur, ed. cit., pp. 116-131.

Carta a su madre
Ciudad de Guatemala, 28 de diciembre [de 1953]

Querida vieja:

Por fin estoy en la meta y frente a la poderosa disyuntiva que se me presenta, ya que por aquí la gente argentina no ha recibido todo lo que esperaba y hay varios descontentos. Creo que me quedaré dos años por aquí si las cosas salen bien, y seis meses, más o menos, si veo que no hay posibilidades apreciables.

Después de la salida de San José nos fuimos a dedo hasta donde el camino lo permitió, desde allí caminamos unos cincuenta kilómetros para llegar a la frontera nicaragüense, ya que la ruta panamericana es una bella ilusión por esos parajes. Yo tenía mi talón en mal estado a causa del accidente que te conté[19] en una carta anterior, de modo que lo pasé bastante mal, pero luego de vadear un río como diez veces y empaparnos por la lluvia que caía constantemente, llegamos a la frontera. Allí esperamos un día a que llegara alguna camioneta o algo que nos transportara para el Norte, pues en Nicaragua hay buenos caminos. Ya habíamos perdido las esperanzas y nos habíamos decidido a seguir a pie (mi talón había mejorado gracias a los cuidados de una vieja compone huesos, que yo no lo curo ni por equivocación) cuando aparece un auto con una tremenda patente de la Universidad de Boston. Aunque con mucha desconfianza, nos disponíamos a pechar colada a los «gringos» y de pronto aparecen los tremendos bigotazos del gordo Rojo, el

---

[19]   Viajando en un camión con *Gualo* García, este se volcó y Ernesto se dislocó un pie.

exiliado radical, que trataba de llegar a Costa Rica por tierra junto con los hermanos Beberaggi Allende, que papá debe haber oído nombrar porque sonó mucho políticamente el nombre de uno de ellos cuando Perón le sacó la ciudadanía. Por supuesto renunciaron inmediatamente al viaje, que era impracticable por las condiciones del camino, y nos mandamos de festejo un asado con mate de esos que lo hacen sentir patriotero a uno.

Llegamos a Managua, donde encontré el estúpido telegrama del viejo que siempre tiene que tomar esas clases de decisiones.[20] Creo que ya tendrían que saber que así me esté muriendo no les voy a pedir guita, y si alguna vez falla una carta tengan paciencia y esperen, a veces no tengo ni estampillas, pero ando perfectamente y me las rebusco siempre. Cuando tengan intranquilidad de alguna especie, tomen la plata que van a gastar en telegramas y chúpensela o cualquier cosa así, pero yo no contesto ningún telegrama de esa especie de ahora en adelante.

Desde Managua continuamos inmediatamente en el auto de los hermanos Beberaggi, que lo traen a vender a Guatemala, pero la plata se nos iba acabando de modo que al final llegamos vendiendo gatos, linternas, gomas, en fin, todo lo que compraran.

Estoy en conversaciones para ver si consigo laburo en el leprosario de aquí, con 250 quetzales y la tarde libre, pero todavía no hay nada concreto al respecto; sin embargo, de alguna manera me voy a arreglar porque la gente es gaucha[21] y hay carencia de médicos. Si no hago esto tal vez me vaya a la campaña con el mismo sueldo, pero a algún lugar con ruinas de las civilizaciones antiguas que vos sabés lo que me interesan.

---

[20] Según explica su padre, Ernesto se refiere a un telegrama que le envió para pedir noticias suyas.

[21] Gaucho o Gaucha: palabra que se emplea en Argentina para decir que alguien es capaz de hacer favores.

El único país de todos los de Centroamérica que vale la pena es este, aunque su capital no es más grande que Bahía Blanca, y dormida como ella. Naturalmente todos los regímenes pierden de cerca, y aquí, para no faltar a la regla, también se cometen arbitrariedades y robos, pero hay un clima de auténtica democracia y de colaboración con toda la gente extranjera que por diversos motivos viene a anclar aquí. Me da la impresión de que incluso puedo ejercer mi profesión sin problema y no hay en toda la república un solo alergista, según dicen. De esto último no tengo ganas porque idiotiza mucho y aburguesa más.

Bueno, vieja, un abrazo completísimo para toda la colectividad, uno especial para la cumplidora y hasta más ver.

[No lleva firma]

Carta a su padre
15 de enero de 1954

[...]

Intercambio ignorancia con un gringo[22] que no habla papa de castellano, ya tenemos idioma propio y nos entendemos a las mil maravillas. De ese gringo se dice que se exilió en Guatemala porque el FBI lo persigue, y otros dicen que él es del FBI. El asunto es que escribe unos artículos furibundos antiyanquis y lee a Hegel y no sé para qué lado patea. La liebre, siempre sin alcanzar. Aquí acabo, deseándote feliz cumpleaños...[23]

[...]

Fui a ver al ministro de Salud Pública y le pedí un puesto, pero le exigí una respuesta categórica, por si o por no. El hombre me recibió muy amable, tomó todos los datos y me citó para dos o tres días después. Los días se cumplieron ayer y el ministro no me defraudó porque me dio una respuesta categórica: NO.

De todas maneras tengo en vista algo bueno para pasar el primer momento y sentar pie, ya que para ejercer se necesita incorporarse a un círculo médico muy cerrado y oligárquico. (Voy a romper lanzas contra ellos).

---

[22]   Se trata de Harold White, profesor norteamericano de la Universidad de Utah. Tiempo después, siendo ministro de Industrias, el Che lo invitó a visitar Cuba, donde se quedó a vivir y falleció años después en La Habana.

[23]   Se refiere a Ana María, la hermana de Ernesto, que cumplía años el 28 de enero, y a quien iba dirigido este fragmento de la carta, que escribiera a toda la familia.

Por ahora vendo en las calles una preciosa imagen del señor de Esquipulas, un Cristo negro que hace cada milagro bárbaro. El que vendo yo está iluminado con un sistema parecido al de Adolfo,[24] pero peor. Ya tengo un riquísimo anecdotario de milagros del Cristo y constantemente lo aumento; entre broma y broma me le mando algún pechacito «per si cola». El clima es magnífico y nada más.

[...]

Lo único que te puedo adelantar es que no quiero irme de esta zona sin conocer México. Para mi manera de ver, en toda América, «y de eso algo sé», no hay un país tan democrático como este [Guatemala]; los dos extremos y toda la gama de términos medios dicen lo que se les da la gana sin ningún temor.

Como punto de vista personal me parece que es una cosa con la que hay que acabar, ya que la United Fruit (que cultiva bananas pero tiene canarios[25] en cantidad) puede gastar mucho dinero en ese tipo de propaganda. Los diarios de la oposición traen todos los días transcripciones íntegras de discursos que los democráticos enviados de la compañía o el gobierno pronuncian en los Estados Unidos, y el «estofado» mayor parece cocinarse en las conferencias de Caracas, donde los yanquis tenderán todos sus hilos para tratar de imponer sanciones a Guatemala. Bien es cierto que todos los gobiernos claudican frente a ellos, sus caballitos de batalla son Pérez Jiménez, Odría, Trujillo, Batista, Somoza. Es decir, dentro del gobierno reaccionario, los más fascistas y antipopulares. Bolivia era un país interesante, pero Guatemala lo es mucho más porque se ha plantado contra lo que venga, sin

---

24   Adolfo, un amigo de Ernesto, fotógrafo, que hacía algo parecido en Buenos Aires. (*Nota de Ernesto Guevara Lynch*).

25   Canario: en la Argentina se llamaba así a los billetes de 100 pesos moneda nacional, que eran amarillos. (*Nota de Ernesto Guevara Lynch*).

tener siquiera un asomo de independencia económica y soportando intentonas armadas de todo tipo (el presidente Arévalo soportó alrededor de cuarenta), y sin atacar la expresión de libertad siquiera.

[…].

[No lleva firma]

Carta a su tía Beatriz
12 de febrero de 1954

Mi muy querida, siempre adorada y nunca bien ponderada tía:

Recibí con gusto tu última carta, culminación y complemento de las dos capitalistas anteriores, de las cuales solo llegó a mi poder una, con lo que el democrático empleado de correos hizo una justa distribución de las riquezas. No me mandes más plata, a vos te cuesta un Perú y yo encuentro aquí los dólares por el suelo, con decirte que al principio me dio lumbago de tanto agacharme para recogerlos. Ahora solo tomo uno de cada diez, como para mantener la higiene pública, porque tanto papel volando y por el suelo es un peligro.

Mi plan para los próximos años: por lo menos seis meses en Guatemala, siempre que no consiga algo bien remunerativo económicamente que me permita quedarme dos años. Si se da lo primero luego iré a trabajar a otro país durante un año, ese país podría ser, en orden decreciente de probabilidades, Venezuela, México, Cuba, Estados Unidos. Si se cumple el plan de los dos años, tras un período de visita por los tres últimos países nombrados y Haití y Santo Domingo, me voy a Europa Occidental, probablemente con la vieja, donde estaré hasta quemar el último cartucho monetario. Si queda tiempo y dinero de por medio les haré una visita en algún medio baratieri como el avión de arriba[26] o barco, trabajando como médico, etc.

De todo este plan hay dos cosas sumamente cambiantes que pueden enderezarlas para uno y otro lado. La primera es el dinero,

---

[26]   De arriba: gratis (argentinismo).

que para mí no tiene importancia fundamental, pero hace abreviar estadías o modificar itinerarios, etc. La segunda y la más importante es la situación política. MI POSICIÓN NO ES DE NINGUNA MANERA LA DE UN DILETANTI HABLADOR Y NADA MÁS; HE TOMADO POSICIÓN DECIDIDA JUNTO AL GOBIERNO GUATEMALTECO Y, DENTRO DE ÉL, EN EL GRUPO DEL PGT QUE ES COMUNISTA, RELACIONÁNDOME ADEMÁS CON INTELECTUALES DE ESA TENDENCIA QUE EDITAN AQUÍ UNA REVISTA Y TRABAJANDO COMO MÉDICO EN LOS SINDICATOS, LO QUE ME HA COLOCADO EN PUGNA CON EL COLEGIO MÉDICO QUE ES ABSOLUTAMENTE REACCIONARIO.[27] Me imagino todo lo que dirás y comentarás pero no te podés quejar de que no hablé claro.

[…]

En el campo de la medicina social, y amparado en mi pequeña experiencia personal, estoy preparando un libro muy pretencioso, el que creo me llevará dos años de trabajo. Su título es: *La función del médico en América Latina* y solo tengo el plan general y los dos primeros capítulos escritos.[28] Creo que con paciencia y método puede decir algo bueno.

Un abrazo de acero de tu proletario sobrino.

Una P.D. importante: Contáme qué pensás hacer con el departamento y si se pueden mandar a tu dirección libros para que los tengas, no te asustes que no son comprometedores.

[No lleva firma]

---

27 En el original está en minúsculas; el destacado es de Ernesto Guevara Lynch.

28 Estos materiales se mantuvieron inéditos hasta que en la antología *América Latina. Despertar de un continente*, en el año 2003, se incluyó «El médico y el medio», uno de los capítulos del libro, que quedara inconcluso. Véase Ernesto Che Guevara: *América Latina. Despertar de un continente*, Ocean Sur, 2013, pp. 84-90.

Carta a Tita Infante
Ciudad de Guatemala, marzo de 1954

A pesar de todo, mi querida Tita, nos volvemos viejo:

Casi a un año de la salida y no he avanzado mucho en nada; pero supongo que a Ud. le gustarán las aventuras exóticas, de modo que paso a contarle mis proyectos, andanzas y desventuras.

Lo primero la disculpa por no haberle contestado antes; sucedieron varias cosas que lo impidieron pues quise mandarle una crónica de Guatemala como la gente y no tuve tiempo, luego estuve a la caza de un escritor autóctono que lo hiciera por mí para publicar en algún lado por allí, lo que también falló debido a que aquí vino a morir, hace muchos años, el que inventó el laburo; más luego me pidieron una crónica de Guatemala para una revista de allí, que no sé cómo se llama, y pensé mandarle una copia pero no lo he hecho ni creo que la termine en poco tiempo debido a que pienso hacerla bien.

Todo esto le digo porque considero que Guatemala es un país digno de ser bien conocido e interpretado. Me parece que los temores de Ud. no son injustificados dada la beligerante y hasta ahora victoriosa situación de esa República. El primero de marzo, en su mensaje anual al Congreso, el presidente Árbenz anunció en términos inequívocos la cooperación del Partido Comunista con el gobierno y la necesidad del propio gobierno de defender el derecho de los enrolados en este grupo político contra cualquier tipo de sanción. En general el comunismo toma posiciones con cautela, y si no fuera por la alharaca que hace la prensa nacional contra «la intromisión de doctrinas exóticas» no se lo notaría, pero es el único grupo político de Guatemala que fue al gobierno a cumplir un programa en el que los intereses personales no cuentan (tal vez haya un demagogo en su elenco directivo), en franco contraste con los otros tres grupos de partido que son verdaderas ollas de grillos, hasta el punto de haberse fraccionado cada uno de ellos en por lo menos dos alas antagónicas y llegar a la vergüenza de hacer pactos con la oposición para obtener la presidencia en el Congreso (una sola cámara no lo pasará). Para su información, si es que no conoce mejor que yo el problema, le diré que la influencia del PGT es grande en parte de los otros tres partidos, por intermedio de elementos que han tirado hacia la izquierda y están dispuestos a ayudar a la socialización total de Guatemala, tarea sumamente difícil, entre otras cosas, porque no hay mucha calidad humana en la revolución (me refiero al sentido intelectual de la palabra, sobre todo).

Este es un país de típica economía agrícola que recién sale de las trabas del feudalismo casi «ortodoxas», tiene como única carta en la baraja un monocultivo que pesa en la balanza internacional: el café. Sin ser muy pesimista se puede asegurar que una baja grande en este producto hace caer al gobierno a menos que se tomen medidas de emergencia, lo que solo sería posible frente a un boicot internacional por la consiguiente venia de los gringos. Creo que el momento más difícil de Guatemala se producirá dentro de 3 años, cuando haya que elegir un nuevo presidente. Los nombres que barajan hasta ahora no son muy de fiar para la consecución de la revolución en la forma magnífica en que lo vienen haciendo. Si Ud. tiene interés y no tiene miedo de que la moleste, allí puedo hacer mandar algunas publicaciones interesantes, pero no lo haré hasta no tener su contestación.

Pensaba escribirle una hoja pues las condiciones económicas mías son bastante precarias y la nueva recargará en 0,10 la carta, pero tengo interés en saber algunas cosas:

Primero, qué es de su vida de estudiante en este mes de marzo (y los que pasarán hasta que me conteste), cuáles son sus planes o desplanes. Le pregunto esto porque su carta me indica que Ud. anda por una situación de desesperanza muy romántica y muy peligrosa. Como consejo le diré que hay que ser fatalista en sentido positivo si se quiere ser fatalista y no preocuparse tanto por el correr inútil de los días y algún fracaso de cualquier tipo, lo difícil es detener los días y eso es lo que Ud. quiere hacer llorándolos uno a uno. Si mira uno o dos años atrás verá entonces los adelantos que ha hecho. Disculpe el tono doctoral.

2do., qué es de su grupo intelectual y de la revista —doble contra sencillo a que se fundieron—, qué es de la vida de Paz y de su salud.

3ro., qué es de la vida de Montenegro. Le escribí una carta y no me contestó y después le escribí a Dicstein y tampoco me contestó, de modo que no sé nada de la vida del pequeñísimo grupo que conociera por allí, por los antros médicos. Cuando se decida a escribirme de nuevo lea las preguntas y contéstemelas.

Pasando a hablarle de mí, le diré que mis gestiones para trabajar como médico fueron todo un fracaso debido al espíritu cerrado de la ley, hecha para satisfacer a un grupo de oligarcas en todas sus prerrogativas. Estos sanos herederos de los que quisieron la revolución —típicamente burguesa— del 44 y ahora no quieren largar el botín ni por broma. Entre mis ocupaciones circunstanciales me aproximé a su oficio con resultados pavorosos para la estadística: 98% de niños infectados con áscaris o necátor y, además, me dediqué a romperles el trasero a las pobres vinchucas (triatomas que le dicen) para buscar tripanosomas *cruxi* y *rangelis*, los que también se encuentran en cantidad. Eso en la parte sanitaria, porque afuera me he desempeñado en lo que permite no morirse de hambre, para llegar al final al gran golpe: parece que me voy al Petén, zona selvática de Guatemala, contratado como enfermero con un sueldo malo, pero a meterme en pleno monte con los extractores de chicle, goma y madereros; en zona de la antigua cultura maya (ya que en Yucatán es una versión más modernizada de esta perdida en la selva) y con oportunidad para estudiar en forma las enfermedades tropicales de todo tipo. Falta —porque aquí siempre falta algo— que el sindicato consienta en mi nombramiento, ya que es un puesto importante en el juego patrono-sindical. Espero convencerlos de que no soy tan mal tipo como ellos suponen, desde que me recomienda el patrón, y, si eso sucede así, dentro de 15 días los mosquitos se pararán en mi cuerpo y comulgaré nuevamente con mamá natura. Lo único que me tiene un poco triste es el pensar que en Venezuela hubiera hecho lo mismo, pero en vez de ganar 125 ganaría 800 d. ¡Mal haya la poca plata!

Tita, las fraternas vibraciones, espero noticias por el mismo conducto consular y empuje para acabar la *via crucis*. Hasta más ver.

Ernesto

Carta a su madre

[Desde Guatemala], fines de abril de 1954

Vieja, la mi vieja:[29]

No creas que el encabezamiento es para contentar al viejo, hay indicios de que se mejora algo y las perspectivas no son tan desesperadas en cuanto al panorama económico. La tragedia pesística la cuento porque es la verdad y presumía que el viejo me consideraba lo suficiente choma[30] como para aguantar lo que caiga, ahora, si prefieren cuentos de hadas, hago algunos muy bonitos. En los días de silencio mi vida se desarrolló así: fui con una mochila y un portafolio, medio a pata, medio a dedo, medio (vergüenza) pagando amparado por 10 dólares que el propio gobierno me había dado. Llegué al Salvador y la policía me secuestró algunos libros que traía de Guatemala pero pasé, conseguí la visa para entrar de nuevo a este país, y ahora correcta, y me largué a conocer unas ruinas de los pipiles que son una raza de los tlascaltecas que se largaron a conquistar el sur (el centro de ellos estaba en México) y aquí se quedaron hasta la venida de los españoles. No tienen nada que hacer con las construcciones mayas y menos con las incaicas. Después me fui a pasar unos días de playa mientras esperaba la resolución sobre mi visa que había pedido para ir a visitar unas ruinas hondureñas que sí son espléndidas. Dormí en la bolsa que tengo, a orillas del mar y aquí sí mi régimen no fue de lo más estricto, pero esa vida tan sana me mantuvo perfecto, salvo las ampollas

---

29 Este era el encabezado habitual de las cartas para su madre.
30 Choma: macho al revés.

del sol. Me hice amigo de algunos chochamu[31] que como en toda Centroamérica caminan a alcohol, y aprovechando la extroversión del alcohol me les mandé mi propagandita guatemaltequeante y recité algunos versitos de profundo color colorado. El resultado fue que aparecimos todos en la capacha,[32] pero nos soltaron enseguida previo consejo de un comandante con la apariencia de gente, para que cantara a las rosas de la tarde y otras bellezas. Yo preferí hacerle un soneto al humo. Los hondureños me negaron la visa por el solo hecho de tener residencia en Guatemala, aunque de más está decirte que tenía mi sana intención de otear una huelga que se ha desatado allí y que mantiene parada el 25% de la población total trabajadora, cifra alta en cualquier lado pero extraordinaria en un país donde no hay derecho a huelgas y los sindicatos son clandestinos. La frutera está que brama y, por supuesto, Dulles y Cía. quieren intervenir en Guatemala por el terrible delito de comprar armas donde se les vendieran, ya que Estados Unidos no vende ni un cartucho desde hace mucho tiempo.

[...]

De vuelta me largué por rutas medio abandonadas y con la cartera tecleando, porque aquí un dólar es poco más de un mango y con 20 no se hacen maravillas. Algún día caminé cerca de 50 kilómetros (serán mentiras pero es mucho) y después de muchos días caí al hospital de la frutera donde hay unas ruinas chicas pero muy bonitas. Aquí ya quedé totalmente convencido de lo que mi americanismo no quería convencerse: nuestros papis son asiáticos (contále al viejo que pronto van a exigir su patria potestad). Hay unas figuras en bajorrelieve que son Buda en persona y, todas las características lo demuestran, perfectamente iguales a las de antiguas civilizaciones indostánicas. El lugar es precioso, tanto que

---

[31]   Chochamu: muchacho al revés.
[32]   Capacha: comisaría, cárcel, puesto policial.

hice contra mi estómago el crimen de Silvestre Bonard[33] y me gasté un dólar y pico en comprar rollos y alquilarme una máquina.[34] Después mendigué una morfada en el hospital, pero no pude llenar la joroba sino hasta la mitad de su contenido. Quedé sin plata para poder llegar por ferrocarril a Guatemala de modo que me tiré al puerto Barrios y allí laburé en la descarga de toneles de alquitrán, ganando 2.63 por doce horas de laburo pesado como la gran siete, en un lugar donde hay mosquitos en picada en cantidades fabulosas. Quedé con las manos a la miseria y el lomo peor, pero te confieso que bastante contento. Trabajaba de seis de la tarde a seis de la mañana y dormía en una casa abandonada a orillas del mar. Después me tiré a Guatemala y aquí estoy con perspectivas mejores.

[…] (la redacción no es estrafalarismo pensado, sino la consecuencia de cuatro cubanos que discuten al lado mío).[35]

[…]

La próxima, más tranquilo, te mando nuevas si las hay…Un abrazo para todos.

[No lleva firma]

---

[33]   Silvestre Bonard: personaje de una novela de Anatole France.

[34]   Se refiere a una cámara fotográfica.

[35]   Entre esos «cuatro cubanos» estaban Ñico López, Mario Dalmau y Armando Arencibia. Véase Ernesto Guevara: *Otra Vez,* ob. cit.

Carta a Zoraida Boluarte

Guatemala, sexto mes flaco*

*Percanta que me amuraste
en lo mejor de mi vida:*[36]

No contesté antes la cariñosa misiva enerística, debido al simple inconveniente de no tener con qué. Estos han sido meses de condensación, vale decir de abandono de todo lo superfluo como grasas y algunas proteínas incómodas para quedar sujeto a lo verdaderamente importante: Hidratos de Carbono, piel y huesos. Le diré que así mis facultades se han agudizado y tengo una agilidad extraordinaria; con decirle que el otro día me tomaron el tiempo en cincuenta metros, poniendo un bife en la llegada y todos los cronómetros marcaron 0. Estuve por un momento al borde de rajar para México dejando todos los «clavos» que colecté en seis meses, pero, si bien mi honradez no se impuso porque hice todo lo posible por rajarme, en la frontera me exigieron que mostrara cien dólares, suma que es el doble de mis sueños más optimistas, de modo que me volvieron tranquilamente a mis pagos, con lo que, al final,

---

*   Archivo del Centro de Estudios Che Guevara.

[36]   Zoraida Boluarte, asistente social que trabajaba con el Dr. Carlos Pesce, especialista en lepra, a quienes Ernesto conoció en Perú durante su primer viaje por América Latina, junto a Alberto Granado. La amistad se mantuvo y en el segundo viaje, durante su estancia en el país andino, Ernesto los visitó nuevamente y mantuvo la comunicación epistolar. Véase Ernesto Guevara: *Notas de Viaje*, ob. cit.; y Ernesto Guevara: *Otra Vez*, ob. cit.

la honradez triunfó. Las fotografías que tanto me pide todavía están en el negativo, supongo que algún día serán copiadas. [...]

Mis perspectivas económicas parecen aclararse algo ya que hay indicios de que el gobierno me tomará como enfermero para ir a una zona apartada donde nadie se acerque. De medicina no me ocupo mucho ya que todos mis libros descansan en Panamá y aquí no tengo a dónde recurrir. [...]

A todos los enfermos, a todos los empleados del hospital, especialmente a la Sra. Peirano me los saluda especialmente y para sus familiares y Ud. y Blanquita un cariñoso abrazo del pobre

Che

Carta a su madre
Abril de 1954

Vieja:

Como ves no me fui al Petén. El hijo de puta del que debía contratarme me hizo esperar un mes, para después hacerme decir que no podía hacerlo [...].

Yo ya le había presentado una lista de medicamentos, instrumental y todo lo demás y me había puesto tanque[37] en el diagnóstico de las enfermedades tropicales más abundantes de la zona. Naturalmente que esto me sirve igual, máxime ahora que tengo oportunidad de trabajar en la compañía frutera en una zona bananera.

Lo que no quiero dejar de hacer es visitar las ruinas del Petén. Allá hay una ciudad, Tical, que es una maravilla, y otra, Piedras Negras, mucho menos importante pero en donde el arte de los mayas alcanzó un nivel extraordinario. En el museo de aquí hay un dintel que está todo escoñado,[38] pero es una verdadera obra de arte en cualquier lugar del mundo.

A mis viejos amigos peruanos les faltaba la sensibilidad tropical, de modo que no podían hacer nada parecido, además de no tener la piedra calcárea tan fácil de trabajar que tienen los de esta zona.

[...] Yo cada vez más contento de haber salido. Mi cultura médica no se agiganta, y mientras voy asimilando otra serie de conocimientos que interesan mucho más que aquellos.

[...]

---

[37]   Ponerse tanque: ponerse fuerte.

[38]   Escoñado: deteriorado (argentinismo).

Tengo, eso sí, ganas de hacerles una visita, pero no tengo idea cuándo ni cómo. Hablar de planes en mi situación es contarles un sueño hilvanado; de todas maneras si —condición expresa— consigo el puesto en la frutera, pienso dedicarme a levantar las deudas que tengo aquí, las que dejé allí, comprarme la máquina fotográfica, visitar el Petén y tomármelas olímpicamente para el norte, es decir México.

[...]

Me alegro que tengas tan elevada opinión de mí. De todas maneras es muy difícil que la antropología sea mi ocupación exclusiva de la madurez. Me pare [sic] un poco paradójico hacer como «norte» de mi vida investigar lo que está muerto sin remedio. De dos cosas estoy seguro: la primera es que si llego a la etapa auténticamente creadora alrededor de los treinta y cinco años mi ocupación excluyente o principal al menos, será la física nuclear, la genética o una materia así que reúna lo más interesante de las materias conocidas, la segunda es que América será el teatro de mis aventuras con un carácter mucho más importante que lo que hubiera creído; realmente he llegado a comprenderla y me siento americano con un carácter distintivo de cualquier otro pueblo de la tierra. Naturalmente que visitaré el resto del mundo. [...].

De mi vida diaria poco te puedo contar que te interese. Por la mañana voy a sanidad y trabajo unas horas en el laboratorio, por las tardes voy a una biblioteca o museo a estudiar algo de acá, por las noches leo algo de medicina o de cualquier otra cosa, escribo alguna carta, en fin, tareas domésticas. Tomo mate cuando hay y desarrollo unas interminables discusiones con la compañera Hilda Gadea, una muchacha aprista a quien yo con mi característica suavidad trato de convencerla de que largue ese partido de mierda. Tiene un corazón de platino lo menos. Su ayuda se siente en todos los actos de mi vida diarios (empezando por la pensión).

[No lleva firma]

Carta a su madre

[Desde Guatemala], 20 de junio de 1954

Querida vieja:

Esta carta te llegará un poco después de tu cumpleaños, que tal vez pases un poco intranquila con respecto a mí. Te diré que si por el momento no hay nada que temer, no se puede decir lo mismo del futuro, aunque personalmente yo tengo la sensación de ser inviolable (inviolable no es la palabra pero tal vez el subconsciente me jugó una mala pasada). La situación someramente pintada es así: hace unos 5 o 6 días voló por primera vez sobre Guatemala un avión pirata proveniente de Honduras, pero sin hacer nada.

Al día siguiente y en los días sucesivos bombardearon diversas instalaciones militares del territorio y hace dos días un avión ametralló los barrios bajos de la ciudad matando una chica de dos años. El incidente ha servido para aunar a todos los guatemaltecos debajo de su gobierno y a todos los que, como yo, vinieron atraídos por Guatemala. Simultáneamente con esto, tropas mercenarias, acaudilladas por un excoronel del ejército, destituido por traición hace tiempo, salieron de Tegucigalpa, la capital de Honduras, de donde fueron transportadas hasta la frontera y ya se han internado bastante en territorio guatemalteco. El gobierno, procediendo con gran cautela para evitar que Estados Unidos declarara agresora a Guatemala, se ha limitado a protestar ante Tegucigalpa y enviar el total de los antecedentes al Consejo de Seguridad de las Naciones Unidas, dejando entrar las fuerzas atacantes lo suficiente para que no hubiera lugar a los pretendidos incidentes fronterizos. El coronel Árbenz es un tipo de agallas, sin lugar a dudas, y está dispuesto a morir en su puesto si es necesario. Su discurso último no hizo más que reafirmar esto que todos sabíamos y traer tranquilidad. El peligro no está en el total de tropas que han entrado actualmente al territorio pues esto es ínfimo, ni en los aviones que no hacen más que bombardear casas de civiles y ametrallar algunas; el peligro está en cómo manejen los gringos (aquí los yanquis) a sus nenitos de las Naciones Unidas, ya que una declaración, aunque no sea más que vaga, ayudaría mucho a los atacantes. Los yanquis han dejado definitivamente la careta de buenos que les había puesto Roosevelt y están haciendo tropelías y media por estos lados. Si las cosas llegan al extremo de tener que pelear contra aviones y tropas modernas que mande la frutera o los EE.UU., se peleará. El espíritu del pueblo es muy bueno y los ataques tan desvergonzados sumados a las mentiras de la prensa internacional han aunado a todos los indiferentes con el gobierno, y hay un verdadero clima de pelea. Yo ya estoy apuntado para hacer servicio de socorro médico de urgencia y me apunté en las brigadas juveniles para recibir instrucción militar e ir a lo que sea. No creo que llegue el agua al río,[39] pero eso se verá después de la reunión del Consejo de Seguridad que creo se hará mañana. De todos modos al llegar esta carta ya sabrán a qué atenerse en este punto.

Por lo demás no hay mayores novedades. Como estos días la Embajada Argentina no funcionó, no he tenido noticias frescas después de una carta de Beatriz y otra tuya la semana pasada.

El puesto en Sanidad dicen que me lo van a dar de un momento a otro, pero también estuvieron las oficinas muy ocupadas con todos los líos de modo que me pareció un poco imprudente ir a jeringar con el puestito cuando están con cosas mucho más importantes.

---

[39] El proverbio es: No llegó la sangre al río.

Bueno vieja, que lo hayas cumplido lo más feliz posible después de este accidentado año, en cuanto pueda mando noticias.

Chau

[No lleva firma]

Carta a su madre
[Desde Guatemala], 4 de julio de 1954

Vieja:

Todo ha pasado como un sueño lindo que uno no se empeña luego en seguir despierto. La realidad está tocando muchas puertas y ya comienzan a sonar las descargas que premian la adhesión más encendida al antiguo régimen. La traición sigue siendo patrimonio del ejército, y una vez más se prueba el aforismo que indica la liquidación del ejército como el verdadero principio de la democracia (si el aforismo no existe, lo creo yo). [...].

La verdad cruda es que Árbenz no supo estar a la altura de las circunstancias.

Así se produjo todo:

Después de iniciar la agresión desde Honduras y sin previa declaración de guerra ni nada por el estilo (todavía protestando por supuestas violaciones de fronteras) los aviones vinieron a bombardear la ciudad. Estábamos completamente indefensos, ya que no había aviones, ni artillería antiaérea, ni refugios. Hubo algunos muertos, pocos. El pánico, sin embargo, entró en el pueblo y, sobre todo en «el valiente y leal ejército de Guatemala», una misión militar norteamericana entrevistó al Presidente y le amenazó con bombardear en forma a Guatemala y reducirla a ruinas, y la declaración de guerra de Honduras y Nicaragua que Estados Unidos haría suya por existir pactos de ayuda mutua. Los militares se cagaron hasta las patas y pusieron un ultimátum a Árbenz.

Este no pensó en que la ciudad estaba llena de reaccionarios y que las casas que se perdieran serían las de ellos y no del pueblo, que no tiene nada y que era el que defendía al gobierno. No pensó que un pueblo en armas es un poder invencible a pesar del ejemplo de Corea e Indochina. Pudo haber dado armas al pueblo y no quiso, y el resultado es este.

Yo ya tenía mi puestecito pero lo perdí inmediatamente, de modo que estoy como al principio, pero sin deudas, porque decidí cancelarlas por razones de fuerza mayor. Vivo cómodamente en razón de algún buen amigo que devolvió favores y no necesito nada. De mi vida futura nada sé, salvo que es probable que vaya a México. [...] De paso te diré que los bombarderos livianos tienen su imponencia. Vi a uno lanzarse sobre un blanco relativamente cercano a donde yo estaba y se veía el aparato que se agrandaba por momentos mientras de las alas le salían con intermitencias lengüitas de fuego y sonaba el ruido de su metralla y de las ametralladoras livianas que le tiraban. De pronto quedaba un momento suspendido en el aire horizontal, y enseguida daba un pique velocísimo y se sentía el retumbar de la tierra por la bomba. Ahora pasó todo eso y solo se oyen los cohetes de los reaccionarios que salen de la tierra como hormigas a festejar el triunfo y tratar de linchar comunistas como llaman ellos a todos los del gobierno anterior. Las embajadas están llenas hasta el tope, y la nuestra junto con la de México son las peores. Se hace mucho deporte con todo esto pero es evidente que a los pocos gordos se la iban a dar con queso.

Si querés tener una idea de la orientación de este gobierno te daré un par de datos: uno de los primeros pueblos que tomaron los invasores fue una propiedad de la frutera donde los empleados estaban en huelga. Al llegar declararon inmediatamente acabada la huelga, llevaron a los líderes al cementerio y los mataron arrojándoles granadas en el pecho. Una noche salió de la catedral una luz de bengala cuando la ciudad estaba a oscuras y el avión volando. La primera acción de gracias la dio el obispo; la segunda, Foster Dulles, que es abogado de la frutera. Hoy, 4 de julio, hay una solemne misa con todo el aparato escénico, y todos los diarios felicitan al gobierno de Estados Unidos por su fecha en términos estrambóticos.

Vieja, veré cómo te mando estas cartas, porque si las mando por correo me cortan los nervios (el presidente dijo —creer es cuestión tuya— que este era un país con los nervios bien puestos). Un gran abrazo para todos.

[No lleva firma]

Carta a Tita Infante
México, 29 de septiembre de 1954

Querida Tita:

Hoy, a la distancia —material y espiritual— que me separa de Guatemala, releí su carta para contestarle y me pareció extraña. La encontraba con un calor especial, en su desesperación por no poder hacer nada, que realmente emociona. Me gustaría creer que mucho de eso era por mí pero me imagino que lo más era provocado por Guatemala. Afuera y adentro sentíamos lo mismo; igual que la República Española, traicionados por dentro y por fuera, no caímos (permítame arar un poco) con la misma nobleza. El momento era otro y todo lo que le habrán explicado los compañeros que me permití mandarle, pero faltó algo de todas maneras. Desde aquí miro las cosas con una perspectiva totalmente diferente y me empiezo a dar cuenta de que México jugó en esta comedia el triste papel de Francia en aquella otra. El clima que se respira es completamente diferente al de Guatemala. Aquí también se puede decir lo que se quiere, pero a condición de poder pagarlo en algún lado; es decir, se respira la democracia del dólar. Francamente, prefiero meterme en las ruinas y no oír decir a uno de los mejores poetas de México que fue una locura de Guatemala «coquetear con Rusia». El enemigo de Guatemala fueron los comunistas; ya se olvidaron de quién pagó los aviones y quién puso al pelele que está ahora y todos los demás.

Argentina junta en su enorme proporción de castrados una fuerza que le permite mantener una política mucho más coherente que la de este país donde la valentía individual es un requisito axiomático.

Mis aspiraciones no han cambiado, y siempre mi norte inmediato es Europa y el mediato Asia; cómo, es otro cantar. De México, fuera de esa impresión general no le puedo contar nada definitivo; de mí tampoco, espero que Ud. haya terminado o esté por la carrera de mierda en que se metió y esté aprontando las alas para volar a algún lado si es que aquel u otro no se las corta con la prosaica tijera del matrimonio.

Tita, el siempre listo abrazo y las gracias por escribirme una carta tan linda como aquella de Guatemala.

Ernesto

Carta a Zoraida Boluarte
México, 22 de octubre [de 1954]

Querida amiga:*

Como ve, sigo vivo y ahora agregué un nuevo país a mi colección con lo que queda completa la serie de países latinoamericanos, faltándome solamente las islas para completarla totalmente. México me gusta mucho, por una serie de circunstancias que no es el caso detallar pero no vine aquí por mi gusto sino por el del gobierno guatemalteco (el espúreo, para decirlo en despreciativo fino) que me expulsó de mi querido queso en el presupuesto anterior, el que había conseguido luego de siete meses de duro batallar en las antesalas gubernativas, solo dos días antes de la renuncia de Árbenz.

La experiencia en Guatemala (dejando de lado la de médico) fue amplísima. Me enseñó toda la falacia de que es capaz el Yanqui y su maravillosa máquina de propaganda. Sé que no le interesan las cosas políticas, pero considero un deber prevenirle sobre todas las falsedades que los diarios de su país, como los de todo el continente, han reproducido profusamente. No hubo asesinatos ni nada parecido. Debió haber unos cuantos fusilamientos a tiempo, lo que es diferente; si esos fusilamientos se hubieran producido le hubiera quedado al gobierno la posibilidad de luchar. El coronel Monsón era ministro sin cartera del gobierno de Árbenz y estaba en ese cargo precisamente porque se sabía que conspiraba. Castillo

---

*   Archivo del Centro de Estudios Che Guevara.

Armas es un pelele que no sabe ni lo que quiere y que ha llevado su impolítica a luchar contra el clero que fue uno de los factores de su triunfo; naturalmente que en esto está influido por los abuelitos norteños, pero de todos modos es un imbécil.

Personalizando, le diré que mi hambre, la que le contaba en la carta adjunta, ha disminuido mucho pues trabajo con una cámara fotográfica en los parques de la ciudad y me da para comer bastante bien. Por las mañanas voy al hospital a trabajar un poco en algo, como para no olvidarme del todo que soy médico. No me puedo dedicar todo el tiempo a la medicina porque en eso no me pagan, pero tengo esperanzas de que en los próximos meses cambie la situación. Mis proyectos futuros siguen siendo nebulosos; si puedo iré a «conocerle las entrañas al monstruo» y de allí a Europa, si eso no sale, directamente a Europa (cómo, no sé) o tal vez, a Cuba. El porvenir dirá. Los mismos abrazos a las mismas personas y recuérdele que vivo en Etchegoyen. Como siempre, mi dirección es la del Consulado argentino, México D.F.

Chau

Che

Carta a su madre
Noviembre de 1954

Vieja, la mi vieja:

(te confundí con la fecha)

[…]

Hasta Beatriz ha resuelto aplicar sus represalias y ya no llegan más los telegramas esos que mandaba.

Contarles de mi vida es repetirme, pues no hago nada nuevo. La fotografía sigue dando para vivir y no hay esperanzas demasiado sólidas de que deje eso en poco tiempo, a pesar de que trabajo todas las mañanas en investigación en dos hospitales de aquí. Yo creo que lo mejor que me podría pasar sería consiguiera una changuita de médico rural de contrabando muy cerca de la capital, lo que me permitiría dedicar con más holgura mi tiempo a la medicina durante algunos meses. Eso lo hago porque me di perfecta cuenta de todo lo que aprendí de alergia con Pisani, recién ahora que me cotejo con gente que ha estudiado en Estados Unidos y no se chupa el dedo en cuanto al saber ortodoxo, y creo que el método de Pisani está muchas leguas por encima de todo esto y quiero ponerme práctico en todas las tretas de sus sistemas para caer parado en donde sea […].

[…] estoy con un laburo de órdago pues tengo todas las mañanas ocupadas en el hospital, y por las tardes y el domingo me dedico a la fotografía, y por las noches a estudiar un poco. Creo que te conté que estoy en un buen departamento y me hago la comida y todo yo, además de bañarme todos los días gracias al agua caliente a discreción que hay. Como ves, estoy transformado en ese aspecto, en lo demás sigo igual porque la ropa la lavo poco y mal y no me alcanza todavía para pagar lavandera.

La beca es un sueño que abandoné ya y me parece que en este país tan amplio no hay que pedir, se hace y listo el pollo. Vos sabés que siempre he sido partidario de las decisiones drásticas y aquí pagan macanudo, pues todo el mundo es fiaca[40] pero no se oponen a que otros hagan, de modo que tengo el campo libre, aquí o en la campiña donde tal vez vaya. Naturalmente que esto no me hace perder de vista mi norte que es Europa, y a donde pienso ir sea como sea. A Estados Unidos no le he perdido ni medio gramo de bronca, pero quiero conocer bien Nueva York por lo menos. No tengo el menor miedo al resultado y sé que saldré exactamente tan antiyanqui como entre (si es que entro).

Me alegra que se despierte algo la gente, aunque no sé siguiendo qué directivas lo hacen, de todas maneras la verdad es que Argentina está de lo más insulsa, a pesar de que en términos generales el panorama que se ve desde aquí afuera parece indicar que progresan a pasos notables y que se va a poder defender perfectamente de la crisis que están por desatar los yanquis con el *doping* de sus excedentes alimenticios […].

Los comunistas no tienen el sentido que vos tenés de la amistad, pero entre ellos lo tienen igual o mejor que el que vos tenés. Lo vi bien claro a eso, y en la hecatombe que fue Guatemala después de la caída, donde cada uno atendía solo el sálvese quien pueda, los comunistas mantuvieron intacta su fe y su compañerismo y es el único grupo que siguió trabajando allí.

Creo que son dignos de respeto y que tarde o temprano entraré en el Partido, lo que me impide hacerlo más que todo, por ahora, es que tengo unas ganas bárbaras de viajar por Europa y no podría hacer eso sometido a una disciplina rígida.

Vieja, hasta París

[No lleva firma]

---

[40]   Fiaca: pereza (argentinismo).

Carta a Tita Infante
México, 29 de noviembre de 1954

Querida Tita:

No le contesté inmediatamente porque mis apuros económicos siguen muy grandes y cuando llega el fin de mes tengo que hacer malabarismos (y ayuno) para quedar a mano. Los datos que me ofrece son de gran interés y también serán de mucha utilidad para la gente de aquí que está sin noticias. […]

Hablando de Ud., veo que su pequeño desastre se le está subiendo a la cabeza y le impide hacer nada derecho. Aunque yo soy vital por naturaleza —al contrario suyo— he tenido mis momentos de abandono o mejor de pesimismo. […] Dar consejos para mí es algo nuevo, y dárselos a Ud. que siempre se sintió como mi madre me parece más extraño aún, pero tentaré alguno general: Primero, recíbase cuanto antes; pero en forma activa, caradureando o como sea. Segundo, en cuanto se reciba tóquese una polquita del espiante[41] por algún tiempo por lo menos.

Quisiera sinceramente inyectarle un poco de ese amor tan materialista que le tengo a la vida, a la que gozo conscientemente a cada momento pero para eso necesitaría algo más que una carta y que mi pobre capacidad de convencimiento. Además, sería hipócrita que me pusiera como ejemplo, pues yo lo único que hice fue huir de todo lo que me molestaba, y aun hoy, que creo que estoy en trance de dar cara a la lucha (sobre todo en lo social), sigo tranqui-

---

[41]   Tocar la polca del espiante: irse (argentinismo).

lamente mi peregrinación por donde me llevan los acontecimientos sin pensar en volver todavía a dar guerra en la Argentina. [...].

Para terminar, eso de agradecerme la confianza que le tengo me suena a mandada de parte,[42] bien sabe que en Ud. tengo la más absoluta confianza, porque no depende de algún factor aislado sino del conocimiento cabal que tengo de sus cualidades, y eso de hacerse la violeta no está bien. Yo de Ud. no agradezco una prueba de ese tipo; exijo, que es muy diferente.

Ya esto se está poniendo muy sentencioso, de modo que para acabar le paso el dato de que me gano los garbanzos retratando mocosos en la plaza y haciendo reportajes a los «ches»[43] que caen por estos lares, por cuenta de la Agencia Latina de Noticias, el engendro peroneano. Como le decía al principio, no siempre da para comer, sobre todo para calmar mi hambre que es lobuna, pero hay indicios de que ese aspecto mejorará, y si no mejora tampoco puede empeorar, lo que es un consuelo. Mi desdicha económica se me hace indiferente a fuerza de crónica y, en cambio la buena acogida científica que he tenido en México me dio optimismo médico y me puse a trabajar como enano en alergia; gratis, para un hospital. De todas maneras los resultados serán buenos indefectiblemente, porque Pisani está muchas leguas delante de cualquier alergista del mundo occidental por lo menos, pese a que Ud. duda. Eso me hace pensar que también mi suerte económica variará, ya que el éxito en estos dichosos mundos de Dios se convierte en guita si uno no es demasiado «baboso», como dicen por aquí.

Bueno, aquí voy a domar al indio porque si no escribo una enciclopedia de una sentada.

---

42   Mandada de parte: aparentar más de lo que se es (argentinismo).
43   Ches: argentinos.

Chau Tita, reciba el siempre cariñoso abrazo de su amigo anda-
rín junto con la esperanza de materializarlo pronto en algún lugar
del mundo y, de «doctor a doctor», que escriban, si ve alguno.

[No lleva firma]

Carta a su madre
[Fines de 1954]

Vieja, la mi vieja:

Es cierto, estoy bastante haragán para escribir, pero el culpable fue, como siempre, Don Dinero. Al parecer, el fin del desdichado año económico 54, que me trató como tu cara,[44] coincide con el fin de mis hambres crónicas; tengo un puesto de redactor en la Agencia Latina donde gano 700 pesos mexicanos, es decir un equivalente a 700 de allí, lo que me da la base económica para subsistir, teniendo, además, la ventaja de que solo me ocupa tres horas tres veces por semana. Esto me permite dedicar las mañanas íntegras al hospital donde estoy haciendo roncha con el método de Pisani. [...].

Sigo en la fotografía, pero dedicándome a cosas más importantes como «estudios» y algunas cositas raras que salen por estos lados. [...]

Mis planes inmediatos contemplan unos seis meses de permanencia en México que me interesa y me gusta mucho, y en ese tiempo pedir como de pasada la visa para conocer bien a los «hijos de la gran potencia», como los llama Arévalo. Si se da, allí estaré, y si no, veré qué se hace en firme. Siempre sin despreciar la ida directa detrás de la cortisona[45] para ver qué pasa también. Como ves, nada nuevo sobre lo anterior.

---

[44] Le escribía a su madre como si le escribiera a una amiga. De ahí esas palabras que hasta podrían parecer como una falta de respeto.

[45] Se refiere a la Unión Soviética, a la que en occidente denominaban «la cortina de hierro».

En el terreno científico estoy con mucho entusiasmo y lo aprovecho porque esto no dura. Estoy haciendo dos trabajos de investigación y tal vez inicie un tercero, todos sobre alergia y, aunque muy lentamente, sigo juntando material para un librito que verá la luz —si la ve— dentro de varios años y que lleva el pretencioso título de *La función del médico en Latinoamérica*. Con algo de autoridad puedo hablar sobre el tema ya que, si no conozco mucho de medicina, a Latinoamérica la tengo bien junada.[46] Por supuesto, fuera del plan general de trabajo y de unos tres o cuatro capítulos no hay nada más, pero el tiempo me sobra.

Con respecto a las diferencias de pensar que según vos se acentúan te aseguro que será por poco tiempo. A aquello que tanto le temés se llega por dos caminos: el positivo, de un convencimiento directo, o el negativo a través de un desengaño de todo. Yo llegué por el segundo camino, pero para convencerme inmediatamente de que hay que seguir por el primero. La forma en que los gringos tratan a América (acordate que gringos son yanquis) me iba provocando una indignación creciente, pero al mismo tiempo estudiaba la teoría del por qué de su acción y la encontraba científica. Después vino Guatemala y todo eso difícil de contar, de ver cómo todo el objeto del entusiasmo de uno se diluía por la voluntad de esos señores y cómo se fraguaba ya el nuevo cuento de la culpabilidad y criminalidad rojas, y cómo los mismos guatemaltecos traidores se prestaban a propagar todo eso para mendigar algo en el nuevo orden de cosas. En qué momento dejé el razonamiento para tener algo así como la fe, no te puedo decir, ni siquiera con aproximación, porque el camino fue bastante larguito y con muchos retrocesos [...].

---

[46] Del caló argentino: bien calada.

Carta a su padre
10 [posiblemente febrero o marzo], de 1955

Querido viejo:

Como siempre, te escribo atrasadito para felicitarte por tus tai-cinco, edad memorable en que empezarás a «sentar cabeza» y todo lo demás. Me imagino que habrás pasado la nefasta tratando de olvidarla lo más posible y que ya estarás conforme con el inevitable añito más. Siempre estoy esperando que mi situación financiera se torne lo suficientemente amplia como para mandar un regalo a alguno de la familia, pero no hay caso de compaginar el debe con el haber. Por ahora tiro mano a mano entre los dos y me conformo; cuando pueda te haré el regalo fallido en forma de un precioso libro que puede ser: *La verdad oculta de la guerra de Corea*, o *Guatemala, la democracia y el imperio*, en fin, cualquier cosita que te instruya deleitando.

Para que dejes de jeringar con los planes en joda te diré el que tengo en serio: ir a la deriva tratando de poner proa a Europa. Esto es un poco vago, pero es todo lo que te puedo adelantar. Mis intenciones: conseguir una beca para Francia, estarme un año allí y luego rumbear para la Cortisona en la forma que pueda, y siempre el camarada Mao en el final de la etapa raidista, o casi en el final, pues India está en el itinerario. La beca está en veremos, pero hay serios indicios de que pueda darse la bolada. Mis armas serían tres o cuatro trabajos científicos que (guevareana modestia) son muy buenos. De uno de ellos, sobre todo, espero algo que me abra las

puertas de cualquier universidad europea para poder perfeccio-
narme a gusto.

[...]

En cuanto a lo que me decís de México, es ridículo en todo sentido, y no me canso de repetir lo que le dije a Ani: la maroma se
viene en todo el mundo y ahora a pasos agigantados con el cambio
del gobierno ruso. México está totalmente entregado a los yanquis,
hasta el punto de que a la llegada de Nixon le metieron presos a
todos los nacionalistas portorriqueños y otras yerbas, y los tienen secuestrados sin que se sepa dónde. La prensa no dice nada y
está prohibido hablar a los diarios so pena de clausura. Es mucho
más peligroso que la policía mexicana el FBI, que aquí anda como
Pedro por su casa, hace detenciones tranquilamente. Ese es el panorama político, el económico es terrible, las cosas suben en forma
alarmante y la descomposición es tal que todos los líderes obreros están comprados y hacen contratos leoninos con las diversas
compañías yanquis hipotecando las huelgas por uno o dos años.
En México prácticamente no hay industria independiente y menos
comercio libre. Esto está caminando hacia la gran podrida sin
grupo[47] y en la única forma que podrías hacer algo de dinero sería
haciendo directamente de alcahuete de los gringos, cosa que no te
aconsejo por múltiples razones. Argentina es el oasis de América,
hay que darle a Perón todo el apoyo posible para evitar entrar en la
guerra que promete ser terrible; te guste o no, es así. Nixon ya está
recorriendo todos estos países aparentemente para fijar las cuotas
de hombres y materia prima barata (pagada con maquinarias viejas
y carísimas) con que cada uno de los pobres estados de América
contribuirá en las nuevas Coreas.

[...] ya me cansé de largar macanas,[48] y vos de leerlas, más
ahora que se cruzan, de modo que me despido deseándote todas

---

[47]   Sin grupo: sin exageración o mentira (argentinismo).
[48]   Macana: falsedad, mentira sin importancia.

las cosas que se desean cuando el viejo de uno cumple años, y mandándote un gran abrazo para vos y toda la barra. En esta no van estampillas porque la escribo y la mando fuera de casa, pero sí en la próxima.

Chau

[No lleva firma]

Carta a su tía Beatriz
9 de abril [de 1955]

Tiítita:

Ya sé, soy un desagradecido, mal sobrino, hipócrita, rojillo, etc. Pasó lo siguiente: cuando más entusiasmado estaba en la tarea de contestar la correspondencia atrasada cayó sobre mí el huracán de los II Juegos Deportivos Panamericanos y me entregué a la benemérita tarea de informar detalladamente al público latinoamericano sobre el desarrollo de los eventos, además de proporcionarles bellas fotografías en las que se aunaban la oportunidad y la belleza.[49] Acabado que fue todo el trajín y felicitado convenientemente todo el personal que cubriera los juegos, un lacónico cable de la Agencia Latina nos informó que esta cesaba sus transmisiones, y que cada corresponsal hiciera lo que mejor le pareciera con el personal a su cargo (de sueldos, ni una palabra), saber esta noticia y entregarme en cuerpo y alma a la tarea de morderme la cola fueron todo uno. Ayer lo conseguí, perteneciendo desde ese día a la raza de los unicachéticos.

[...] Del puesto famoso que me ofreciste en cartas reiteradas, solo puedo decirte —para poner la pizquita de seriedad— que pese a todo mi vagabundaje, mi informalidad reiterada y otros defectos, tengo convicciones profundas y bien definidas, esas convicciones me impiden hacerme cargo de un puesto del tipo del descrito por

---

[49]   Una selección de las fotos tomadas por Ernesto durante esos juegos deportivos aparece publicada en el libro *Otra Vez*, su diario del segundo viaje por América Latina. Véase Ernesto Guevara: *Otra Vez*, ed. cit.

vos, pues esas son cavernas de ladrones de la peor especie, ya que trafican con la salud humana que se supone está bajo mi calificada custodia. No te contesté antes por el trabajo de los juegos, pero de todas maneras la contestación es la misma, soy pobre pero honrado, como dicen los ladrones.

Amplio y cariñoso abrazo para vos, la tímida recién casada, el pelado y Ercilita.

Siempre cariñosísimo

Stalin II

Carta a Tita Infante
México, 10 de abril de 1955

Querida Tita:

Como siempre, recibí con mucha alegría su carta, y como casi siempre he tardado mucho en contestarle.

Las disculpas no tienen importancia y he tenido que prodigarlas pues mi silencio fue casi absoluto en este último tiempo, de modo que con Ud. las emito. Solamente le diré, a manera de información, que tenía el preciado cargo de redactor deportivo de la Agencia Latina, la que funcionaba con capitales emparentados por lo menos con el tata que está en la rosada.[50] Mi trabajo durante los Juegos Panamericanos fue algo agotador en todo el sentido de la palabra, pues debía hacer de compilador de noticias, redactor fotográfico y cicerone de los periodistas que llegaban de América del Sur. El promedio de horas sueño no pasa de 4 durante los juegos, debido a que yo era también el que revelaba y copiaba las fotografías. Todo este trabajo debía tener su pequeña compensación monetaria en forma de unos $4 000 que me corresponderían luego de tanto trajín, pero ocurrió lo inesperado cuando la Agencia Latina se fundió sin previo aviso, de la noche a la mañana y sin pagar ni un quinto (mexicanada). Sospecho que todo se debe a alguna oculta transacción entre los tatas (el de la rosada y el de la blanca)[51] o tal vez a que el de la rosada dio las nalgas (cochinada mexicana) sin más ni

---

[50]   Casa de Gobierno de la República Argentina.
[51]   Casa de Gobierno de los Estados Unidos de América.

más. Ud. sabrá eso mejor que yo pues aquí todo está pulido por la distancia y no se sabe a qué atenerse [...].

Mis proyectos son fluidos y condicionales, para variar. Si me llegan a dar el dinero que me deben (difícil pero no imposible) haré un viaje por todo México para conocer bien a este país y luego me iré a conocer Cuba para completar mi mapa latinoamericano. Tal vez a fin de año esté nuevamente en Caracas, junto con mi gran amigo Granado que insiste constantemente en que me una a él para seguirla juntos. A mí lo que me frena es que Alberto está ganando mucho dinero, y eso siempre frena algo la energía vagabúndica del sujeto. De todas maneras, con él hicimos ese viaje tan sustancioso por toda América (el primero) y no he vuelto a encontrar un compañero como él en todo sentido. En nuestras largas disquisiciones materísticas buscábamos el lugar ideal para poner el boliche juntos y hace poco me escribió desde Italia donde está siguiendo un cursillo (de grupo)[52] reiterando nuestra sociedad final, allá por el 19...

Científicamente soy un fracaso de primera, todos mis grandes proyectos de investigaciones fueron llevados por el mismo viento que fundió la Agencia y me veo limitado a presentar un modesto trabajo en el que repito en México las investigaciones de Pisani sobre alimentos semidigeridos. Ese trabajo lo leerán en el Congreso Mexicano de Alergia, el día 23 de este mes, y se lo haré llegar si es que se publica en algún lugar, nada más que a título de curiosidad, pues no tiene nada nuevo, ya que es repetición de conceptos.

[...].

Espero Tita que a la vuelta de cualquier esquina de cualquier vieja ciudad europea nos encontremos pronto, yo con la barriga pasablemente llena y Ud. con el título en la mano. Por ahora es lo más a que se puede aspirar, pero el futuro es del pueblo, espere-

---

[52]   De grupo: que no es cierto.

mos confiadamente. Mientras llegue el futuro lejano o el más cercano del encuentro europeo, reciba un cálido y apretado abrazo de su amigo de siempre.

[No lleva firma]

Carta a su madre
9 de mayo de 1955

Viejísima vieja:

Y pasó a la historia tu primigenio representante como un destacadísimo médico alergólogo, y pronto hubiera pasado a la nota policial como muerto de inanición si no fuera por la caridad de manos amigas primero y por mis relevantes méritos científicos después, lo que me permitió conseguir una beca en el Hospital General de México. La tal beca incluye casa, comida, lavado de ropa y minga de mangos,[53] los cuales mangos seránme otorgados por subterfugios al margen del presupuesto, según dicen los que prometen las cosas. Yo no creo en nada especial, pero me es indiferente: el dinero es un lujo interesante pero nada más. El trabajo que leí no tuvo tanto éxito como parece después del articulito que incluyo, pero fue bien recibido y me valió felicitaciones del capo máximo de la alergia mexicana[54] y esa beca rasposa que te cuento. [...] Estuve a un tris de irme a Estados Unidos o por lo menos a Nuevo Laredo, en la frontera, a trabajar en alergia, pero me decidí por este puesto que me da algunas facilidades y la oportunidad de recopilar al

---

[53] Minga de mangos: en lenguaje popular argentino: «nada de pesos».

[54] Se refiere al doctor Mario Salazar Mallén, fundador de la alergología en México. El trabajo es «Investigaciones cutáneas con antígenos alimentarios semidigeridos», trabajo presentado en el IX Congreso Nacional de Alergistas, celebrado del 25 al 30 de abril de 1955, en la Escuela de Medicina de León, Universidad de Guanajuato y publicado en la *Revista Iberoamericana de Alergología*, México, D.F., mayo de 1955, p. 157. Véase Ernesto Guevara: *Otra Vez*, ob. cit.

cabo del tiempo (4 a 6 meses) unos tres o cuatro trabajos sobre la especialidad que serían publicados en la revista que hay aquí [...].

[...] Con respecto a los diez años, ya pasaron dos, pero no creo que la separación absoluta llegue más allá de dos años más, como caso extremo, ya que mis acciones médicas van subiendo y creo que en la próxima parada podré vivir más de acuerdo con mi brillante categoría. El paso siguiente puede ser EE.UU. (muy difícil), Venezuela (factible) o Cuba (probable). Pero mi meta irrenunciable sigue siendo París y llegará aunque sea nadando todo el Atlántico.

Grandes partidas de besos para todos y hasta la próxima.

[No lleva firma]

Carta a Zoraida Boluarte
México, 16 de mayo de 1955

Mi querida Zoraida:*

10 000 años después contesto, y, oh sorpresa, contesto del mismo lugar. Todavía estoy en México y estaré por unos cuantos meses más, pues ahora hago las veces de investigador y estoy internado en un hospital; solamente me dedico a la Alergia. Ya la Lepra fue llevada por el viento, aunque no pierdo las esperanzas de poder dedicarme, aunque sea como retribución por todo lo bueno que he recibido de enfermos y sanos relacionados con el mal de Hansen. [...]

Ahora correspondería hablar de mis proyectos, los cuales cambian con una periodicidad fija de tres días. El último de ellos, el que maduré hace dos días, es quedarme de seis a cuatro meses en el hospital desarrollando tres trabajos de investigación sobre el tema de la Alergia, darme una vuelta de dos meses por todo el territorio de este maravilloso país y fugarme con viento fresco hacia la lejana Europa; tal vez haga un pequeño paréntesis en Cuba, para agregarla a mi colección, y en Caracas, para dar abrazo al infiel, o mejor dicho, a los infieles. Hablando de ellos, le diré que *Calica* sigue su maravillosa vocación de vago en Caracas, pero sin barba y ganando $USA y Alberto se ha hecho un pequeñito paseo de cuatro meses por la vieja Europa para gastar algo de sus enmohecidos pesos (tiene tantos); creo que ya está en sus pagos de adopción. Como ve, soy el único pariente pobre.

---

*   Archivo del Centro de Estudios Che Guevara.

Ya no queda de qué hablar de esta bella porción del planeta, ahora corresponde que Ud. se despache contándome cómo van las cosas por aquella: cómo están los de Guía, especialmente el Dr.; cómo están los de su casa y dónde está su hermana (en la anterior se planteaba la disyuntiva Universidad-Cocina); creo sinceramente que la cocina es un bello lugar para ella (de Perú a México las mermeladas llegan perfectamente y se comerían con mucho gusto —no es insinuación sino noticia—). El anunciado folleto del pobre casado neoyorkino no llegó nunca. Las fotos han sido llevadas por los contrarios vientos que frenaron mi marcha al Este, descansan en algún lugar de Panamá. Mi inspiración se muere y mi asma está casi muerta en México. Mis tentáculos se abren para mandar las fraternales y materísticas vibraciones de mi alma gaucha hasta esas tierras de titanes (los Incas, Pizarro, Odría) el papel se rompió, ¿será casualidad o ira de los espíritus de la tierra por incluir a Pizarro?

Basta de estupideces, *arrivederchi*, o por ahí cerca; mi dirección siempre es el Consulado, apretado abrazo a toda la familia.

Conteste, papusa

Chau

Ernesto

Carta a su padre
27 de mayo de 1955

Querido viejo:

El orden decreciente de las contestaciones —manyá[55] qué tipo importante soy— hace que ahora te toque a vos. De nuevo estoy con el problema de qué decir, pues casi todo está contado a algún otro de los familiares que tan amorosamente se preocupa por mi salud. Yo con mi puesto del hospital parezco un émulo tuyo de tus aspiraciones, pues me paso las 24 horas diarias hablando de enfermedades y cómo curarlas (no curo nada, por supuesto). Después de presentar mi trabajo y cuando a las cansadas me aprobaron la residencia me largué a tratar de demostrar *in vitro* la presencia de anticuerpos en los alérgicos (creo que fracasaré); a tratar de fabricar los llamados propectanes, un poco de alimento digerido en tal manera que si lo come el enfermo luego el alimento completo no le hace mal (creo que fracasaré); un intento de demostrar que la hialuronidasa —a ver si sabés tanto como decís— es un factor importante en el mecanismo productor de la enfermedad alérgica (es mi más cara esperanza), y dos trabajos en colaboración, uno imponente, con el capo de la alergia de México M. Salazar Mallén, y otro trabajo con uno de los buenos químicos que hay en México sobre un problema del cual solo tengo la intuición, pero creo que va a salir algo muy importante. Eso es mi panorama científico. Este mismo panorama me permite insinuar la posibilidad de un cambio en mis aspiraciones vagabúndicas [...].

---

[55]   Manyá: argentinismo traducible como: ve, mira o ¿te das cuenta?

[...] En general, pintan mucho mejor mis próximas aventuras, pues ya podré presentar en cualquier lado adonde vaya a dar con mis huesos no solo el título de colaborador de Pisani (con mucho el tipo más capaz de todos los alergistas que conocí) sino mis propios trabajos y un conocimiento del problema que es limitado, por lo demasiado enfocado, pero bastante claro. Si el próximo país a donde caigo es Cuba, no trabajaré allí sino que daré una rápida vuelta de circunvalación visitando a toda la gama de amistades que hice en el exilio (de ellos) y rajaré a Europa o donde sea.

[...] Creo que te conté que la Agencia Latina me había prometido el viaje a Melbourne para el año que viene, cosa que ya está definitivamente olvidada, pues ni me pagan, pero me había llenado de gusto y de ganas de ver canguros.

De mi vida diaria actual no te puedo contar nada, pues es todo una sucesión de sala, laboratorio y biblioteca, amenizada por unas traducciones de inglés.

Viejo, hasta que las velas no ardan, y un abrazo.

[No lleva firma]

Carta a su madre
17 de junio de 1955

Querida vieja:

Te escribo esta carta de felicitación[56] en medio de la incertidumbre provocada por la serie de hechos y noticias contradictorias que llegan desde allí.

[...] Espero que la cosa no sea tan brava como la pintan y no haya nadie nuestro metido en un lío donde no hay nada qué hacer.

[...] Según noticias que llegan por aquí la cifra de muertos es alta, casi pavorosa para la Argentina. Y la impresión de que la mayoría de los muertos son civiles que la ligaron sin comerla ni beberla agrava una sensación de molestia y desconcierto que me da la lectura de las noticias; a pesar de que no creo nada de lo que se dice, pues todo está censurado, tergiversado o simplemente inventado para publicar algo, pues la gente lee con avidez las noticias de Buenos Aires. Espero que tu día te encuentre sin bombazos ni nada por el estilo, pues corresponde que empieces el nuevo año de vida simbólicamente tranquilo después de tanto lío como tuviste desde que yo rajé. No dejes de escribirme rápidamente contándome noticias de todo el mundo, y qué es de la vida del doctor[57] y cuándo se casa.

De mi vida futura, pudo haber cambio pero no lo hubo: no sé si te conté que la Agencia Latina me había clavado en una suma que orillaba los 6 000 pesos, ahora me pagaron, pero solo 3 000, de los

---

[56] El día del cumpleaños de su madre era el 23 de junio.
[57] Se refiere a su hermano Roberto Guevara.

que tengo que descontar 500 para pagar una serie de deudas. Me avisaron que me pagaban con 10 días de antelación, e inmediatamente me fui a buscar pasaje en un barco que salía para España, pues me anunciaron el pago de la deuda total. Si con lo otro iba justiniano,[58] con esto ya no puedo ir en las mismas condiciones (como un señor pasajero) y decidí entonces seguir mi viejo y ya repetido programa de estar aquí hasta el 1ro. de septiembre, dos meses conociendo México, y a Veracruz para agarrar un barco para donde caiga. Este México inhóspito y duro me ha tratado bien después de todo y, a pesar de la esquila, llevaré al irme algo más de dinero que al entrar, mi respetable nombre en una serie de artículos de mayor o menor valor y, lo más importante, sedimentadas una serie de ideas y aspiraciones que estaban en forma de nebulosa en mi cerebro. Siempre mi aspiración máxima es la de llegar algún día a ser físico, pero eso es una aspiración ideal que ya al nacer está resignada a ser descrita como una aspiración fallida [...].

Hoy acordándome de vos me entró, como en los tangos, una melancólica necesidad de añorar aquellos tiempos en que minga de laburo escolaciaba[59] o algo parecido: lo esencial es que me siento tangueril, vale decir un poco argentino, cualidad que desconocí casi siempre. Creo que esto indica el primer llamado de la vejez (que es cansancio al fin y al cabo) o simplemente que extraño ese dulce y apacible hogar, donde mecido por los suaves acordes de las discusiones familiares transcurrió mi infancia y adolescencia. Sin embargo, aunque sea a balazo limpio hay que conseguir la herencia,[60] y tenés que largarte a París, allí nos juntaremos. Creo que a vos te gustaría, pero para mí es una necesidad biológica, y a esa sí la siento factible y madurando continuamente, no sé si el término cuadra perfectamente, pero creo que es una entelequia. Mi

---

[58] Justiniano: justo (cariñoso).
[59] Minga de laburo escolaciaba: nada de trabajo (lunfardo argentino).
[60] La herencia que debía recibir su madre era de su tía Sara de la Serna.

vida extra médica continúa en un monótono ritmo dominguero, jalonado por hazañas como la de subir al Popocatépetl (al fin le vi las amígdalas a la Pachamama), volcán tutelar de México que tiene 5 400 metros; honradamente, para mí fácil y apasionante, y como veo que tengo las condiciones mínimas pienso repetir la hazaña en el pico más alto de México y el segundo de la América del Norte, el Orizaba, pero hay que esperar un poco pues resulta muy caro el asunto.

[...] Por otro lado, te diré que tengo una cantidad de chiquilines de sexto año encandilados con mis aventuras e interesados en aprender algo más sobre las doctrinas de San Carlos. A eso dedico mis horas de ocio, que son pocas ahora.

[...] Todo esto te lo cuento para que te sientas que no cumplís en vano, pues agregado a las moneditas burocráticas que pariste, lanzaste al mundo un pequeño profeta ambulante que anuncia el advenimiento del día del juicio final con estentórea voz che.

Vieja, mi lata dura lo que la hoja porque si no se grava en 80 centavos y, como dijo el capo,[61] la víscera que más duele a los argentinos es el bolsillo. Que cumplas todos los inviernos que cumplís con toda felicidad y que puedas juntarte con el dinerito y conmigo en París, antes de llegar a la mitad de la centuria (no como cábala, sino para verte pronto), un beso y abrazo grandote del primogénito ambulante.

[No lleva firma]

---

[61]   Se refiere al general Perón.

Carta a su madre

Buenos Aires, 20 de julio de 1955
[Desde México][62]

Querida vieja:

Ahora sin pretexto dejé de escribirte una punta de días sin que en realidad supiera bien por qué; pues hasta en el trabajo estoy más organizado y tengo alguna horita para mí. Una de las causas que me hicieron esperar un poco fue tu análisis de lo que pasó en la Argentina: con todos tus conocimientos estoy en desacuerdo un poco a posteriori y otro poco a priori con respecto a la fecha en que vos lo ponías. Las cosas desde acá son tan oscuras como desde allí, pero hay algunas que sí se pueden saber de acuerdo con noticias de ahora y experiencia anterior. Las manifestaciones «monstruo» de católicos es algo que no me pasa por la cabeza, recuerdo las monstruosas manifestaciones de la U.D.[63] que después se transformaron en una miseria clara en elecciones que fueron limpias.

[...] Otros, digo, para quienes no hay escapatoria posible ante la historia es para los mierdas de los aviadores que después de asesinar gente a mansalva se van a Montevideo a decir que cumplieron con su fe en Dios; es impresionante que la gente llore porque le quemaron su iglesia dominguera, pero le parece la cosa más natural del mundo que revienten la cantidad de «negros» que reventaron. No te olvides que muchos de ellos fueron a morir por un

---

62   El encabezado de Buenos Aires debe haber sido un error de Ernesto.

63   Se trataba de una coalición de partidos políticos de la República Argentina denominados Unión Democrática, que enfrentaban a Perón.

ideal, pues eso de la compulsión no puede ser cierto sino en parte, en todo caso, y que cada «negro» tenía su familia a quien mantener, y que los tipos que dejan en la calle a la familia del negro son los mismos que se van al Uruguay a darse golpes de pecho por la hazaña de machos. Otra cosa importante es la cantidad de «gente bien» que murió fuera de los casos fortuitos, eso mismo indica el carácter de la gente que iba a derrocar a Perón y el futuro que esperaría a una Argentina gobernada por un Olivieri o por un Pastor, que para el caso es lo mismo; el ejército solamente se queda en sus cuarteles cuando el gobierno que sirve, sirve a sus intereses de clase, y lo único que cambiarían es cierto exterior democrático como se ve en México, donde la podredumbre más grande está encubierta por formas pseudodemocráticas de convivencia. Olivieri o Pastor, o el que fuera, tirarían o tirarán, que todavía no se aclaró todo —contra el pueblo—a la primera huelga seria, y entonces no habrá chicos de Inchauspi que mueran, pero matarán a cientos de «negros» por el delito de defender sus conquistas sociales, y *La Prensa* dirá muy dignamente que es ciertamente muy peligroso el que trabajadores de una sección vital del país se declaren en huelga y aún más, recurran a la violencia para ganarla como sucediera en el caso de marras en que se disparó contra la policía, mal o bien esto no ocurrió sino muy esporádicamente con Perón, y para mí cuenta más que la gente conocida, que tuvo la mala suerte de recibir una bomba o metralla: por otra parte no sé cómo se puede creer eso de que la marina está compuesta de angelitos puros y que el ejército es un hato de demonios; la única diferencia apreciable es que en la marina hay más pitucos resentidos por una serie de prebendas de clase que han perdido, pérdida de la que Perón no es culpable, pues este no es más que un intérprete de una situación ya creada de antemano, la situación de la Argentina, y fuera de eso, por más que circulen rumores en contra, la Iglesia tuvo muchísimo que ver en el golpe de Estado de [19]16, y también tuvieron que ver con eso nuestros queridos amigos cuyos métodos pude apreciar muy de cerca en Guatemala. No te olvides que Olivieri estuvo en Estados Unidos hace poco, por un lado, y por el otro, que el papado es uno de los principales capitales de Europa y que en política internacional marchan de la mano con EE.UU. La forma en que la prensa de México trató el asunto no deja lugar a dudas, fuera de que algún comentarista muy ligado a la Casa Blanca insinuaba que lo que había de disolvente en Perón (disolvente para la compactación del mundo libre) era la tendencia neutralista de este y su propensión a comerciar con los países de atrás de la cortina. Basta de política.

[...] Todo lo contrario, para mi desarrollo científico no hubo mejor escuela ni la habrá en algunos años. Todas las cosas que mi inventiva está desarrollando aquí, a tropezones y sin su ayuda, con él las hubiera podido hacer perfectamente, sin contar con que su laboratorio está perfectamente montado. Aquí trabajo en un laboratorio de bacteriología que es de los mejores de México y está muy por debajo de aquel, y uno de fisiología que ni merece nombrarse, fuera del específico de alergia donde hay que hacer las cosas a puro pulmón, pues no hay ni un triste mechero de gas.

Mi artículo salió publicado en la revista de alergia, muy paquetón. Te mandaré un número en cuanto me entreguen uno [...].[64]

Noticias mías propias hay poco que contar salvo que asalté el Popo[65] —así se le llama familiarmente— e hicimos derroche de heroísmo sin poder llegar a la cima, yo estaba dispuesto a dejar los huesos para llegar, pero un cubano que es mi compañero de ascensiones me asustó porque tenía los dos pies helados y tuvimos que bajar los cinco. Cuando habíamos bajado unos 100 metros (que a esa altura es mucho) paró un poco la tempestad y se fue la bruma, y entonces nos dimos cuenta que habíamos estado casi al borde del cráter, pero ya no podíamos volver. Habíamos estado seis horas

---

[64]   Véase en esta edición Nota 53, p. 78.
[65]   Se refiere al Popocatépetl.

luchando con una nieve que nos enterraba hasta las verijas en cada paso y con los pies empapados debido al poco cuidado de llevar el equipo adecuado (yo todavía tengo las botas de Roberto).

El guía se había perdido en la niebla esquivando una grieta, que son algo peligrosas, y todos estábamos muertos del trabajo que daba la nieve tan blanda y tan abundante. A la bajada la hicimos en tobogán tirándonos barranca abajo como en las piletas del Sierras y con el mismo resultado, pues llegué abajo sin pantalones. El cubano no sube más, yo en cuanto junte los pesitos necesarios para hacerlo me largo de nuevo al Popo, sin contar que para septiembre tengo el Orizaba.

Las patas se me descongelaron al bajar, pero tengo toda la cara y el cuello quemado como si hubiera estado un día entero bajo el sol de Mar del Plata; en este momento tengo la cara que parece la copia de Frankenstein entre la vaselina que me pongo y el suerito que me sale de las ampollas que se han formado, además, tengo la lengua en las mismas condiciones porque me di un atracón de nieve. El andinismo es precioso y lo único que me acompleja es que en esta última vez subió conmigo un viejo de 59 años que trepaba mucho mejor que nosotros. Era un viejo igualito a Cara de Ángel que empezó diciendo que su mamita le había dicho que estaba loco en venir, empezó a subir y se nos fue el alma a los pies porque trepaba como una cabra.

[…]

[No lleva firma]

Carta a su madre
24 de septiembre de 1955

Querida vieja:

Esta vez mis temores se han cumplido, al parecer, y cayó tu odiado enemigo de tantos años; por aquí la reacción no se hizo esperar: todos los diarios del país y los despachos extranjeros anunciaban llenos de júbilo la caída del tenebroso dictador; los norteamericanos suspiraban aliviados por la suerte de 425 millones de dólares que ahora podrían sacar de la Argentina; el obispo de México se mostraba satisfecho de la caída de Perón, y toda la gente católica y de derecha que yo conocí en este país se mostraba también contenta; mis amigos y yo, no; todos seguimos con natural angustia la suerte del gobierno peronista y las amenazas de la flota de cañonear Buenos Aires. Perón cayó como cae la gente de su estirpe, sin la dignidad póstuma de [Getulio] Vargas, ni la denuncia enérgica de Árbenz que nombró con pelos y señales a los culpables de la agresión.

Aquí, la gente progresista ha definido el proceso argentino como «otro triunfo del dólar, la espada y la cruz».

Yo sé que hoy estarás muy contenta, que respirarás aire de libertad [...].

Hace poco te señalaba en otra carta que los militares no entregan el poder a los civiles si estos no le garantizan el dominio de casta; [...]. Te confieso con toda sinceridad que la caída de Perón me amargó profundamente, no por él, por lo que significa para toda América, pues mal que te pese y a pesar de la claudicación forzosa de los últimos tiempos, Argentina era el paladín de todos los que pensamos que el enemigo está en el norte. Para mí, que viví las amargas horas de Guatemala, aquello fue un calco a distancia, y cuando vi que junto a las noticias leales (es raro llamarlas así) se escuchaba la voz de Córdoba, que teóricamente estaba ocupada, empecé a ver mal la situación, después todo sucedió exactamente igual: el presidente renunciaba, una junta empezaba a negociar pero desde la posición de resistencia; luego eso se acababa, subía un militar con su marinerito al lado, único dato agregado con respecto a Guatemala, y entonces el cardenal Copello hablaba al pueblo lleno de orgullo y calculando cómo iría su negocio bajo la nueva junta; los diarios del mundo entero —de este lado del mundo— lanzaron sus aullidos archiconocidos, la junta se negaba a darle pasaporte a Perón, pero anunciaba libertad para todo el mundo. Gente como vos creerá ver la aurora de un nuevo día; te aseguro que [Arturo] Frondizi ya no la ve, porque en el supuesto caso de que suban los radicales no será él quien lo haga, sino Yadarola, Santander o algún otro que sirva a los intereses yanquis y del clero, amén de los militares. Tal vez en el primer momento no verás la violencia porque se ejercerá en un círculo alejado del tuyo [...]. El Partido Comunista, con el tiempo, será puesto fuera de circulación, y tal vez llegue un día en que hasta papá sienta que se equivocó. Quién sabe qué será mientras tanto de tu hijo andariego. Tal vez haya resuelto sentar sus reales en la tierra natal (única posible) o iniciar una jornada de verdadera lucha. [...].

Tal vez alguna bala, de esas tan profusas en el Caribe acaben con mi existencia (no es una balandronada, pero tampoco una posibilidad concreta, es que las balas caminan mucho en estos lares), tal vez, simplemente siga de vagabundo el tiempo necesario para acabar una preparación sólida y darme los gustos que me adjudiqué dentro del programa de mi vida, antes de dedicarla seriamente a perseguir mi ideal. Las cosas caminan con una rapidez tremenda y nadie puede predecir dónde ni por qué causa estará al año siguiente.

No sé si han recibido la noticia protocolar de mi casamiento y la llegada del heredero, por carta de Beatriz parece que no. Si no es así, te comunico la nueva oficialmente, para que la repartas entre la gente; me casé con Gadea y tendremos un hijo dentro de un tiempo. Recibí los diarios de Beatriz, me interesan mucho, quisiera una correspondencia de los de estos días y, sobre todo, semanalmente *Nuestra Palabra*.[66]

Chau

Un beso a toda la familia, Hilda los saluda.

[No lleva firma]

---

[66]   *Nuestra Palabra*: órgano oficial del Partido Comunista Argentino.

Carta a Tita Infante
México, 24 de septiembre de 1955

Querida Tita:

Le escribo nuevamente angustiado por lo que pasa en la Argentina, esta vez doblemente angustiado, pues además de los muertos se ha sumado toda esa serie de acontecimientos que no auguran nada bueno para el país. Desde aquí no se puede decir nada absoluto, pero el unánime júbilo de Estados Unidos y los católicos, sumado a las declaraciones de la nueva junta y el hecho de que todos eran militares, está dando una idea de lo que será esta nueva liberación. Con todo el respeto que me merece Árbenz (totalmente diferente a Perón desde el punto de vista ideológico), la caída del gobierno argentino sigue los pasos de Guatemala con una fidelidad extraña, y verá Ud. cómo la entrega total del país y la ruptura política y diplomática con las democracias populares será un corolario, conocido pero triste. Está mal, sin embargo, que yo me ponga a recitar opiniones políticas cuando lo que debe ser y lo que deseo es que Ud. me dé su opinión sobre todos los últimos acontecimientos y me relate bien las cosas. ¿Sería mucho pedir que me mandara un paquete con los diarios de los últimos días y primeros del nuevo régimen? Podría ser por barco, no me importa tanto el tiempo como tener una imagen de lo que fue eso.

Con respecto al fallido viaje a Europa, le diré que mi frase sí era gongoriana, y el señor de la carta era el Presidente del Consejo de ministros de Polonia; yo pensaba ir al festival de la juventud, pero querían referencias mías de Argentina, sin embargo las cosas estaban en un estado tal que no me animé a llamarlas por su nombre, y creí que el amigo Isalí se avivaría. De todas maneras, aquello no tiene importancia, pues la Agencia Latina me largó pagando solo una parte de lo que debía y no me alcanzó para ir.

De otras cosas, mi situación económica ha mejorado lo suficiente como para llenar mis necesidades más elementales, y mi situación científica es en general buena y tengo tres trabajos marchando lentamente hacia su fin que no creo sea antes de fin de año.

Espero recibir de Ud. buenas noticias en cuanto a su título y que esté mejorada de sus conflictos personales, no le mando la revista con el trabajito ya publicado porque no me dieron números a mí, de todas maneras no vale la pena. Reciba un abrazo de su siempre amigo Ernesto y conteste pronto.

[No lleva firma]

Carta a Zoraida Boluarte
México, 8 de octubre 1955

Mi querida Zoraida:*

Con el interés y la alegría que usted imaginará recibí su carta, mejor dicho su tarjeta, desde Puerto Rico. Ya que a mí me es imposible ir me gustaría verla dándose un paseíto por estas tierras que realmente valen la pena conocerse y donde encontrará Ud. muchas cosas parecidas a su tierra; entre otras, y no la menos parecida, encontrará junto a mí a una gordita representante de su muy noble raza quechua, con quien me casé hace algunos meses. Hilda, que así se llama su compatriota y mi mujer, me encarga la salude aunque no tiene el gusto de conocerla. Ella es aprista y está desterrada aquí.

Me gustaría me contara qué es lo que hace, concretamente en esa isla que según tengo entendido es muy bonita y si hay facilidades para entrar o son las mismas que para ir a Estados Unidos. Le pregunto esto porque tengo proyectado un viaje a Cuba el año que viene, alrededor de marzo y si Ud. estuviera me gustaría darle un abrazo de pasión che.

También me gustaría saber algo de todos los amigos peruanos cuyo recuerdo viene de tanto en tanto a la memoria.

Mi vida aquí es bastante agradable aunque con mucho trabajo (esta vez es científico) y poco sueldo. Sin embargo, juntamos algunos pesitos y el primero de noviembre nos iremos a dar un paseo

---

*   Archivo del Centro de Estudios Che Guevara.

por todo el sur de México con mi mujer. Hay allí zonas arqueológicas magníficas como la de Chichén-Itzá que pensamos visitar.

Bueno Zoraida, solo me falta indicarle que mi nuevo domicilio es Nápoles 40-depto 16, Colonia Juárez, México D.F., donde está su casa, sin eufemismos y darle el protocolar abrazo de despedida, esta vez más cercano por la proximidad relativa. Salude a los suyos de mi parte y dele un fraternal abrazo a la papusita.

Gurbai, como dicen allí

Ernesto

Carta a su madre
México, día 25 de la nueva era

Abuelita:

Los dos somos un poquito más viejos, o si te considerás fruta, un poquito más maduros. La cría es bastante fea, pero no es más que mirarla para darse cuenta de que es diferente de todas las criaturas de su edad, llora cuando tiene hambre, se mea con frecuencia... le molesta la luz y duerme casi todo el tiempo; sin embargo, hay algo que la diferencia inmediatamente de cualquier otro crío: su papá se llama Ernesto Guevara.

Yo estoy descontento porque perdí la oportunidad: si me hubiera casado por las leyes argentinas ahora no tendría miedo de que Hilda se me escapara con otro y se divorciara de mí; estos mexicanos son unos libertinos, permiten el divorcio. Además, me enteré de que van a poner fuera de la ley al partido de los rojos; ahora sí creo lo que antes dudaba: este gobierno es de liberación nacional, nos salvará de la plaga roja y además tendremos energía atómica, pues ya vi que la no sé cuánto *and Power* [sic] está dispuesta a poner reactores en la Argentina, nada más espera que el gobierno repare una injusticia y le pague una expropiación que hizo el tirano. Naturalmente, también firmarán un pacto atómico, pues los Estados Unidos no se pueden arriesgar a que la vaca le salga toro, pero son pactos muy ventajosos; aquí ya están al firmar uno y se ve que los gringos son generosos con los amigos. México nada más le permite a Estados Unidos todo el control sobre la extracción de uranio, los cateos corren por cuenta de México, pero los realiza personal de Estados Unidos para que no tengan mucho trabajo aquí, el uranio solo se puede vender a Estados Unidos, pero estos, en fecha próxima, aunque todavía no está fijado, les venderán uno o dos reactores.

No a México, naturalmente, a la subsidiaria de la Bon and Whare que opera aquí, que será la encargada de distribuir el fluido (un trabajo demasiado delicado para los mexicanos que están un poco atrasados, con decirte que hay que correrlos con perros en la frontera para que no vayan a molestar al norte).

No sabés las ganas que tengo de verte, me parece que más allá que aquí, pero eso es muy difícil por ahora. De todas maneras, la inversa no me parece muy factible tampoco pues cuando la herencia llegue el peso argentino a lo mejor está como el boliviano. Ya estoy casi decidido a que este sea el último año en México (por lo menos el último terminado en 6). La ciencia, ahí, ahí, pero si te lo cuento a vos no sé qué me va a quedar para el viejo, y le quiero escribir entre hoy y mañana, aprovechando el feriado (domingo).

Vieja, espero verte en algún lugar de esta bostita de Dios llamada tierra dentro del próximo milenio.

Besos de Hilda Beatriz y míos, a Hilda vieja la dejamos aparte, no tiene nada que hacer en cosas de jóvenes.

Arrivederchi mia javie[67]

[No lleva firma]

---

67   Javie: Vieja al revés.

Carta a Tita Infante

México, 1ro. de marzo de 1956

Querida Tita:

Ahora me toca a mí desertar de nuestra amistad epistolar por algún tiempo. Realmente, aunque sea la más trillada de las excusas, tengo un trabajo loco (y, lo peor, infructífero en ambos terrenos: el científico y el económico). Ya nació el heredero que resultó heredera y lleva el nombre de Hilda Beatriz, tiene 15 días y es la causa de una doble alegría para mí. [...] podría convertirme en un aburrido padre de familia [...]. Sé que no será así y que seguiré mi vida bohemia hasta quién sabe cuándo, para ir a aterrizar con mis huesos pecadores a la Argentina, donde tengo que cumplir el deber de abandonar la capa de caballero andante y tomar algún artefacto de combate [...].

De mi trabajo científico me duele hablar. Después de casi un año de perder tiempo, tuve que declararme impotente para hacer un trabajo sobre determinación química de la histamina. Otro, sobre la producción de anafilaxia por vía bucal mediante la ingestión de alimentos con hialuronidasa, que tenía el mérito de ser original, no lo he podido hacer pues a los primeros fracasos me retiraron del apoyo económico; creo que algo podría salir de allí. Otros dos de menor importancia fueron acabados con resultados negativos y resolví no publicarlos. Uno de electroforesis nunca lo pude desarrollar bien por la falta de medios. Otro sobre la determinación de alguna identidad de acción entre la histaminasa y la progesterona, se está llevando a cabo y puede resultar algo. (Me aseguran que si los resultados son positivos, consigo una beca para trabajar donde se me dé la gana; yo no creo tanto).

He empezado a estudiar la histoquímica de la histaminasa que es bastante complicada, como complemento a otras investigaciones. Se me ha ofrecido un trabajo como fisiólogo en la universidad, pero aquí es muchísimo más fácil ofrecer que dar, y otro en un hospital como investigador en el campo de la alergia. Eso solucionaría mis más apremiantes problemas económicos y me permitiría acabar en México algún otro trabajo que me permitiera la ansiada beca a Francia (Ud., maliciosamente, sospechará que no es para estudiar precisamente que la pido […], tiene razón).

De la situación política no puedo hablar yo, le toca a Ud. darme un panorama aunque sea tan general como el de la otra carta, con el que coincidí en todo. De Ud. habría que hablar largo y tendido y preguntarle cuándo se va a curar de su morriña perenne; no me diga que es un producto de las circunstancias, porque no es cierto, y tampoco que es constitucional en Ud. De todas maneras, hoy no me siento con fuerzas para intentar una catequización a distancia, […] Reciba un estrecho abrazo de su siempre amigo, y coraje, no se abandone […].

[…]

[No lleva firma]

Carta a su madre
13 de abril de 1956

Querida vieja:

[…] Ya hasta había perdido la costumbre de escribir pero me he convencido que esta es la única forma de recibir noticias de las altas esferas bonaerenses […].

Pasaré entonces a hablar de la chamaca: estoy muy contento con ella; mi alma comunista se expande pletórica: ha salido igualita a Mao Tse Tung. Aún ahora ya se nota la incipiente pelada del medio de la bocha, los ojos bondadosos del jefe y su protuberante papada; por ahora pesa menos que el líder, pues apenas pasa los 5 kilos, pero con el tiempo lo igualará. Es más malcriada que la generalidad de los chicos y come como comía yo según cuentos de la abuela (de la abuela de ella), vale decir, chupando sin respirar hasta que la leche salga por la nariz.

Seré profesor de fisiología en la Universidad Nacional de México con un pobre sueldo de esos que acostumbran las universidades aquí pero con toda la categoría inherente a tal cargo […].

Trabajo desorbitantemente para tratar de acabar unos trabajos que me tienen podrido y dedicarme totalmente a mi nueva especialidad que es la de los reflejos condicionados; se me ha metido en el melón hacer un calmante contra el asma a base de los tales reflejos pero no sé en qué parará todo esto, porque gastos me dan los que quiera, pero gente no, a pesar de que los pobres pacientes de hospital de aquí con tal que uno se ocupe de ellos lo mismo les da que los ahorquen o los fusilen.

Recibí carta de Beatriz donde me cuenta subrayado que la parálisis infantil se produjo debido al déficit sanitario que dejó Perón, pero los norteamericanos se apresuraron a ayudar muy desinteresadamente como ellos hacen siempre las cosas. Me consuela pensar que la ayuda de nuestros grandes vecinos no deba quedar confinada por estos pagos y también mi tierra pueda disfrutar de ella, según parece, también han prestado su ayuda al Apra, y pronto la gente estará en el Perú e Hilda podrá ir allá con toda tranquilidad. Lástima grande que su casamiento intempestivo con desaforado esclavo de la peste roja le privará el gozar de una bien remunerada dieta de diputado en el próximo parlamento [...]. Me alegro que te haya caído bien el gordo [Ricardo] Rojo. Yo espero que me siga cayendo bien pero temo que no será posible. Por la conversación con él te habrás dado cuenta de que me considera un loco lindo, de esos que sirven para contar anécdotas. No dudo que en la vida diaria lo seré, pero en el análisis político de los problemas le oí decir cada barrabasadas que me dejó espantado.

Te mando un abrazo del tamaño del monumento al descamisado,[68] no es el que iban a hacer sino el que está en el corazón del pueblo argentino, junto a la imagen de nuestra querida pareja presidencial, que Dios guarde, amén.

Conjuncional abrazo a demás miembros flia.

[No lleva firma]

---

[68]   Descamisado: poco antes de ser derrocado como presidente, Perón decidió levantar un gigantesco monumento al «Descamisado», que interpretaba al pueblo peronista pobre. Este apelativo de «descamisado» vino como consecuencia de un altercado en la Cámara de Diputados de la República Argentina, donde un diputado antiperonista calificó a otro, peronista, de «descamisado», queriendo decirle que ni siquiera tenía camisa. Al día siguiente, en público, como desagravio ante miles de personas, Perón se quitó el saco y dijo que él también era un descamisado como su pueblo. Y lo mismo hicieron sus ministros y personal superior del gobierno. Desde ese momento y por un tiempo bastante prolongado, Perón asistió a las recepciones sin saco. (*Nota de Ernesto Guevara Lynch*).

Carta a sus padres

México, 6 de julio de 1956
Cárcel de la Gobernación

Queridos viejos:

Recibí tu carta (papá) aquí en mi nueva y delicada mansión de Miguel Schultz, junto con la visita de Petit que me informó de los temores de ustedes. Para que tengas una idea historiaré el caso.

Hace un tiempo, bastante tiempo ya, un joven líder cubano me invitó a ingresar a su movimiento,[69] movimiento que era de liberación armada de su tierra, y yo, por supuesto, acepté. Dedicado a la ocupación de preparar físicamente a la muchachada que algún día debe poner los pies en Cuba, pasé los últimos meses manteniéndolos con la mentira de mi cargo de profesor. El 21 de junio (cuando hacía un mes que faltaba a mi casa en México pues estaba en un rancho de las afueras) cayó preso Fidel con un grupo de compañeros y en la casa figuraba la dirección donde estábamos nosotros, de manera que caímos todos en la redada. Yo tenía mis documentos que me acreditaban como estudiante de ruso, lo que fue suficiente para que se me considerara eslabón importante en la organización,

---

[69]   Se refiere al Movimiento Revolucionario 26 de Julio, organización dirigida por Fidel Castro y que toma este nombre luego de que sus miembros hubieran protagonizado el asalto a los cuarteles militares Guillermón Moncada, en Santiago de Cuba, y Carlos Manuel de Céspedes, en Bayamo, dos ciudades orientales de Cuba. El hecho tuvo lugar el 26 de julio de 1953.

y las agencias de noticias amigas de papá empezaron a bramar por todo el mundo.

Eso es una síntesis de los acontecimientos pasados; los futuros se dividen en dos: los mediatos y los inmediatos. De los mediatos, les diré, mi futuro está ligado a la revolución cubana. O triunfo con esta o muero allá. (Esta es la explicación de una carta algo enigmática y romántica que mandé a la Argentina hace algún tiempo). Del futuro inmediato tengo poco que decir porque no sé qué será de mí. Estoy a disposición del juez y será fácil que me deporten a la Argentina a menos que consiga asilo en un país intermedio, cosa que estimo sería conveniente a mi salud política.

De todas maneras tengo que salir al nuevo destino, quede en esta cárcel o salga libre. Hilda retornará al Perú, que ya tiene nuevo gobierno y ha dado amnistía política.

Por motivos obvios disminuirá mi correspondencia, además, la policía mexicana tiene la agradable costumbre de secuestrar las cartas, de modo que no escriban sino cosas de la casa, banales. A nadie le hace gracia que un hijo de puta se entere de los problemas íntimos de uno por insignificantes que sean. A Beatriz le das un beso, le explicás por qué no escribo y le dicen que no se preocupe en mandar diarios por ahora.

Estamos en vísperas de declarar una huelga de hambre indefinida por las detenciones injustificadas y las torturas a que fueron sometidos algunos de mis compañeros. La moral de todo el grupo es alta.

Por ahora sigan escribiendo a casa.

Si por cualquier causa que no creo no puedo escribir más y luego me toca las de perder consideren estas líneas como de despedida, no muy grandilocuente pero sincera. Por la vida he pasado buscando mi verdad a los tropezones y ya en el camino y con una hija que me perpetúa he cerrado el ciclo. Desde ahora no consideraría mi muerte una frustración, apenas como Hikmet:[70] «Solo llevaré a la tumba la pesadumbre de un canto inconcluso».

Los besa a todos,

Ernesto

---

[70]   Se refiere a Nazim Hikmet, célebre poeta revolucionario turco. Los versos corresponden al poema «Carta a mi esposa».

Carta a su madre
México, 15 de julio 1956*

[Vieja:

He recibido tu carta, pasabas por el tamiz de una morriña más o menos grande por lo que se ve. Tiene muchos aciertos y muchas cosas que no te conocía].

No soy Cristo y filántropo, vieja, soy todo lo contrario de un Cristo, y la filantropía me parece cosa de [ilegible en el original], por las cosas que creo, lucho con todas las armas a mi alcance y trato de dejar tendido al otro, en vez de dejarme clavar en una cruz o en cualquier otro lugar. Con respecto a la huelga de hambre estás totalmente equivocada: dos veces la comenzamos, a la primera soltaron a 21 de los 24 detenidos, a la segunda anunciaron que soltarían a Fidel Castro, el jefe del Movimiento, eso sería mañana, de producirse como lo anunciaron quedaríamos en la cárcel solo dos personas. No quiero que creas, como insinúa Hilda, que los dos que quedamos somos los sacrificados, somos simplemente los que tienen los papeles en [malas] condiciones y por eso no podemos valernos de los recursos que usaron nuestros compañeros. Mis proyectos son los de salir al país más cercano que me dé asilo, cosa difícil dada la fama interamericana que me han colgado, y allí estar

---

*   Una copia facsimilar de esta carta se encuentra en el Centro de Estudios Che Guevara y al cotejarla con la publicada en *Aquí va un soldado de América*, se decidió incorporarle algunos párrafos que faltaban. Las correcciones y ampliaciones aparecen señaladas entre corchetes.

listo para cuando mis servicios sean necesarios. Vuelvo a decirles que es fácil que no pueda escribir en un tiempo más o menos largo.

Lo que [verdaderamente] me aterra es tu falta de comprensión de todo esto y tus consejos sobre la moderación, el egoísmo, etc., es decir las cualidades más execrables que pueda tener un individuo. No solo no soy moderado sino que trataré de no serlo nunca y cuando reconozca en mí que la llama sagrada ha dejado lugar a una tímida lucecita votiva, lo menos que puedo hacer es ponerme a vomitar sobre mi propia mierda. En cuanto a tu llamado al moderado egoísmo, es decir, al individualismo ramplón y miedoso, a las virtudes de X.X., debo decirte que hice mucho por liquidarlo, no precisamente a ese tipo desconocido, menguado, sino al otro, bohemio, despreocupado del vecino y con el sentimiento de autosuficiencia por la conciencia equivocada o no de mi propia fortaleza. En estos días de cárcel y en los anteriores de entrenamiento, me identifiqué totalmente con los compañeros de causa, me acuerdo de una frase que un día me pareció imbécil o por lo menos extraña, referente a la identificación tan total entre todos los miembros de un cuerpo combatiente, que el concepto «yo» había desaparecido totalmente para dar lugar al concepto «nosotros». Era una moral comunista y naturalmente puede parecer una exageración doctrinaria, pero realmente era (y es lindo) poder sentir esa remoción de nosotros.

(Las manchas no son lágrimas de sangre, sino jugo de tomate).

Un profundo error tuyo es creer que de la moderación o el «moderado egoísmo» es de donde salen inventos mayúsculos u obras maestras de arte. Para toda obra grande se necesita pasión y para la Revolución se necesita pasión y audacia en grandes dosis, cosas que tenemos como conjunto humano. Otra cosa rara que te noto es la repetida cita de Tata Dios, espero que no vuelvas a tu redil juvenil. También prevengo que la serie de S.O.S que lanzaron no sirve para nada: Petit se cagó, Lezica escurrió el bulto y le dio a

Hilda (que fue contra mis órdenes) un sermón sobre las obligaciones del asilado político. Raúl Lynch se portó bien, desde lejos, y Padilla Nervo dijo que eran ministerios distintos. Todos podían ayudar pero a condición de que abjurara de mis ideales, no creo de vos que prefieras un hijo vivo y Barrabás a un hijo muerto en cualquier lugar cumpliendo con lo que él considere su deber. Las [tentativas] de ayuda no hacen más que poner en aprieto a ellos y a mí.

[Pero tenés aciertos (por lo menos para mi manera de ver las cosas) y el mayor de ellos es el asunto del cohete interplanetario; palabra que me gustaría]. Además es cierto que después de [desfacer] entuertos en Cuba me iré a otro lado cualquiera y es cierto también que encerrado en el cuadro de una oficina burocrática o en una clínica de enfermedades alérgicas estaría jodido. Con todo, me parece que ese dolor, dolor de madre que entra en la vejez y que quiere a su hijo vivo, es lo respetable, lo que tengo obligación de atender y lo que además tengo ganas de atender y me gustaría verte no solo para consolarte, sino para consolarme de mis esporádicas e inconfesables añoranzas.

Vieja, te besa y te promete su presencia si no hay novedad.

Tu hijo,

el Che

Carta a su madre

México 15[71]

Querida vieja:

Todavía en tierras mexicanas contesto tus cartas anteriores. Pocas novedades puedo darte de mi vida, pues por ahora solo hago un poco de gimnasia, leo una barbaridad, particularmente de lo que ya te imaginás, y veo a Hilda algunos fines de semana.

He renunciado a que mi caso se solucione por vías legales, de modo que mi permanencia en México será transitoria, de todas maneras Hilda se va con la chiquita a pasar el fin de año con la familia. Allá estará un mes y después se verá lo que hace. Mi ambición a largo plazo es conocer Europa, y si es posible vivir allí, pero es cada vez más difícil que suceda esto último. Cuando a uno lo toma la enfermedad que yo tengo parece que se va exacerbando y no lo suelta sino en la tumba.

Tenía preparado un proyecto de vida con diez años de vagabundeo, años posteriores de estudio de medicina, y después, si quedaba tiempo, internarme en la gran aventura de la física.

Todo aquello es pasado; lo único que está claro es que los diez años de vagabundeo tienen visos de ser más (salvo que circunstancias imprevistas supriman todo vagabundeo), pero ya será de un

---

[71]   Sin año en el original. De acuerdo con lo que escribe Ernesto Guevara Lynch, pudo haberla escrito aproximadamente a principios de noviembre de 1956. El padre la incluye en su libro *Aquí va un soldado de América*, antes que la correspondiente a agosto-septiembre. En esta edición se ha decidido mantener ese mismo orden, aunque no corresponda con el de las fechas.

tipo totalmente diferente al que soñé y cuando llegue a un nuevo país no será para recorrer tierras, ver museos y ruinas, sino además (porque aquello siempre me interesa) para unirme a la lucha del pueblo.

He leído la última información que llega de la Argentina sobre la negativa de dar personería jurídica a tres nuevos partidos y al despojo de la que tenía el PC. No por esperada esta medida es menos sintomática de todo lo que está ocurriendo en la Argentina de un tiempo a esta parte. Todos sus actos tienen una tendencia tan clara —favorecer a una casta y a una clase— que no puede haber equivocación o confusión. Esa clase es la de los terratenientes criollos aliados con los inversores extranjeros, como siempre.

Si te digo estas cosas más o menos duras es por el «porque te quiero te aporreo». Ahora va un abrazo, uno de los últimos desde tierras mexicanas y en tren de hacer admoniciones, una final: la madre de los Maceo[72] se lamentaba de no tener más hijos para ofrecer a Cuba. Yo no te pido tanto, simplemente que mi precio o el precio de verme no sea algo que esté contra tus convicciones o que te haga arrepentir algún día.

Chau

[No lleva firma]

---

[72]   Se refiere a Mariana Grajales, sus hijos participaron en las guerras de independencia de Cuba contra España, varios de ellos se convirtieron en jefes militares relevantes y héroes de la historia de Cuba. Entre ellos destacan el General Antonio Maceo, el *Titán de Bronce* y su hermano José Maceo, el *León de Oriente*.

Carta a su madre
[Agosto o septiembre de 1956][73]

Querida vieja:

Te escribo desde un punto cualquiera de México, donde estoy esperando que se solucionen las cosas. El aire de libertad es, en realidad, el aire del clandestinaje, pero no importa, da un matiz de película de misterio muy interesante.

Mi salud es muy buena y mi optimismo mejor. Con respecto a tus apreciaciones sobre los libertadores veo que poco a poco, casi sin querer, vas perdiendo confianza en ellos.

[Lo del pero firme y la confianza es de las cosas más trágicas que has escrito, pero no te preocupes que no se lo mostraré a nadie. Nada más fíjate lo que dicen los diarios de Egipto, por ejemplo y la «pérdida de confianza de Occidente». Es lógico, ellos tienen mucha más confianza en un feudo de su pertenencia que en un país aunque no sea con proyectos de independencia]. El petróleo tampoco será argentino. Las bases que tanto temían que Perón entregara, las entregaron estos; o por lo menos harán una concesión similar. La libertad de expresión ya es un mito, solo que cambió de mito, antes era el peronista, ahora es el libertador, los diarios que jodan a la calle. Antes de las elecciones generales habrán ilegalizado al partido comunista y tratarán por todos los medios de neutralizar a Frondizi, que es lo mejor a que puede

---

73 En opinión del padre de Ernesto debe haberla escrito entre agosto o septiembre de 1956, después de su salida de la cárcel. Al cotejarla con el original se decidió incorporar el párrafo que se había suprimido; se señala entre corchetes.

aspirar la Argentina. En fin, vieja, el panorama que veo desde aquí es desolador para el pobre movimiento obrero argentino, es decir para la mayoría de la población.

Bueno, tengo poco tiempo para escribir y no tengo ganas de gastarlo en esos temas. Aunque, en realidad, de mi vida propia tengo poco que contar ya que me la paso haciendo ejercicio y leyendo. Creo que después de estas saldré hecho un tanque en cuestiones económicas aunque me haya olvidado de tomar el pulso y auscultar (esto nunca lo hice bien).

Mi camino parece diferir paulatina y firmemente de la medicina clínica, pero nunca se aleja tanto como para no echarme mis nostalgias de hospital. Aquello que les contaba del profesorado en fisiología era mentira pero no mucho. Era mentira porque yo nunca pensaba aceptarlo, pero existía la proposición y muchas probabilidades de que me lo dieran, pues estaba mi citación y todo. De todas maneras, ahora sí pertenece al pasado. San Carlos[74] ha hecho una aplicada adquisición.

Del futuro no puedo hablar nada. Escribí seguido y contame cosas de la familia que son muy refrescantes en estas latitudes.

Vieja, un gran beso de tu hijo clandestino.

[No lleva firma]

---

[74]   Se refiere a Carlos Marx.

Carta a su madre
[Aproximadamente octubre de 1956]

Querida mamá:*

Tu pinchurriente hijo, hijo de mala madre por añadidura, no está semi-nada; está como estaba Paul Muni[75] cuando decía lo que decía con una voz patética y se iba alejando en medio de sombras que aumentaban y música *ad-hoc*. Mi profesión actual es la de saltarín, hoy aquí, mañana allí, etc., […] Punto y aparte. Hilda irá dentro de un mes a visitar a su familia, en Perú, aprovechando que ya no es delincuente política sino una representante algo descarriada del muy digno y anticomunista partido aprista. Yo, en tren de cambiar el ordenamiento de mis estudios: antes me dedicaba mal que bien a la medicina y el tiempo libre lo dedicaba al estudio en forma informal de San Carlos. La nueva etapa de mi vida exige también el cambio de ordenación; ahora San Carlos es primordial, es el eje, y será por los años que el esferoide me admita en su capa más externa; la medicina es un juego más o menos divertido e intrascendente, salvo en un pequeño aparte al que pienso dedicarle más de un medular estudio, de esos que hacen temblar bajo su peso los sótanos de la librería. Como recordarás, y si no lo recordás te lo recuerdo ahora, estaba empeñado en la redacción de un libro sobre la función del médico, etc., del que solo acabé un par de capítulos que huelen a folletín tipo *Cuerpos y*

---

*   Archivo del Centro de Estudios Che Guevara.

[75]   Actor norteamericano, intérprete de la película «Soy un fugitivo», a la que hace alusión.

almas,[76] nada más que mal escrito y demostrando a cada paso una
cabal ignorancia del fondo del tema; decidí estudiar. Además, tenía
que llegar a una serie de conclusiones que se daban de patadas con
mi trayectoria esencialmente aventurera; decidí cumplir primero
las funciones principales, arremeter contra el orden de cosas, con
la adarga al brazo, todo fantasía, y después, si los molinos no me
rompieron el coco, escribir.

A Celia le debo la carta laudatoria que escribiré después de
esta si me alcanza el tiempo. Los demás están en deuda conmigo
pues yo tengo la última palabra con todos, aun con Beatriz. A
ella decile que los diarios llegan magníficamente y me dan un
panorama muy bueno de todas las bellezas que está haciendo el
gobierno. Los recorté cuidadosamente para seguir el ejemplo de
mi progenitor; ya que Hilda se encarga de seguir el ejemplo de la
progenitora. A todos un beso con todos los aditamentos adecua-
dos y una contestación, negativa o afirmativa, pero contundente,
sobre el guatemalteco.

Ahora no queda más que la parte final del discurso, referente
al hombrín y que podría titularse: «¿Y ahora qué?». Ahora viene lo
bravo, vieja; lo que nunca he rehuido y siempre me ha gustado. El
cielo no se ha puesto negro, las constelaciones no se han dislocado
ni ha habido inundaciones o huracanes demasiado insolentes; los
signos son buenos. Auguran victoria. Pero si se equivocaran, que
al fin hasta los dioses se equivocan, creo que podré decir como un
poeta que no conocés: «Solo llevaré bajo tierra la pesadumbre de
un canto inconcluso». Para evitar patetismos *pre morten,* esta carta
saldrá cuando las papas quemen de verdad y entonces sabrás que
tu hijo, en un soleado país americano, se puteará a sí mismo por no
haber estudiado algo de cirugía para ayudar a un herido y puteará
al gobierno mexicano que no lo dejó perfeccionar su ya respetable

---

[76]   Título de un libro de Maxence Van der Meersch.

puntería para voltear muñecos con más soltura. Y la lucha será de espaldas a la pared, como en los himnos, hasta vencer o morir.

Te besa de nuevo, con todo el cariño de una despedida que se resiste a ser total.

Tu hijo

Carta a Tita Infante

[Aproximadamente noviembre de 1956]

Querida Tita:*

Hace tanto tiempo que no le escribo que ya he perdido esa confianza de la comunicación habitual (estoy seguro que usted no entenderá mucho de mi letra, le explicaré todo poco a poco).

Primero, mi indita tiene ya 9 meses, está bastante rica, tiene mucha vida, etc.

Segundo y principal: Hace tiempo, unos muchachos cubanos, revolucionarios, me invitaron a que ayudara al movimiento con mis «conocimientos» médicos y yo acepté porque Ud. debe saber que es el tipo de laburo que me *piace*. Fui a un rancho en las montañas a dirigir el entrenamiento físico, vacunar las huestes, etc., pero me puse tan salado (cubanería) que la policía arreó con todos, y como yo estaba chueco (mexicanada) en mis papeles me comí 2 meses de cárcel, amén de que me robaron la máquina de escribir, entre otras naderías, lo que provoca esta manuscrita misiva. Después cometió Gobernación el grave error de creer en mi palabra de caballero y me pusieron en libertad para que abandonara el país en 10 días. De esto hace 3 meses y todavía estoy por aquí, aunque escondido y sin horizonte en México. Solo espero ver qué pasa con la Revolución; si sale bien, voy para Cuba, si sale mal empezaré a buscar país adonde sentar mis reales. Este año puede dar un vuelco en mi vida, aunque ya di tantos que no me asombra ni me conmueve mucho.

---

*   Archivo del Centro de Estudios Che Guevara.

Por supuesto todos los trabajos científicos se fueron al cuerno y ahora soy solo un asiduo lector de Carlitos y Federiquito[77] y otros itos. Me olvidé contarle que al detenerme me encontraron varios libritos de ruso, amén de una tarjeta del Instituto de Intercambio Mexicano-Ruso, donde estudiaba el idioma por problema de reflejos condicionados.

Tal vez le interese saber que mi vida matrimonial está casi totalmente rota y se rompe definitivamente el mes que viene, pues mi mujer se va a Perú a ver a su familia, de la que está separada desde hace 8 años. Hay cierto dejo amarguito en la ruptura, pues fue una leal compañera y su conducta revolucionaria fue irreprochable durante mis vacaciones forzadas, pero nuestra discordancia espiritual era muy grande y yo vivo con ese espíritu anárquico que me hace soñar horizontes en cuanto tengo «la cruz de tus brazos y la tierra de tu alma»,[78] como decía Pablito.

Me despido. No me escriba hasta la próxima que será con más noticias, por lo menos con domicilio fijo.

Reciba el siempre cariñoso abrazo de su amigo

Ernesto

---

[77]   Carlos Marx y Federico Engels.
[78]   Recuerda el poema de Pablo Neruda, «Una canción desesperada».

CARTAS DESDE LA LUCHA
(1956-1959)

El proceso que permite comprender la plena transformación de un ser humano puede percibirse de diferentes modos y maneras, pero si buscamos la explicación a través de cartas elaboradas en circunstancias particulares, puede causar asombro y por qué no, interrogantes acerca de la complejidad de los múltiples caminos a los que se llega y se pueden elegir para alcanzar determinadas metas y propósitos, a veces no muy claros en su devenir.

Quizás sea el caso de Ernesto-Che al tomar la determinación de seguir «su ruta» propia, cuando emprende el camino de la lucha armada para contribuir a la liberación de un pueblo ansioso por alcanzar su verdadera independencia, como era el caso de Cuba y su afán por derrocar al tirano que la atenazaba.

Su singularidad está en que, del paso de una búsqueda sin trazos precisos a la irrupción de situaciones, muchas veces extremas, como resultado de un combate en las que un grupo de hombres depende de ellas para sobrevivir, o de estar al frente de la dirección de una tropa donde se ponen a prueba capacidades ni remotamente pensadas o planificadas un tiempo antes, las cartas irrumpen como un conjunto sobresaliente en el actuar del Che, dentro de sus tiempos de combatiente en Cuba, tanto en la Sierra Maestra como en el Escambray, dos de los lugares donde puso a prueba sus dotes como táctico y estratega militar.

Esta vez las cartas se transforman en órdenes, coordinaciones de acciones, decisiones a veces extremas y otras de entrañables lazos de compañerismo y lealtad formados al fragor de combates y hechos circunstanciales. Su importancia, más allá de trasmitir realidades difíciles, radica en que, a pesar de lo expresado, mantienen su estilo propio y en todas se sienten las cualidades humanas de alguien que, por encima de coyunturas específicas, encuentra siempre una frase en la que refuerza una de sus esencias de vida: el respeto por el ser humano.

SIERRA MAESTRA

Carta a *Daniel*
1ro. de octubre de 1957*

Estimado *Daniel*:[1]

Te escribo para aprovechar la oportunidad del mensajero, aunque, precisamente hoy, tendré una entrevista con *Alejandro*[2] y le mostraré la carta de Uds. Paso a contestarte ordenadamente: yo no sé quién es el ejecutivo de Palma, creí ingenuamente en la palabra

---

*   Archivo del Centro de Estudios Che Guevara.

[1]   *Daniel* era el nombre de guerra de René Ramos Latour (1932-1958). Revolucionario cubano que trabajó en la organización del Movimiento 26 de Julio (M-26-7) en la zona norte del oriente del país: Mayarí, Cauto, Antilla y Nicaro. Llega a la Sierra el 16 de marzo de 1957. Luego de la muerte de Frank País ocupa la dirección del M-26-7 en Oriente y pasa a ocupar la jefatura nacional de acción como miembro de la dirección nacional del M-26-7. Después del fracaso de la huelga del 9 de Abril y de la reunión de Altos de Mompié, el 3 de mayo, se incorpora de nuevo a la Sierra. Integró la Columna No. 1. Alcanza el grado de comandante. Muere en el combate de El Jobal el 30 de julio de 1958.

[2]   *Alejandro* era el nombre de guerra de Fidel Castro Ruz (1926-2016). Líder estudiantil en la Universidad de La Habana desde mediados de los años cuarenta. Perteneció a la juventud revolucionaria del Partido del Pueblo Cubano (Ortodoxo) después de 1947. Dirigió el asalto a los cuarteles Moncada y Carlos Manuel de Céspedes en Santiago de Cuba y Bayamo, respectivamente. Comandante en jefe de la expedición del yate *Granma* y secretario general del M-26-7 desde mayo de 1958. Primer ministro de gobierno de 1959 a 1976, presidente del Consejo de Estado y de Ministros desde 1976 y comandante en jefe de las FAR hasta el año 2006. Fallece el 25 de noviembre de 2016.

de Márquez y escribí con la mejor buena voluntad, por supuesto, metiendo la pata. Me abstendré totalmente de nuevos contactos en esa zona, *salvo que tenga que operar por allí y no reciba la ayuda necesaria*,[3] en cuyo caso no tendré más remedio que establecer contacto con el primer ayudante «por la libre» que se presente. Me hablas nuevamente de los problemas que se han planteado por no haberme comunicado con Santiago [de Cuba]. En la carta anterior cargué con toda la responsabilidad porque no me interesa soslayar parte de culpa cuando no estuve acertado en algo, pero te recuerdo que Santiago está a la misma distancia de la Sierra que esta de Santiago, que ustedes tenían que conocer mi paradero si efectivamente estaban en contacto con Carlos, porque aquí estamos en contacto permanente con él y que se conectaron conmigo porque de aquí se establecieron los contactos.[4]

Dicen que la carta que se las trae es la que le di a Andrés Menés; desgraciadamente, recién ahora tengo copia de lo que escribo en

---

[3]   Las cursivas pertenecen al propio Che Guevara, que subraya esa frase de la carta.

[4]   En la época en que Che escribe esta carta ya había sido ascendido a Comandante del Ejército Rebelde, el 21 de julio de 1957, y se le había entregado el mando de la recién creada segunda columna guerrillera, nombrada Columna 4 por una cuestión estratégica. Sobre la creación de esta escribiría tiempo después en sus *Pasajes de la guerra revolucionaria*: «En esos días se formaba una nueva columna de la cual me encargaban su dirección con el grado de capitán y se hacían algunos ascensos más; Ramiro Valdés pasaba a ser capitán y con su pelotón entraba en mi columna, también Ciro Redondo era ascendido a capitán, mandando otro pelotón. La columna se componía de tres pelotones, mandado el primero por Lalo Sardiñas, que llevaba la vanguardia y que a la vez era segundo jefe del destacamento; Ramiro Valdés y Ciro Redondo. Esta columna, a la cual llamaban "el desalojo campesino", estaba constituida por unos 75 hombres, heterogéneamente vestidos y heterogéneamente armados, sin embargo, me sentía muy orgulloso de ellos». Al frente de sus hombres, Che operaría en la zona de El Hombrito, al este del pico Turquino. Véase Ernesto Che Guevara: *Pasajes de la guerra revolucionaria*, Ocean Sur, 2006; y Ernesto Che Guevara: *Diario de un combatiente*, Ocean Sur, 2011.

nuestro archivito, pero, si mal no recuerdo, se le confirió la tarea de servir de enlace entre esa ciudad y la Sierra y solo se pidieron facilidades para realizar una tarea que me propuso y que me pareció correcta. Te adjunto una nota para él.

En cuanto a lo de Bayamo, me parece que son un poco injustos conmigo pues no fui yo el que inventé las facciones, no se produjeron después de conversaciones conmigo. Les digo solamente que hay cosas que he pedido hace dos meses y no llegaron y a la semana de la conversación con Piferrer ya están aquí; a mí me parece un delito contra la revolución liquidar ese conducto y de hecho no lo hago sin una orden de Fidel que me la dará hoy después de mostrarle las cartas y mostrarle el problema como yo lo veo. Que trabaje o no con *Carlos* es asunto que *Carlos* debe conseguir pues yo siempre especifiqué que él era el jefe del Movimiento. La orden de detener a Lara llegó tarde, pueden pedirle a *Carlos* la carta que le mandé por intermedio del mismo: cuando me pidió que le permitiera ingresar en la columna me negué a ello por entender que no podía ingresar aquí quien hubiera cometido un acto como ese, pero Pepín Lupiáñez está aquí y ya sabrán los problemas que ocasionó. Tampoco permití que ingresara en esta columna, aunque viniera mandado por el Movimiento. También espero, por el bien de una causa a la que entregué lo poquísimo que tenía sin condiciones de ninguna especie, que Bayamo nos pueda prestar más colaboración en el porvenir.

Creo ser inocente del delito de no mandar noticias pues me he apresurado a relatar el hecho, sin agregar un triste fusil a nuestras «hazañas», cada vez que se produce. Mando noticia de las muertes de Peladero en nota aparte, así como de los licenciados debido a una orden expresa de Fidel por un enojoso asunto que él relatará sin duda. No recibí las balas, sí los mil pesos.

Saludos

[No lleva firma]

Carta a las Instituciones Cívicas de Buey Arriba
Sierra Maestra, 12 de octubre 1957*

A las Instituciones Cívicas de Buey Arriba:

Hemos recibido la comunicación de esas instituciones, por las que siempre hemos mantenido el respeto que merece toda conducta rectilínea. Los comerciantes que la suscriben hacen un llamamiento a la libertad del soldado Leonardo Baró Merodio, prisionero nuestro, estimando que la petición será considerada por el espíritu democrático que la mueve. Antes de contestar la petición debo hacer una pregunta para que reciba contestación en el fuero interno de cada miembro de esas instituciones: ¿puedo pedir en nombre de ese mismo espíritu democrático por el que luchamos que resuciten los 14 campesinos asesinados en Peladero o los 5 quemados vivos en El Hombrito?

Hago esta pregunta específica sin referirme a los salvajes bombardeos de aldeas indefensas en la Sierra Maestra, o al genocidio de Cienfuegos, o a las muertes misteriosas en toda la Isla, pan nuestro de cada día bajo este gobierno de terror, porque los hechos apuntados se produjeron en la zona aledaña a Buey Arriba y no puede ser ignorado por Uds.

Debo recordarles que el soldado prisionero pertenecía a la compañía del capitán Merob Sosa, responsable directo de esos asesinatos y ascendido a comandante por las supuestas «victorias» obtenidas a costa de la sangre inocente de campesinos indefensos.

---

*   Archivo del Centro de Estudios Che Guevara.

Debo recordarles también que nunca nadie puede tener temor por la integridad física de ningún prisionero nuestro y que el firmante de esta nota liberó dos prisioneros hechos en Bueycito ante el ruego de las mismas instituciones, en agosto 1 de 1957. Debo recordar también que ese acto nuestro no fue capaz de garantizar la integridad de los vecinos que fueron apresados y maltratados en ese pueblo.

A pesar de estos hechos, hubiéramos liberado al soldado Baró si no supiera tanto de nuestros desplazamientos y tácticas de guerra, lo que constituye un peligro para la columna. La experiencia nos enseña que los prisioneros liberados bajo palabra sirven de espías al Ejército, relatando todo lo que pueda interesar a los jefes, como sucedió con los 16 de Uvero.

No obstante, tengo instrucciones de puño y letra de nuestro Comandante en Jefe, Fidel Castro. Esas instrucciones fueron leídas por el enviado de las Instituciones Cívicas, Sr. Pablo Chacón Hernández, quien puede atestiguar lo afirmado. Se me ordena en las referidas instrucciones dejar en libertad a los prisioneros siempre que hubiera garantía incontestable de que los mismos no dieran al ejército noticias que pudieran perjudicar e indica como solución aceptable por nuestra parte el que algún miembro acreditado de cualquier embajada del continente, siempre que pertenezca a un país democrático, se haga cargo del prisionero.

No es necesario que sea un funcionario, pero sí una persona acreditada y no puede pertenecer a los siguientes países: Santo Domingo, Nicaragua o Venezuela.

Las condiciones que debiera aceptar esa persona son:

a) El prisionero no puede ser interrogado ni hacer ningún contacto con miembros del Ejército y las entrevistas con los familiares deben realizarse ante personal de la Embajada, ya que los mismos pertenecen a ese organismo.

b) En el extranjero no podrá responder a ningún cuestionario de enviados del gobierno.

c) El prisionero no volverá a Cuba hasta finalizar el estado actual de guerra civil, mediante el consentimiento de esta parte.

Se hace constar, además, que el Sr. Chacón pudo llegar hasta aquí amparado por el respeto a las Instituciones Cívicas y su palabra de honor de no relatar una sola noticia que pudiera servir de orientación al enemigo. Del cumplimiento de estos requisitos depende el que se puedan seguir negociaciones por los otros prisioneros.

Hago un voto personal para que puedan llegar a feliz término estas negociaciones y para que, en fecha próxima, ninguna madre cubana sufra las zozobras de tener un hijo prisionero o la angustia infinita de saber a un hijo muerto o salvajemente torturado por sostener un ideal.

Un respetuoso saludo a las Instituciones Cívicas del país y un saludo personal al presidente de ese organismo en Buey Arriba, gracias a cuya petición personal ya fueran puestos en libertad otros prisioneros.

Comandante de la 4ta.
Columna Revolucionaria

Carta a *Mario*

Sierra Maestra, 23 de noviembre [de 1957]*

Estimado *Mario*:[5]

Te escribo, como siempre, para hacerte une serie de pedidos de todo tipo. Ya escribí a Santiago recomendando tu nombramiento en el puesto de proveedor, como habíamos quedado.

Las cosas fundamentales que tienes que conseguir son: papel de mimeógrafo, tinta, extensil. Te adjunto unos ejemplares del periódico y de las proclamas que hemos distribuido a los campesinos. Los defectos que verás se deben a la mala calidad del papel que no es el indicado para este tipo de trabajos y al pésimo estado del mimeógrafo. Sería bueno que se reprodujeran por allí, sobre todo el periódico.

Necesitamos libros de consulta de historia de Cuba y de vida de Martí, Maceo y Gómez, para el periódico.

En la parte sanitaria, tenemos el proyecto de construcción de un hospital para el que ya tenemos los materiales y estamos esperando solo que pase un poco la ofensiva gubernamental. Casi todos

---

*   Archivo del Centro de Estudios Che Guevara.

5   Al parecer, Mario es el nombre de guerra de un miembro del M-26-7 de la región cercana a la zona donde operaba la columna 4, al mando de Ernesto Che Guevara, en los poblados más cercanos a las estribaciones de la Sierra Maestra, por la parte de la que es actualmente la provincia de Granma. Como resultado de la estrategia desarrollada por el Movimiento desde su creación, en todo el país, en cada municipio y poblado existían células que actuaban articuladas. A medida que fue desarrollándose la lucha contra la tiranía de Fulgencio Batista, el trabajo de estas células fue ganando en organización.

los días tenemos tiroteo con los guardias. Para completar el material necesito la lista que te adjunto. Para ello puedes consultar al médico que me dijiste y avisar sobre todo lo que no se consiga para pedirlo a la Habana.

Para completar la máquina de que hablamos necesito unos 6 tramos o más de goma como la que te adjunto de 3 pies de largo y más goma como la que mandaron y también un tipo similar pero más largo que parece que hay. Además, se precisa: 2 trozos de 1 1/3 x 4 pies de angulares de aluminio, 10 pies de tubo de una pulgada de aluminio; una caja de tornillos de 1/4 x 2 pulgadas con tuercas de mariposa y tuercas corrientes con arandela; un muelle espiral de 3/4 x 10 o 12 pulgadas; chapa de 4 pies cuadrados de aluminio de 1/8 de pulgada.

Es importante además el siguiente pedido: un torno de 14" entre punto de banco; un paquete de seguetas de 35; un juego de barrenas de baja desde 1/16 a ½; un juego completo de escarpinas tipo mediano; dos martillos de bola, chico y mediano; un destornillador grande.

Te envío además la cámara cinematográfica para su reparación, necesito un folleto explicativo de la cámara, un fotómetro bueno y películas; además, un flash adaptable a cámara de 35 mm tipo Leika.

Cuando vengas encontrarás muchas cosas buenas si nuestros distinguidos amigos no las rompen.

Creo que no se me queda nada en la máquina.

Te saluda

Che

Carta a *Daniel*
[Sin fecha][6]

Estimado *Daniel*:*

Aquí estamos de nuevo en nuestra zona, gozando de los aires de la Mina. Nos encontramos aquí con el mismo problema que dejamos, es decir, que Bayamo no rinde lo necesario en algunos pedidos fundamentales como es el de las gomas para el mortero «casero» que promete ser muy bueno y la demora de tipo burocrático, no dando ciertos pedidos por no tener la firma mía, etc.

Ahora hago un pedido grande y es necesario que se trate de servir completo y rápido. La importancia de esto escapa a veces a la gente que nos menosprecia un poco, en nuestra capacidad de hacer daño al enemigo. Ahora, por ejemplo, están los guardias en dos zonas perfectamente vulnerables para ataques con mortero y no podemos atacarlos pues no hemos fabricado todavía el artefacto. Es perfectamente posible su fabricación; nuestro armero ha fabricado minas ingeniosísimas, con un material realmente increíble por lo escaso y malo. Además, la dinamita fue conseguida por este sistema centrípeto que hemos debido adoptar en muchos casos pues de afuera no llega. En estos momentos esperando el resultado de

---

*   Archivo del Centro de Estudios Che Guevara.

6   Por el contenido de la carta, parece que la fecha de su envío corresponde a los primeros días de diciembre de 1957, estos momentos fueron reflejados por el Che posteriormente en el relato «Altos de Conrado», publicado en Ernesto Che Guevara: *Pasajes de la guerra revolucionaria*, ed. cit., pp. 197-206.

la primera mina para camiones que de ser efectiva inaugurará una nueva era en la lucha de la Sierra. Vos ya habías visto el cambio fundamental operado en el sistema de lucha; aquí la cosa es peor, tenemos ya guerra de posiciones y las guerrillas operan acosando al enemigo en su propio terreno mientras el grueso está parapetado y atrincherado contra tierra y aviones en terreno fijo.

Todo esto se debe al golpe anterior del Hombrito y a un pequeño golpe que dieron los muchachos de Pazos y que te narraré por si necesitas hacer uso de él: Los marinos atrincherados en Ocujal, en número cercano a 100, tenían la costumbre de salir en grupitos a buscar vacas a los lugares vecinos y los muchachos lo tenían todo chequeado, sorprendiendo en las cercanías de la desembocadura del arroyo de las Brujas a un grupo de tres hombres encabezados por un teniente. Este recibió dos tiros en el tórax y quedó mal herido en el terreno, un guardia huyó herido. Se ocupó un M1 y una pistola al teniente herido. Dirigió la acción el teniente Roberto Sotomayor.

Te pasaré a contar las visitas que recibí, las que te pueden interesar y a todo el mundo le conviene saber.

Primero te diré que volvió a verme Piferrer, que no recibió la visita que yo le anticipara. El hombre se volvió a manifestar totalmente de acuerdo con colaborar con cualquiera en las condiciones que sean e incluso a romper totalmente con [Carlos] Prío,[7] si eso se le imponía, cosa en la que me abstuve de opinar. Muchas de las denuncias del hombre tienen visos de acercarse a la verdad y creo que ha llegado la hora definitiva de tomar una decisión con respecto a Bayamo. Mi sugestión es que se cree un cargo que pueda

---

[7]   Carlos Prío Socarrás: expresidente de la república de Cuba, quien asume la presidencia en 1948, caracterizada por un desempeño mediocre y corrupto, lo que hizo declinar cada vez más el arraigo del autenticismo en la población. Esa coyuntura política, es aprovechada por el expresidente Fulgencio Batista, quien encabeza el golpe de Estado del 10 de marzo de 1952.

ser perfectamente controlable por hombres de confianza del Movimiento. Ese cargo puede ser el de encargado de abastecimientos a la Sierra y ocuparlo Piferrer después que se ponga de acuerdo con la dirección. Hasta ahora el hombre ha rendido en lo que se le pidió.

Recibí también la visita de dos abogados camagüeyanos llamados Carlos Varona Duque Estrada y Agustín Tomé Agüero, quienes venían a ver a Fidel pero no se atrevieron a hacer el viaje para encontrarlo. Representan a un grupo disidente de Camagüey que venía a ofrecer sus servicios a la revolución, independientemente de lo que hiciera el otro grupo, basados en lo nula que ha sido hasta ahora la acción de esa provincia. Ofrecen concretamente organizar la huelga general, hacer la quema de cañas en la provincia y dar un aporte inmediato de $5 000 y mensual de $1 000. Se apoyan en dos grupos, uno obrero dirigido por un tal Alfredo Álvarez, líder bancario al que el movimiento condenó a muerte, rectificando luego esa condena, según ellos, y en un tal Mazorana, exmarino, que dirige un grupo de acción. Yo me limité a tomar nota de lo que me dijeron y a manifestarles que el Movimiento no acepta la cooperación de elementos disidentes.

Ellos de todas maneras esperan alguna contestación y la forma de hacerlo es ir al bufete de alguno de los dos diciendo: «Somos emisarios de la Sierra». A esta gente la trajo Piferrer.

Otro que vino es un tal José Luis Carballo, que ha colaborado desde hace tiempo en el Movimiento y es portador de un nebuloso mensaje de Melba Hernández y un ofrecimiento de organizar la quema de cañas en la provincia de La Habana. Lo giré a Fidel.

Ahora están en estas inmediaciones dos tipos muy curiosos. Uno es un periodista o supuesto periodista yanqui que dice ser del *New York Herald Tribune.* Su nombre no se me ha quedado, pero el hombre está en casa de un campesino amigo nuestro y mandó decir que no camina más. No sé si pensará que me voy a asustar y correré a verlo. El otro es un hombre que también trajo Piferrer (el periodista también viene por ese contacto); es mexicano, teniente del ejército en activo, con licencia de un año. Dice que viene a pelear y trae unos proyectos muy oscuros de conseguir armas en su país. Después te pongo el nombre porque no me acuerdo en este momento. Convendría que averiguaran sobre estos dos casos y me comunicaran a la brevedad qué hay que hacer con ellos. Le escribo a Fidel contándole lo mismo.

También es bueno que averigüen por los canales del movimiento sobre la personalidad de Antonio Matanzas, que vivía en la zona de Alto Songo y apareció por esta zona vendiendo billetes de lotería. Lo tengo preso desde hace un mes y los informes que he recogido indican que es un individuo de muy escasa moral pero nada demuestra que es o haya sido guardia.

Ahora paso a informarte de nuestros proyectos, los que están en vías de realizarse y necesitan, eso sí, el espaldarazo del Llano. El mimeógrafo (modelo 1903) es muy deficiente y pequeño; a pesar de todo, tenemos tirada la proclama que te adjunto, la que está siendo pegada al alcance de la vista de los guardias. Hubiera querido que fuera algo medular de Fidel, pero este no lo hizo y estructuré lo que buenamente permitía mi cacumen. Lo esencial es que se insiste sobre los caminos minados y las bombas están al estallar para corroborar la afirmación. El periódico está todo redactado y pasado en extensil, pero la falta de tinta no lo deja salir y la falta de papel lo limitará a unos 700 ejemplares. También que adolece de la falla fundamental de no tener un artículo firmado por Fidel. Luis Orlando ha quedado en ocuparse de eso para darle más tipo de periódico. Conviene que manden con generosidad todo lo que se pide en este rubro pues creo que el periódico puede ser de gran utilidad. Faltaría para hacerlo mejor un dibujante de papel extensil que tiene posibilidades de quedarse en un lugar seguro, sin necesidad de caminar mucho.

Tenemos el proyecto de instalar una planta eléctrica y hacer también una instalación hidroeléctrica, esta última más eficaz que la otra por dar luz todo el día y por ellos hago los pedidos de electricidad.

Mañana comienzan los trabajos para hacer el primer horno de los dos o tres que se harán para dar pan fresco a la tropa; para ello necesito la levadura.

Ya está en pie la requisa de pollos y puercos a los pendejos que abandonaron la zona para hacer unas cuantas granjas. Para abreviar el proceso necesitaría una incubadora de electricidad o luz brillante o los materiales para hacerlo, que fundamentalmente serían un serpentín y un termostato. Esto no está en la lista general que te adjunto.

El material de zapatería es urgente que se despache, así como el de hacer mochilas, pues ya tengo las máquinas y los operarios listos para empezar a trabajar. No es necesario que manden todo el pedido de golpe pero sí que vayan adelantando material como para iniciar los trabajos.

Tenemos idea de fabricar nuestros propios uniformes aquí, aprovechando varias máquinas de coser que dejaron los campesinos en su retirada. Se podría mandar el material.

Necesito material escolar; fundamentalmente para aprender a leer y escribir pero también para grados superiores. Esto no va incluido en el pedido adjunto.

El armero sigue consumiendo grandes cantidades de dinamita en sus minas y es un artículo de vital importancia; no deben mezquinarlo.

El tiro de la gente es enormemente defectuoso, como lo comprobó la práctica que hicimos cuando estabas por allí, con las pocas balas que no me robó Fidel. Es un punto que no se debe descuidar ahora que estamos en una situación holgada.

La máquina de cine está esperando rollos para mandárselos tomados. Lo que no garantizo es la calidad de las películas (yo soy el *cameraman*) pero el tiempo mejora todo; con decirte que ya casi no rompo muelas y solo una que otra quijada.

Un rubro importante y que hay que atender pronto es la ropa de abrigo para la tropa.

Para acabar, una noticia atrasada: Fidel dio orden de quemar inmediatamente la caña y un proyecto loco sugerido por Pazos: ¿habría algún aviador que se aventure a traer su *clipper* a esta zona? Si fuera así, ¿qué terreno necesita para aterrizar? He exagerado la nota, me despido.

[...].

[No lleva firma]

Carta a *Darío* y *Daniel*

Sierra Maestra, 4 de diciembre de 1957*

Estimados *Darío*[8] o *Daniel*:

Recibí ambas cartas y paso a contestarlas entre dos tiros (sin ninguna exageración), pero antes quiero decirles dos cosas: en primer lugar, estamos tiroteándonos con los guardias casi día a día, ellos empeñados en subir al Hombrito y nosotros en que no suban; el 29 pasado tuvimos un encuentro que duró 12 horas, cercando completamente a Sánchez Mosquera, pero a las cuatro de la tarde llegaron refuerzos para ellos y debimos levantar el cerco a las 6; en la acción murió Ciro,[9] un verdadero héroe en el combate, y su cadáver

---

*   Archivo del Centro de Estudios Che Guevara.

[8]   *Darío* era uno de los nombres de guerra utilizados por Armando Hart (1930-2017). Abogado. Perteneció a la Juventud Ortodoxa desde 1947 y fue miembro del Movimiento Nacional Revolucionario dirigido por Rafael García Bárcenas. Militante fundador del M-26-7 y miembro del ejecutivo de la provincia Oriente. Participa en la organización del levantamiento del 30 de Noviembre y en la primera reunión del M-26-7 en la Sierra Maestra (el 17 de febrero de 1957). Es sancionado a un año de privación de libertad, y se fuga de la audiencia de La Habana en 1957. Es detenido y condenado a prisión en la Isla de Pinos en agosto de 1958 hasta el triunfo de la Revolución. A partir del 1ro. de enero de 1959 ocupó distintas responsabilidades: ministro de Educación de 1959 a 1965, secretario de organización del PCC de 1965 a 1970, primer secretario del Partido en Oriente, ministro de Cultura, miembro del Comité Central y miembro del Buró Político del PCC. Véase más adelante en esta edición la carta que le enviara Che en 1965.

[9]   Se refiere al revolucionario cubano Ciro Redondo. A propósito de su caída en combate, Che escribió al calor del acontecimiento un texto que tituló «Semblanza de Ciro», con la intención de que saliera publicado en *El Cubano Libre*, periódico fundado por él en la Sierra Maestra. Este texto se dio a conocer por primera vez en Ernesto Che Guevara: *Soy un futuro en camino*, Casa Editora Abril, La Habana, 2008.

no pudo ser rescatado, en ese aspecto la noticia oficial es cierta, olvidando decir que le ocuparon $750 que se los habrá comido algún oficial, donde esta un poco falla es en ese «sin novedad» que se apuntan ellos; puedo decirte que tuvieron tres prisioneros, un muerto seguro, dos casi seguros, y un número proporcional de heridos. La segunda noticia es que, por consecuencia misma de esas acciones, las anteriores y las subsiguientes, estamos con muy poco parque y es una necesidad urgente que se reponga en alguna forma. A la lista enviada agrego solamente 30-06 pero este debe ser en cantidad grande (digamos 5 000) y las balas 44 deben aumentarse.

Paso ahora a contestar la carta. Están en un error en pensar que mi indisciplina puede llegar a pactar o hacer contacto con gente que no esté debidamente autorizada. La gente de Camagüey recibió de mí la contestación que Uds. aconsejan, vale decir que no podía tratar con ellos, prometiendo solo girar aviso a Uds., como lo hice. Escuché lo que ellos me dijeron, y lo comuniqué. He perdido todo contacto y solo acepté el ofrecimiento personal de uno de ellos de mandar las ligas que ya llegaron. [...]

El caso Piferrer es distinto porque lo conocía *Daniel* y quedó en establecer contacto que ahora veo no se produjo; en el momento en que lo ordenen rompo toda relación con él. Solo quiero que comprendan también el estado de indigencia en que estamos, pues no he recibido el dinero prometido y mucho menos los materiales y debo atender a casi doscientos hombres que comen como caballos, están sin zapatos y no se manda ni el zapato hecho ni los materiales pedidos, están desnudos, sin nylon y sin mochilas (pues se perdieron muchas mochilas en el combate referido) y no llega nada de eso. [...]

Las bestialidades que han hecho los soldados en esta zona no tienen nombre. En el lugar llamado Agua de Revés quemaron 15 casas, en Mar Verde 23, en Pinalito 2, en Dos Brazos de Peladero 1, porque ya las habían acabado en una incursión anterior. La gente está totalmente atemorizada y no sé cómo nos las arreglaremos para conseguir el sustento si se va todo el mundo. Habíamos empezado a hacer granjas pero los soldados se comieron todo lo que queda fuera de este reducto y no sé hasta cuándo lo podré sostener.

Ahora esperamos el resultado de la quema y la huelga, pero aquí también han ocurrido cosas que yo no sé cómo interpretar. Fidel me mandó una orden terminante que empezara la quema en ese momento y la trasmití además de mandar emisarios a todos los principales centrales a mi alcance. Algunos ya han vuelto con la noticia que no han podido cumplir por orden expresa de las direcciones municipales que no tienen orden hasta nueva fecha. No sé por qué se ha producido esta distorsión pero se me antoja una cosa muy grave, pues si el Movimiento no se puede poner de acuerdo en la fijación de una fecha tan fundamental es indicio de lo difícil que será hacerlo en puntos más sutiles.

Espero que ahora funcione el comité de ayuda, aunque lo dejaré descansar un poco y organizarse mientras espero las balas. Recuerden: Balas y dinero, son nuestros dos puntos flacos, luego viene nylon, abrigos y zapatos.

Un afectuoso saludo para todos de

Che

Carta a *Darío*

Sierra Maestra, 30 de diciembre de 1957*

Estimado *Darío*:

Van cuatro letras aclaratorias. Recibí tu carta desde la Sierra pero también otra de la D.N. que creo no está firmada por ti, por incapacidad material de hacerlo dadas las fechas.[10]

---

*　Archivo del Centro de Estudios Che Guevara.

[10]　Esta carta forma parte del intercambio espistolar que tuvo lugar desde inicios de diciembre entre el Che, *Darío* (Armando Hart) y *Daniel* (René Ramos Latour). A algunas interpretaciones y discusiones de orden práctico —que tenían en su base la concepción de los dirigentes del Llano en cuanto al papel que debía jugar el Ejército Rebelde en el enfrentamiento a la tiranía de Fulgencio Batista—, se sumó una discusión ideológica a raíz de las reacciones que generó entre varios dirigentes del M-26-7, en noviembre de 1957, la noticia de la firma del Pacto de Miami por parte de representantes del Movimiento 26 de Julio en el exterior.

Este «pacto», firmado sin la anuencia de la máxima dirección del Movimiento que se encontraba en Cuba, representaba un serio peligro para el futuro de la Revolución, pues, de acuerdo a sus declaraciones, tanto la conducción bélica y política de la lucha contra la tiranía, como la elección del Gobierno Provisional que le sucedería, quedaba en manos de una junta donde el Movimiento 26 de Julio tendría similar representación a la de cada uno de los elementos que se oponían a Batista, existieron diversas posiciones más y menos radicales en torno a los pronunciamientos públicos que debían hacerse, y alrededor de estas se tejió la polémica que protagonizaron fundamentalmente Armando Hart, René Ramos Latour y Ernesto Che Guevara. Como explica Hart en el prólogo a *Diario de un combatiente*, estas posiciones «se relacionaban con las ideas socialistas que en él ya habían cristalizado y que en muchos de nosotros, los del Llano, estaban en proceso de formación, no exentas de contradicciones y dudas». El debate fue conocido fuera del marco de las filas revolucionarias del Movimiento cuando, en enero de 1958, Armando Hart y otros revolucionarios fueron hechos prisioneros, y a este se le ocupó el borrador de una carta que había escrito con la intención de enviársela al Che. Vea en

En tu carta me pides perdón por haberme ofendido involuntariamente y te retractas si hubo tal ofensa, eso es absolutamente innecesario. Para mí no existen las ofensas personales. Te confieso que llegué a pensar que mi ideología era la causa del retraso en todos los suministros. Ahora me toca a mí disculparme pues ese pensamiento sí es verdaderamente ofensivo; sin embargo, no lo hacía en el aire. Hasta allí no había llegado nada de lo pedido, salvo una carta tuya en que hablabas de muchos tópicos pero no citaste los pedidos (ahora comprendo que no era asunto específico tuyo) y una de *Daniel* en que anunciaba cosas que efectivamente vinieron pero muchísimo después. [...] Yo no soy comunista ni espía soviético ni agente provocador, pero mucho, muchísimo menos, soy anticomunista. Considero que el anticomunismo es la cloaca donde se junta todo lo podrido (dale un vistazo a los campeones del anticomunismo si te quieres convencer) y como me considero un hombre honrado no puedo estar en esa cloaca. Sabía, por otra parte, por propia confesión tuya, que te habías negado a pactar con ellos en tareas de unidad revolucionaria (eso me lo dijiste cuando Mathews). Sabía también de tus conversaciones con miembros de una embajada o, mejor dicho, consulado por la carta de marras. Sabía también, por la misma fuente que el embajador había hecho hincapié en la ideología de Raúl. Ahora la cosa era distinta porque yo aparezco mandando una columna y mi posición ideológica es conocida de la embajada. Todo esto me llevó a pensar lo que te dije, aunque rectifiqué luego mi pensamiento al recibir carta de *Daniel* que desmentía mi suposición de que todo lo que me decían era falso. También le hice saber eso a Fidel, pero, de todas maneras, puse mi cargo a su disposición, ya que no puedo renegar de mis ideales y no quisiera de ninguna manera ser un obstáculo al logro

---

los anexos de este libro la carta, publicada en los medios de prensa de la época. Véase además Ernesto Che Guevara: *Pasajes de la guerra revolucionaria*, ob. cit.; y Ernesto Che Guevara: *Diario de un combatiente*, ob. cit.

del triunfo, pues siempre me parece más positivo que gobierne un país un grupo de hombres jóvenes susceptibles de cambiar ante los embates de la realidad y no el asesino que gobierna la parte no liberada de Cuba.

Así está la cosa hoy en día. Si escribí la carta de cuyo contenido ya estarás enterado es porque recibí confirmación de la confianza de Fidel y yo tenía que aclarar las cosas, pues si de algo no tengo vocación es de mártir. Solo me resta aclararte que no tengo ninguna aspiración a posiciones políticas posteriores y solo colaboraré en el caso de que mis servicios sean claramente necesarios al nuevo gobierno y que nunca, de ninguna manera seré un obstáculo. Tengo demasiado orgullo por el contenido histórico de mi vocación revolucionaria para eso.

Creo haber aclarado las cosas; lamento que esta explicación no se haya realizado personalmente entre los dos. Creo que hubiera sido mejor para todos. Te saluda con todo afecto y dispuesto a cualquier aclaración sobre el tema.

Che

Carta a *Daniel*
Sierra Maestra, 30 de diciembre de 1957*

Estimado *Daniel*:

Paso a contestarte tu carta para finalizar este cambio de expresiones que no creo haya sido inútil. Para finalizar esto, solo quiero hacer constar que no te acusé de traición a ti, aunque sí sostengo que toda la D.N. es culpable de haber dado a publicidad un documento que se había firmado a espaldas de ella, haciéndolo así oficial para los miembros del Movimiento. Yo en tu lugar, aun pensando como pienso, tampoco me hubiera animado a desautorizar lisa y llanamente a un individuo del prestigio de Pazos, pero de allí a darle publicidad sin esperar la decisión de Fidel va mucho. Lo otro que te quería aclarar es que no creo en las revoluciones exportadas y por ello nunca vería con buenos ojos un cambio de amo, aunque este fuera motivado por una intromisión socialista en nuestra (si me permites llamarla así) Isla. Esto tiene que creerse o no, pues no tengo pruebas documentales o hechos que lo atestigüen; por tu cuenta corre. Por lo que a mí respecta, queda cerrada la polémica o como quieras llamarle, pero como tu carta es el sentir de toda la D.N. y *Darío* me mandó unas notas aparte, sin conocer mi carta, le aclaré algunos conceptos a él.

En cuanto al material enviado, el primero, no puedo mostrarme demasiado satisfecho, lo de despectivo es una apreciación un poco personal tuya. Debes comprender que no puedo armar la tropa con las balas que me mandaste, pues las 30.06 alcanzan para la dotación

---

*   Archivo del Centro de Estudios Che Guevara.

completa de 10 hombres. Calculando que la gente gastó la mitad de las balas (fue más pero se puede calcular en la mitad) alcanza para reponer la dotación de 20 hombres. Las balas de M1 no son necesarias aquí pues Fidel me dio muchas y tengo 3 de esos fusiles, naturalmente, se las remití a él que tiene una buena cantidad y gastó mucho parque. Los cartuchos y balas de revólver son buenos y los necesitamos, pero es para la tropa irregular, que llega casi a 100 hombres pero con la que no se puede contar para un combate abierto, pues la diferencia es enorme entre esas armas y un Garand.

En cuanto a tu lamentación sobre los muchachos del Llano que dieron sus armas, entre los que me citas específicamente 15 de Mayarí, no tenía noticias de ellas y deben haberle llegado a Fidel, no sé si con la última tropa que se incorporó, pero de todas maneras, un número así debe venir a la Sierra o servir para el núcleo de otro frente. No sé si sabrás que yo soy uno de los más entusiastas partidarios de otro frente y Fidel se ha negado en varias ocasiones a hacerlo, poniendo el ejemplo de Faustino[11] y el de Miranda.[12] (En este último recuerdo perfectamente cómo «empujé» cuando *Nicaragua*[13] lo propuso para que se llevara a efecto y sigo siendo un defensor de ese hecho, aún después de los fracasos anteriores). Con respecto al parque, debo recordarte un punto que se me había pasado: recibí 100 balas de 44 que es sumamente útil aquí; recuerdo que me dijiste que se conseguía todo el que uno quisiera, aunque

---

[11]   Se refiere a Faustino Pérez (1920-1992). Médico. Exiliado en México y expedicionario del *Granma*. Ocupó responsabilidades en la lucha urbana. Jefe nacional de Acción y Sabotaje del Movimiento 26 de Julio. Después de la Huelga del 9 de Abril se incorpora de nuevo a la lucha en la Sierra Maestra. Termina la lucha con el grado de Comandante.

[12]   Se refiere al fracaso, el 30 de junio de 1957, del proyecto de creación de un segundo frente guerrillero en la zona del central Miranda. Véase Ernesto Che Guevara: *Pasajes de la guerra revolucionaria*, ob. cit.

[13]   *Nicaragua* era el nombre de guerra de Carlos Julio Iglesia Fonseca, dirigente del M-26-7 y miembro de su dirección nacional. Fue arrestado y después liberado por un comando del Movimiento.

muy caro. Si esto fuera así todavía, preferiría que se distrajera gran parte del dinero que se me fuera a enviar en la compra de ese tipo de balas.

Sobre Márquez, sigue la duda. El hombre que lo recomendara es el jefe del Movimiento en Palma Soriano (o era en los Cocos, cuando nos vimos), sería bueno que se aclarara ese punto porque después de hacerlos prisioneros no se pueden dejar ir y es muy difícil averiguar desde aquí. Él me mostró un papel de un sargento o algo así, donde lo recomendaba. Ese papel, según el mismo individuo, era el que le permitía pasar sin tropiezo alguno.

Debo decirte, para tu satisfacción y la de todos, que ahora sí llegó un importante cargamento entre el que se incluye un mimeógrafo nuevo y papel. Me informan que queda muchísimo más y lo que falta, de las cosas más importantes para aquí, es tela para hacer uniformes (si vinieran unos moldes creo que sería mejor) y cable para hacer detonantes eléctricos que darían un fantástico resultado aquí (si viniera el detonador preparado más que mejor). Las demás cosas pueden esperar pero la armería, zapatería y sastrería pueden funcionar aún con Sánchez Mosquera aquí (pues ya está en la Mina y amenazando con subir dentro de un par de días).

Creo que el cambio realizado en Bayamo ha sido muy beneficioso para el Movimiento. La facilidad relativa con que pasan las cosas ahora te convencerá de la negligencia de la anterior jefatura. Debo denunciarte que un estudiantico llamado Pepe se está haciendo pasar como jefe y llegó incluso a amenazar de muerte a un hombre que envié a Contramaestre para la quema. Creo que ya te advertí que todos los hombres que fueron a la quema lo hicieron cumpliendo órdenes de Fidel. Te aviso esto porque en varios lados se interpretó esto como una intromisión en los asuntos del Llano y a muchos muchachos se les impidió directamente la quema.

Para finalizar, quiero aclararte que comprendo perfectamente la heroicidad de los que luchan en el Llano y que de sus duras condiciones me han hablado sin excepción todos los muchachos que fueron y pudieron regresar.

Hazme el favor de pasar esta otra carta a *Darío* y recibe el cordial saludo de este que te considera compañero de lucha y como tal te estima.

Che

Carta a *Calixto*
Sierra Maestra, 13 de julio de 1958*

Estimado Calixto:[14]

No te había escrito antes para evitar las interferencias que suelen ocurrir por aquí pero tenía mucho interés en aclarar contigo toda una serie de problemas que se suscitaron en los últimos tiempos.

Te escribí una carta con tan mala suerte que el imbécil del mensajero te la hizo llegar a través de quien ya sabes. En esa carta hablaba un poco duro de cierta gente, las que, en reuniones posteriores citaron las palabras de la carta textualmente. Esa era una carta privada, si la citaste públicamente como ellos dicen, está muy mal; naturalmente, yo pienso que lo que hubo fue una lectura previa por parte de algunos de ellos y por eso no te pedí una explicación.

Posteriormente trajeron aquí, como prueba de convicción, un manifiesto semipúblico e inequívocamente firmado por ti. Considero que este ha sido tu más grave error; ese folleto linda con la delación. Debías haber recordado, pese a todas las divergencias ideológicas que eran compañeros de lucha, con un objetivo común aunque tuvieran divergencias tácticas y aspiraciones finales muy diferentes. Leí el folleto que podría ser la representación del

---

*   Archivo del Centro de Estudios Che Guevara.

[14]   Se refiere a Calixto Morales. Expedicionario del yate *Granma*. Integrante de la Columna No. 1. Por orden del Comandante en Jefe Fidel Castro en septiembre de 1957 baja a Santiago de Cuba y trabaja en la clandestinidad, se reincorpora en agosto de 1958 en Las Villas y se integra a la Columna Invasora No. 8. Alcanzó el grado de Capitán.

pensamiento revolucionario si no fuera por la identificación que haces entre seudónimo y nombres dedicada a acusados por ti, cosa realmente increíble en un hombre de tu trayectoria.

En fin, todos estos problemas y cualquier otro pueden ser aclarados y discutidos directamente con nosotros. Te agradezco el canto general y te ruego no me olvides con algo de buena poesía.

Revolucionariamente tuyo

[No lleva firma]

Invasión-Las Villas

Carta a Fidel Castro

Llanos de Camagüey, 8 de septiembre de 1958*
1:50 a.m.

Fidel:

Después de agotadoras jornadas nocturnas,[15] te escribo al fin desde Camagüey y sin perspectivas inmediatas de acelerar la marcha que lleva, un promedio de 3-4 leguas diarias, con la tropa montada a medias y sin monturas. Camilo está en las inmediaciones y lo esperaba aquí; en la arrocera Bartles, pero no llegó. El llano es formidable; no hay tantos mosquitos, no se ha visto ni un casquito y los aviones parecen inofensivas palomas. Radio Rebelde es escuchada con muchas dificultades a través de Venezuela.

---

*   Archivo del Centro de Estudios Che Guevara.

[15]   Derrotada la ofensiva militar del Ejército batistiano en agosto de 1958, el curso de la guerra de liberación en Cuba se perfila a favor de las fuerzas revolucionarias. Se crean entonces dos nuevas columnas guerrilleras que debían avanzar hacia el occidente: la No. 2 «Antonio Maceo», comandada por Camilo Cienfuegos, y la No. 8 «Ciro Redondo», al mando de Ernesto Guevara. Fidel Castro, en su Orden Militar del 21 de agosto de 1958, nombra al Che jefe de todas las fuerzas del Movimiento 26 de Julio en la provincia de Las Villas, y le da la misión de unificar a las fuerzas revolucionarias que se oponían a Batista e impedir que las fuerzas del Ejército de la dictadura enviaran tropas al oriente del país. La Columna No. 8 sale de la Sierra Maestra e inicia la invasión el 31 de agosto de 1958 desde un lugar conocido como El Jíbaro. Véase Ernesto Che Guevara: *Diario de un combatiente,* ob. cit.; y Ernesto Che Guevara: *Pasajes de la guerra revolucionaria,* ob. cit.

Todo indica que los guardias no quieren guerra y nosotros tampoco; te confieso que le tengo miedo a una retirada con 150 inexpertos reclutas en estas zonas desconocidas, pero una guerrilla armada de 30 hombres puede hacer maravillas en la zona y revolucionarla. Yo de paso dejé las bases de un sindicato arrocero en Peonero y hablé del impuesto pero se me tiraron al suelo. No es que haya claudicado frente a la patronal pero me parece que la cuota es excesiva, les dije que eso se podría conversar y lo dejé para el próximo que caiga. Un tipo con conciencia social puede hacer maravillas en esta zona y hay bastante monte para esconderse. De mis planes futuros no te puedo decir nada, en cuanto a camino se refiere, porque yo mismo no lo sé; depende más bien de circunstancias especiales y aleatorias como ahora que estamos esperando unos camiones para ver si nos libramos de los caballos, perfectos para los tiempos anaviónicos de Maceo, pero muy visibles desde el aire. Si no fuera por la caballería podríamos caminar de día tranquilamente. El fango y el agua están por la libre y los *fidelazos* que he tenido que tirar para llegar con los obuses en buen estado son de película; hemos tenido que atravesar varios arroyos a nado con un trabajo bárbaro, pero la tropa se porta bien aunque ya la escuadra de castigo está funcionando a todo tren y promete ser la más nutrida de la columna. El próximo informe irá por vías mecanizadas, si es posible de la ciudad de Camagüey. Nada más que la reiteración del fraterno abrazo a los de la «Sierra», que ya no se ve.

[No lleva firma]

Carta a Fidel Castro

Llanos de Camagüey, 13 de septiembre de 1958*
9:50 p.m.

Fidel:

Después de algunas accidentadas jornadas te escribo todavía en pleno Camagüey, a punto hoy de cruzar la parte más peligrosa o una de las dos más peligrosas del recorrido. Camilo ya cruzó antenoche con bastantes dificultades técnicas pero sin problemas militares. Desde el último informe que te rendí pasaron algunas cosas desagradables pues, debido al fallo de los prácticos caímos en una emboscada en la finca de Remigio Fernández, en La Federal, muriendo Marcos Borrero, el que fuera capitán; redujimos a los guardias que eran 8, haciéndoles 3 muertos y 4 prisioneros que conservamos con nosotros hasta encontrar la oportunidad de soltarlos, uno escapó y dio el pitazo. Llegaron unos 60 guardias y, por consejo de Camilo que estaba cerca, nos retiramos sin combatir casi, pero perdimos otro hombre, Dalcio Gutiérrez, de la Sierra. Herman fue herido en una pierna, levemente y Enriquito Acevedo de cierta gravedad en ambos brazos. Se distinguieron el mismo Acevedo, el capitán Ángel Frías y el teniente Roberto Rodríguez (*Vaquerito*). Posteriormente, trataron nuevamente de avanzar y sorprendimos un camión pero con solo 4 hombres nuestros en la emboscada, haciéndole 2 bajas por lo menos. Nos retiramos a La Federal y rápidamente nos fuimos, sacando a Enrique para

---

*   Archivo del Centro de Estudios Che Guevara.

su curación, al día siguiente ametrallaron los B-26. Camilo pudo seguir más aprisa y nosotros estamos esperando el resultado de unos camiones que mandé coger.

Por aquí están pasando cosas muy raras que indican la conveniencia inmediata de que venga un jefe de experiencia y «bicho» a estos contornos. No debe de ninguna manera tener más de 30 hombres armados pero puede colectar aquí lo que parezca en todos sentidos. Conviene trabajar la zona de las Naboas donde hay muy buen clima debido a los despojos del central Francisco. Hay monte firme hasta Santa Cruz, desde Santa Beatriz, bueno, para ese número de hombres. Deben atender lo que hace la dirección en Camagüey pues están haciendo promesas de incorporación a todo el mundo y nos vemos asaltados por cuadrillas de desarmados pidiendo ingreso. Averigüé el asunto del loco y efectivamente, el hombre tenía una psicosis de guerra terrible.

Hay muchos problemas más que quisiera plantearte pero el tiempo no me alcanza pues debo salir ya. Dicen que hay mucho guardia en el camino pero cuando este informe llegue a, [sic] sabrás por otros rumbos.

Saludos a todos

[No lleva firma]

Carta a *Gómez*

Las Villas. Campamento del Directorio Revolucionario.
Sierra del Escambray, 23 de octubre de 1958*

Querido *Gómez* [Raúl Castro Ruz]:[16]

Aprovecho la oportunidad del mensajero para mandarte unas líneas de saludo. Ya estoy donde me mandaron,[17] pero mis esperanzas de emular con tus hazañas están por el suelo pues me he topado con una situación que no es para Napoleoncitos sino para un Talleyrand. Con todo, trataremos de echar para adelante y dejar altos los prestigios de aquel cuarteto que integraron el pobre Ñico y el fallido Universo.

Cuéntame cuanto puedas de tu zona que necesito caminar sobre lo trillado por la experiencia para tratar de sortear mil obstáculos ajenos a mi voluntad de hacer algo bueno, que te aseguro es mucha.

---

*   Archivo del Centro de Estudios Che Guevara.

[16]   *Gómez*: Nombre de guerra utilizado por Raúl Castro Ruz. (1931): Líder estudiantil en la Universidad de La Habana. Participó en el asalto al Cuartel Moncada al frente de un grupo de siete hombres que tomó el Palacio de Justicia; fue condenado a trece años de cárcel y amnistiado en mayo de 1955. Fundador del M-26-7 y expedicionario del *Granma*. Fue ascendido a comandante en febrero de 1958 y designado jefe del II Frente Oriental Frank País. Desde enero de 1959 fue jefe militar en la provincia de Oriente y después en la dirección de las Fuerzas Armadas Revolucionarias. De 1959 a 1976 fue viceprimer ministro del gobierno y después vicepresidente del Consejo de Estado y del de Ministros. Entre 2006 y 2018 fue presidente de Cuba y primer secretario del PCC. En la actualidad se mantiene como primer secretario del PCC.

[17]   Luego de seis semanas de marcha por la zona sur-oriental del país, la columna invasora llega a la Sierra del Escambray el 16 de octubre de 1958.

Me enteré que nuestro amigo Lucas había hecho de las suyas; fallaste en no aplicarle Triple Cero, pero siempre hay tiempo.

Dámele un abrazo a todos los combatientes conocidos y no conocidos de aquel frente y especialmente a Efigenio, Jiménez, Pena, Fajardo y uno más estrecho a la compañera Deborah.

Recibe un abrazo fraterno de

Che

Carta a Fidel Castro

Las Villas, Campamento del Directorio Revolucionario.
Sierra del Escambray, 23 de octubre de 1958*

Fidel:

No te mandé antes este informe debido a que la complicada situación política hacía necesario un estudio más detallado y no quise perder tiempo dándote solo el informe de mi llegada.

Lo complicado de la situación hace necesario que, incluso, haga una síntesis histórica de la misma. Primero te daré el informe de nuestra marcha para proseguir después con el análisis de la situación actual.

Marcha sobre Las Villas[18]

Día 13 de septiembre. La noche de este día te envié el último informe anunciando los peligros a que estábamos expuestos. Los contactos con el Movimiento 26 de Julio habían asegurado la llegada de los prácticos, cosa que no sucedió. Viendo esta situación, resolví de todas maneras seguir con un práctico, improvisado. El resultado final fue que nos metió al amanecer en una posta de Cuatro Compañeros. Las precauciones aconsejables no se habían podido tomar íntegramente y, aunque no tuvimos bajas, se creó un estado de confusión. Desconociendo totalmente la zona ordenamos marchar hacia un monte que se veía en la media luz del alba, pero

---

*   Archivo del Centro de Estudios Che Guevara.

18   Para conocer del desarrollo de la Columna 8 en su marcha invasora véase Joel Iglesias: *De la Sierra Maestra al Escambray*, Editorial Letras Cubanas, La Habana, 1979.

para llegar a él había que cruzar una línea sobre la cual los guardias avanzaron en dos direcciones diferentes; hubo que entablar combate para permitir el paso de los compañeros más retrasados. Allí fue herido el capitán Silva, quien ha continuado con estoicismo ejemplar al frente de sus hombres a pesar de haber sufrido la fractura de la región articular del hombro derecho. Tuvimos que seguir combatiendo sobre la línea férrea en una extensión de no más de 200 metros, conteniendo el avance del enemigo pues nos faltaban hombres. Esta situación duró dos horas y media, hasta que a las 9 y 30 de la mañana di orden de retirada habiendo perdido al compañero Juan Hernández, al que una bomba de 100 libras le destrozó la pierna derecha; tuvimos otro herido leve a resultas del bombardeo y ametrallamiento efectuado por dos B-26, dos C47 y dos avionetas, a ras del monte y durante 45 minutos.

En días subsiguientes fue haciéndose la reagrupación de la gente, constatando por último que diez hombres dispersados estaban en la columna de Camilo y solamente ha desaparecido uno apodado *Morenito* cuyo nombre y apellido incluiré al final. Sin permitirnos un solo día de descanso fuimos pasando sucesivamente por Remedios, una arrocera de Cadenas, algunos cayos de menor importancia, Lagunas de Guano. Todo esto sin práctico, recogiendo a veces algún campesino camagüeyano y funcionando a brújula otras. La conciencia social en las zonas ganaderas es mínima y debimos arrostrar las consecuencias de numerosos chivatazos.

20 de septiembre. Escuchamos este día por el radio informes de Tabernilla, sobre la columna descalza del Che Guevara. Sucedió que en una de las mochilas encontraron la libreta donde estaba apuntado el nombre, la dirección, las armas, balas y pertrechos de toda la columna, miembro por miembro. Además, un miembro de esta columna, que es miembro también del PSP [Partido Socialista

EZEQUIEL GONZALEZ MIRANDA

CENTRAL JOBABO, ORIENTE

Llanos de Camagüey, setiembre 8/58-1.50 a.m.

Fidel:

Despues de agotadoras jornadas nocturnas, te escribo al fin desde Camagüey y sin perpectivas inmediatas de acelerar la marcha que lleva un promedio de 3-4 leguas diarias, con la tropa montada a medias y sin monturas. Camilo está en las inmediaciones y lo esperaba aquí, en la arrocera Bartles, pero no llegó. En llano es formidable; no hay tantos mosquitos, no se ha visto ni un casquito y los aviones parecen inofensivas palomas. Radio rebelde es escuchada con muchas dificultades a travez de Venezuela.

Todo indeca que los guardias no quieren guerra y nosotros tampoco; te confieso que le tengo miedo a una retirada con 150 inexpertos reclutas en estas zonas desconocidas, pero una guerrilla armada de 30 hombres puede hacer maravillas en la zona y revolucionarla. Yo de paso deje las bases de un sindicato arrocero en Leonero y hablé del impuesto pero se me tiraron al suelo. No es que haya claudicado frente a la patronal pero me parece que la cuota es excesiva, les dije que eso se podría conversar y lo dejé para el proximo que caiga. Un tipo con conciencia social puede hacer maravillas en esta zona y hay bastante monte para esconderse. De mis planes futuros no te puedo decir nada, en cuanto a camino se refiere, porque yo mismo no lo se; depende más bien de circunstancias especiales y aleatorias como ahora que estamos esperando unos camiones para ver si nos libramos de los caballos, perfectos para los tiempos anatiónicos de Maceo, pero muy visibles desde el aire. Si no fuera por la caballería podríamos caminar de día tranquilamente. El fango y el agua estan por la libre y los fidelazos que he tenido que tirar para llegar con los obuses en buen estado son de película; hemos tenido que atravezar varios arroyos a nado con un trabajo bárbaro, pero la tropa se porta bien aunque ya la escuadra de castigo está funcionando a todo tren y promete ser la más nutrida de la columna. El proximo informe irá por vías mecanizadas, si es posible de la ciudad de Camagüey. Nada más que la reiteración del fraterno abrazo a los de la "Sierra", que ya no se ve.

«…De mis planes futuros no te puedo decir nada, en cuanto a camino se refiere, porque yo mismo no lo sé…». Carta enviada por Che Guevara a Fidel Castro durante la invasión a Las Villas, el 8 de septiembre de 1958, mientras comandaba la Columna 8 Ciro Redondo, que llegaría a su destino en la Sierra del Escambray el 16 de octubre de ese mismo año.

Territorio Libre, Diciembre 3 de 1958.-

A la Dirección Provincial del Movimiento 26 de Julio.

Compañeros:†
      Escribo estas líneas para aclarar una serie de puntos
relacionados con el Movimiento.-

      Ante todo, debo informarles que ya firmé, representando al Mo
vimiento 26 de Julio, un pacto de relativa unidad con el Directorio
Revoluc onario, del cual les adjunto una copia mimeografiada. Ade-
mas, en conversaciones con Camilo Cienfuegos, Félix Torres y dirigentes del P.S.P. llegamos al acuerdo de que el citado Félix Torres
mande una carta pública haciendo el renuncia de su independencia como Comandante de Guerrilla y poniendo ésta, la denominada "Máximo
Gómez", a disposición del Movimiento 26 de Julio. En esas condiciones, se aceptará la integración de la guerrilla quedando Torres con
el grado de Capitán; el Jefe del grupo será el Capitán Angel Frias,
de mi columna, en el caso de que Camilo tenga que abandonar la región. De esta manera, el único grupo con el que no se ha podido
llegar a ninguna clase de acuerdo es con el "Segundo Frente", aunque nuestras relaciones mejoraron mucho en los últimos dias y han
hecho un buen recibimiento al Capitán Julio Chaviano que está aquí.

      Del frente de Yaguajay, en conversaciones con Camilo Cienfue-
gos, me dió las quejas del Coordinador de ese pueblo, por lo que
solicito se lo cambie o se le den instrucciones precisas para atender mejor su cometido. Los coordinadores de Remedios, Zulueta y
Caibarién, deben ir a ver al Comandante Cienfuegos para tratar diversas cuestiones con él.-

      Les comunico asimismo que está casi completa la restructura-
ción del Organismo de Acción, que contará con tres jefes por ahora, los cuales serán René Rodríguez en esta zona, Macho Parra en
la zona de Yaguajay y Eliecer Grave de Peralta en la zona de Chaviano, comprendiendo por ahora la ciudad de Santa Clara. Cada Jefe de Acción responderá al mando del Jefe del grupo y tendrá a su
cargo todas las milicias urbanas y sub-urbanas, mediante el aparato ya formado.-

      El Ejército Revolucionario ha sido dividido en cuatro gupos;
el primero está a mis órdenes directas, el segundo comprende la
zona de Yaguajay, teniendo como límite la carretera que une a Caibarién, Remedios y Camajuaní, el tercero corresponde a la antigua
jurisdicción de Bordón en el Escambray y el cuarto a la zona Oeste. Los grupos tercero y cuarto son jefaturados por los capitanes
Erasmo Peraza y Julio Chaviano.-

      En fecha próxima enviaremos el diagrama de los distintivos q.
deberá usar el Ejército Revolucionario del 26 de Julio, con el fin
de unificar la identificación.-

      De la Sección especial de la escuela salió el primer grupo de
milicianos que operará en la Zona de Fomento.-

      La Sección de Propaganda está funcionando a plena máquina aun-
que con algunas tropiezos teoricos, pués me ví en la necesidad de
utilizar, digo, de confiscar la edición de "El Miliciano" que no
respondía al objetivo con el que fué creado ese publicación. Hem-

impreso una edición especial, limitada de un periodico destinado a los soldados, denominado "A ti Soldado de la Tiranía", del cual les adjunto copia. Tambien les adjunto copia de la orden Militar número CINCO y de una pequeña carta interna a los militantes en el Ejército del 26 de Julio.-

En el orden de acciones bélicas; rechazamos un intento del Ejército de tomarnos las posiciones del Pedrero, sufriendo cuatro heridos en combate. El enemigo retrocedió a Fomento por el ala derecha dejando en su huida un tanque que inutilizó y numerosas balas y equipo militar diverso. Por el Centro fué rechazada hasta Santa Lucia; intentó entrar también por el ala derecha, en una maniobra envolvente, siendo rechazado hasta Santa Lucia también. En represalia, el enemigo quemó veinte y una casa de campesinos.-

El sabotee a las vías de comunicaciones continúa, habiendo nuestras fuerzas destruido totalmente el puente de ferrocarril sobre el rio "Calabazas" e inutilizado el de la carretera central sobre el rio "Tuinicú", además de destruir un puente y el camino en la carretera Trinidad-Santi Spiritus. Hemos efectuados dos ascensos a capitanes: los compañeros Erasmo Rodriguez y Alfonso Zayas, efectuando varios ascensos a Teniente, cuyos nombres no doy, por conocerlos solo por los apelativos o nombres de pila. Por las vías acostumbradas iran las listas de pedidos de la columna.-

Adjunto las bases para el programa del 26 de Julio que me pidiera el compañero Eloy y una carta para Fidel.-

Con saludos revolucionarios se despide,

«Ante todo, debo informarles que ya firmé, representando al Movimiento 26 de Julio, un pacto de relativa unidad con el Directorio Revolucionario…». Carta enviada por Che Guevara a la Dirección Provincial del Movimiento 26 de Julio en la antigua provincia de Las Villas, el 3 de diciembre de 1958. (Página 1 y 2).

OPERACION INDUSTRIA CUBANA

HUMBOLDT 106, VEDADO, LA HABANA·CUBA. TELF. 7.8725

Querida Aleida:

Te adjunto la lista de los regalitos. Me contaron en Roma que los mártires cristianos siempre llevaban regalitos para aplacar al león (No sé porque te cuento esto, pues no tiene nada que ver) Mándame la lista de la gente a la que le diste algo para saber aquí. Seguramente te personas que tu vieja no está en la lista pero te equivocas; ambos están solo que no encuentre aquí un zocal de la medida adecuada; en la India probablemente corrija.

Debo avisarte, en cuanto a las relaciones epistolares que la Habana está a la misma distancia de Cairo, que Cairo de Habana. Yo salgo el 30 para India, espero noticias, manda carta al ministerio de relaciones a mi nombre.

Alfredo te podrá contar como se trabaja y lo bien que me porto. Nada más me falta escribir para ser un marido modelo

Un abrazo pequeñito, para que no te desacostumbres, saludos a todos

che

Junio 27/59

ACCION FERROCARRIL

«Un abrazo pequeñito, para que no te desacostumbres…». Carta enviada por Che Guevara a su esposa Aleida March, el 27 de junio de 1959, mientras se encontraba de recorrido por un grupo de países miembros del Pacto de Bandung, antecedente del Movimiento de Países No Alineados.

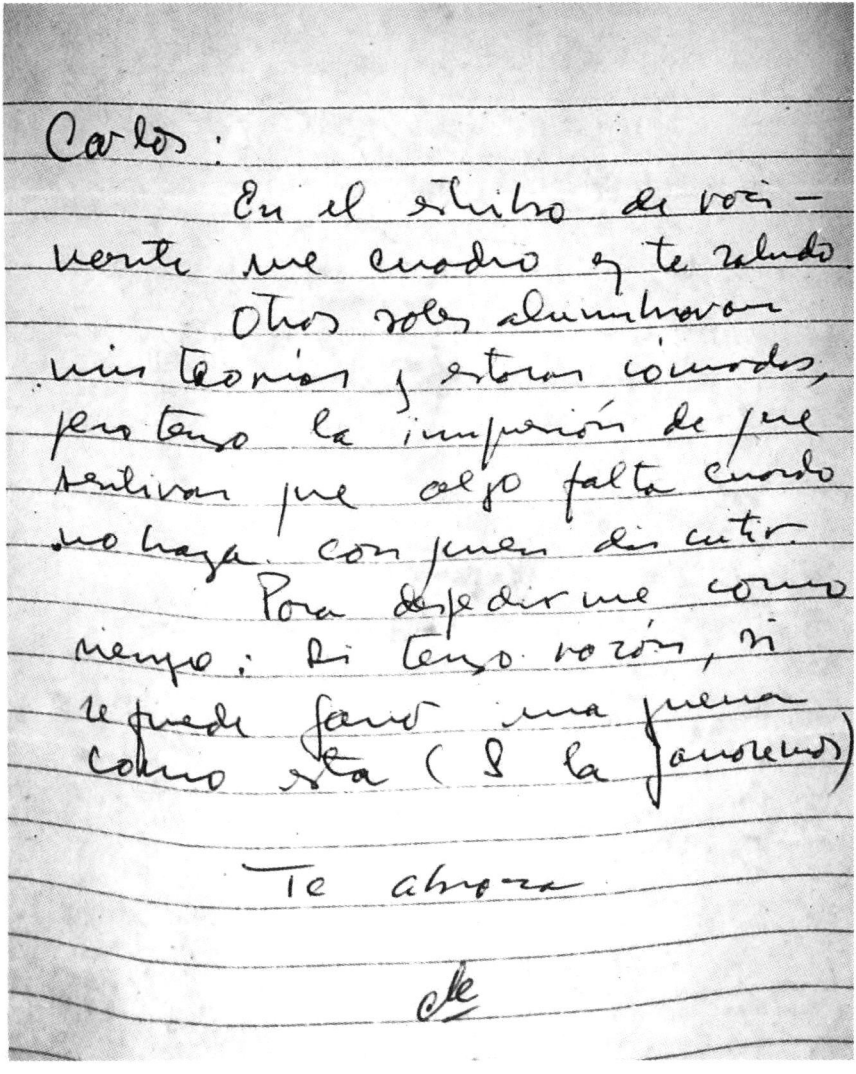

«Otros soles alumbrarán mis teorías, y estarán cómodos, pero tengo la impresión de que sentirán que algo falta cuando no haya con quien discutir...». Carta de despedida escrita por Che Guevara a Carlos Rafael Rodríguez, poco antes de su salida de Cuba hacia el Congo, en 1965.

Queridos Hildita, Aleidita, Camilo, Celia
y Ernesto:

Si alguna vez tienen que
leer esta carta, será porque yo no
esté entre vds.

Casi no se acordarán de mí y
los más chiquitos no recordarán nada

Su padre ha sido un hombre
que actúa como piensa y, seguro, ha
sido leal a sus convicciones.

Crezcan como buenos revolucionarios. Estudien mucho para poder dominar la técnica que permite dominar la naturaleza. Acuérdense que
la revolución es lo importante y que
cada uno de nosotros, solo, no vale
nada.

Sobre todo, sean siempre capaces
de sentir en lo más hondo cualquier in-

justicia cometida contra cualquiera en cualquier parte del mundo. Es la cualidad más linda de un revolucionario.

Hasta siempre hijitos, espero verlos todavía. Un beso grandote y un gran abrazo de

Papá

«Hasta siempre hijitos, espero verlos todavía. Un beso grandote y un gran abrazo de Papá». Carta de despedida enviada por Che Guevara a sus hijos, poco antes de su salida de Cuba hacia el Congo, en 1965.

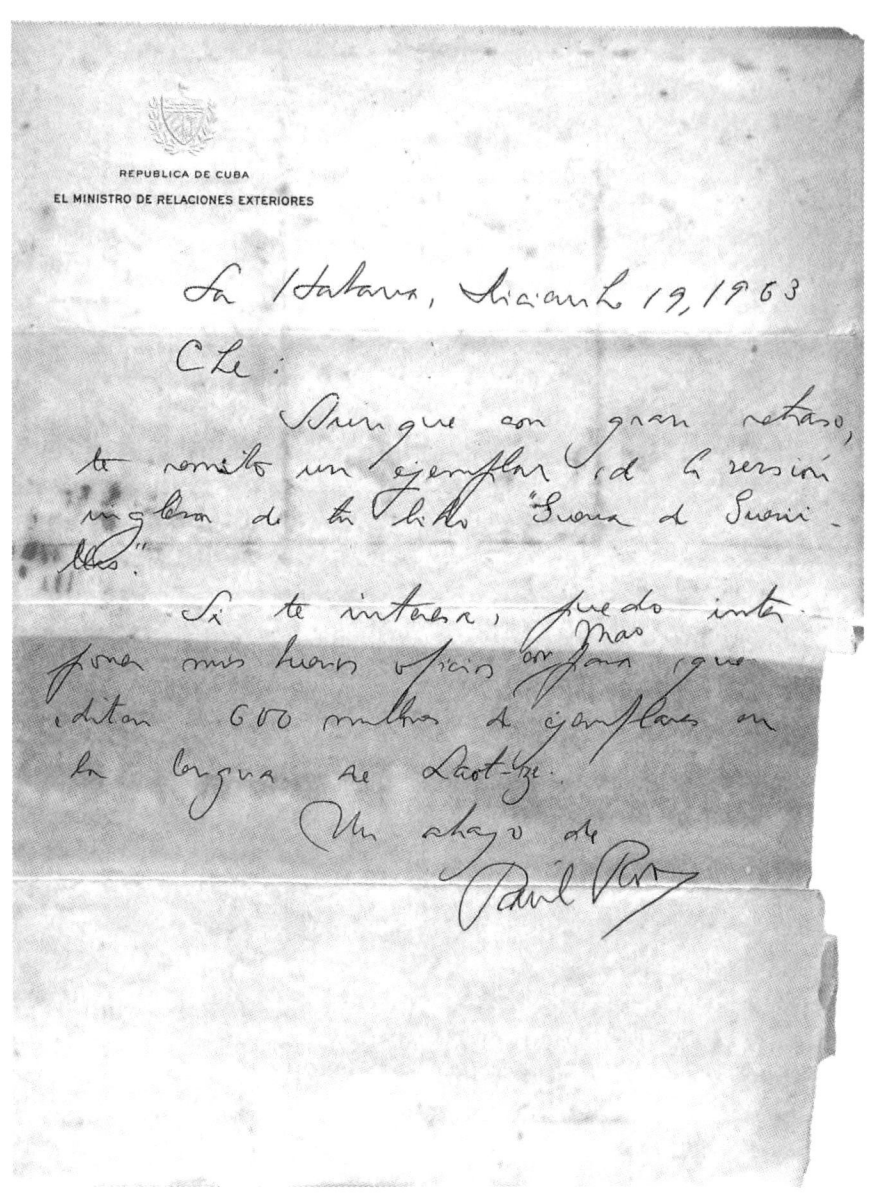

«Si te interesa, puedo interponer mis buenos oficios con Mao para que editen 600 millones de ejemplares en la lengua de Lao-Tsé». Nota enviada por el entonces canciller cubano, Raúl Roa, a Che Guevara, el 19 de diciembre de 1963.

Popular],[19] dejó su mochila con documentos de esa organización. Cruzamos en días sucesivos el río San Pedro, y el Durán o Altamira, llegando hasta un lugar denominado El Chicharrón. Allí desertó un individuo incorporado en Camagüey y poco después en el cruce de una línea peligrosa se perdió José Pérez, incorporado a la Columna antes de marchar de Oriente, el que sospecho desertó con su fusil.

Cruzamos luego un terraplén de cierto peligro y nos internamos en la zona arrocera donde están las grandes fincas de los Hermanos Aguilera. No teníamos prácticos e íbamos tras las huellas esporádicas del compañero Camilo. Desde el día 20 caminamos casi ininterrumpidamente entre cenagales. Hubimos de abandonar los pocos caballos que llevábamos más de una vez; la «mazamorra» empezó a hacer estragos entre la tropa.

Día 29 de septiembre. Habíamos dejado atrás la última arrocera Aguilera y entrado en terrenos del Central Baraguá cuando nos encontramos con que el ejército tenía bloqueado totalmente la línea que había que cruzar. Nos descubrieron en la marcha y de la retaguardia se repelió a los guardias con un par de tiros. Pensando que los tiros provenían de los guardias emboscados en la línea, siguiendo una inveterada costumbre, ordené esperar la noche, pensando que podríamos pasar. Cuando me enteré de la escaramuza, es decir que el enemigo tenía pleno conocimiento de nuestra posición ya era tarde para intentar el paso pues era una noche oscura y lluviosa y no teníamos conocimiento alguno de la posición enemiga. Hubo que retroceder a brújula, permaneciendo en las zonas más cenagosas y de monte ralo para despistar a los aviones que, efectivamente, volcaron su ataque sobre un monte frondoso a cierta distancia de nuestra posición. Los exploradores encabezados por el teniente Acevedo descubrieron un paso en la extremidad de

---

[19]   Partido Socialista Popular: Nombre por el que se reconocía al partido comunista de Cuba.

la línea enemiga, pues descuidaron una laguna por la que creyeron imposible el tránsito. Por esa laguna cenagosa, tratando de amortiguar en lo posible el ruido de 140 hombres chapaleando fango caminamos cerca de 2 kilómetros hasta cruzar la línea cerca de 100 metros de la última posta de la que escuchábamos su conversación. El chapaleo, imposible de evitar totalmente y la luna clara me hacen pensar con visos de certeza que el enemigo se dio cuenta de nuestra presencia, pero el bajo nivel combativo que en todo momento han demostrado los soldados de la dictadura los hicieron sordos a todo rumor sospechoso.

Caminamos toda la noche entre cenagales de agua marina, y parte del día siguiente. Una cuarta parte de la tropa estaba sin zapatos o con ellos en malas condiciones.

Día 3 de octubre. En un cayo cercano al central Baraguá, fue capturado el carnicero de ese central a cuya familia se le notificó que no le pasaría nada, pero que debía permanecer con nosotros como práctico un par de días. Parece que la mujer quería cambiar de marido y mandó un chivatazo flor a resultas [sic] del cual tuvimos la visita de los B-26 con su cargamento acostumbrado, no hubo novedad, pero debimos caminar toda la noche en una laguna llena de unas matas con hojas filosas que lastimaron horriblemente los pies de algunos descalzos. La moral de la tropa iba sufriendo los impactos del hambre y la mazamorra. No podíamos descansar nunca pues los guardias seguían tras nuestro rastro con la ayuda principalísima de los aviones. En cada campesino veíamos el presunto chivato, en una situación psíquica similar a la de los primeros tiempos de la Sierra Maestra. No pudimos establecer contacto con la organización del 26 de Julio, pues un par de supuestos miembros se negaron a la hora en que pedí ayuda, y solo la recibí, monetaria, en nylons, algunos zapatos, medicinas, comida y guías, de parte de los miembros del PSP, que me dijeron haber solicitado ayuda de los organismos del movimiento, recibiendo la contestación siguiente que debe tomarse con beneficio de inventario, pues no me consta: Si el Che manda un papel escrito, nosotros le ayudamos, si no que se joda el Che.

Día 7 de octubre. Hacemos contacto con tres prácticos del Escambray, que traen un rosario de quejas por la actuación de Gutiérrez Menoyo[20] informándome que Bordón[21] había sido tomado preso y había existido una situación que llegó a estar cerca de una batalla campal entre los grupos. Me pareció que había muchos trapos que secar al sol en toda esta cuestión y mandé a uno de ellos ordenándole a Bordón que avanzara a mi encuentro. Este día, para tratar de limpiar la escoria de la columna, ordené el licenciamiento de todo el que lo solicitara; siete aprovecharon la oportunidad y doy sus nombres para la historia negativa de esta revolución: Víctor Sarduy, Juan Noguera, Ernesto Magaña, Rigoberto Solís, Oscar Macías, Teodoro Reyes y Rigoberto Alarcón. Un día antes se había extraviado y sospecho que desertó, Pardillo del pelotón de Joel.

A partir de este momento la aviación siguió matemáticamente nuestros pasos, bombardeando el monte que habíamos dejado el día anterior mientras salían a cortarnos el paso por el río Jatibonico. En uno de esos bombardeos estalló en el aire un jet de retropropulsión cuya noticia habrás oído por el radio. El día 10 de octubre nos

---

[20]   Eloy Gutiérrez Menoyo: Miembro del Directorio Revolucionario; jefe y comandante del II Frente Nacional del Escambray, constituido el 10 de noviembre de 1957. Rehusó colaborar y coordinar las acciones con el Ejército Rebelde en Las Villas, hasta que finalmente en diciembre de 1958 se firma un pacto de colaboración. Después del triunfo revolucionario traicionó y se fue a Estados Unidos. En 1965 regresó a Cuba de forma clandestina (por la zona de Baracoa), fue capturado por las milicias campesinas y sentenciado a 30 años de prisión. En 1968 es liberado y se marcha a Estados Unidos. Regresa a Cuba tiempo después, donde muere el 26 de octubre de 2012.

[21]   Víctor Bordón Machado: (1930-2014): Miembro de la Juventud Ortodoxa y del Movimiento 26 de Julio, después. Participó en la huelga del 9 de Abril. Comandante y jefe del destacamento Zona Oeste en Las Villas. Se incorpora a la Columna Invasora No. 8 en octubre de 1958.

alcanzó la aviación ametrallando el monte en que estábamos. Fueron las avionetas y no hubo víctimas. La vanguardia tomó al día siguiente un batey que comunicaba con una arrocera próxima y nos enteramos que el ejército conocía nuestra situación por las conversaciones telefónicas que interceptamos. «Las ratas» estaban perfectamente localizadas (aunque, previendo esto, hicimos abandono del monte y nos encerramos en una casa rodeada de potreros donde permanecimos todo el día sin movernos) según los informes recogidos de las conversaciones del Ejército, estos no nos creían capaces de caminar las dos leguas que nos separaban del Jatibonico. Por supuesto, las hicimos esa noche, cruzamos el río a nado, aunque mojando casi todo el armamento e hicimos una legua más hasta llegar al refugio seguro de un monte. El paso del Jatibonico fue como el símbolo de un pasaje de las tinieblas a la luz. Ramiro dice que fue como un conmutador eléctrico que encendiera la luz y es una imagen exacta. Pero desde el día anterior azulaban las sierras a lo lejos y hasta el más remiso lomero sentía unas ansias tremendas de llegar.

Caminamos luego una jornada agotadora entre fangales, cruzamos arrozales y cañaverales, cruzamos el río Zaza, que debe ser uno de los más anchos de Cuba, cruzamos el último cordón de guardias en la carretera de Trinidad a Sancti Spíritus, el día 15 por la noche, y comenzó nuestra fatigosa tarea política.

He oído el desastre de Vega, evidentemente es producto de la impericia, a Ramiro no le hubiera pasado eso, pero déjanos un tiempo y demostraremos que su presencia aquí es positiva para la revolución. Paso a la segunda parte.

Informe de la situación político-militar de Las Villas

Los primeros grupos de alzados, más bien de refugiados por dificultades políticas en el llano, fueron hombres afines al 26 de Julio. Esta gente no hizo nada, militarmente hablando, en la loma. El primer grupo organizado que llegó aquí fue el Directorio Revolucionario, núcleo de apenas unos 20 hombres que fueron puestos bajo la dirección militar de Eloy Gutiérrez Menoyo. Parece que desde el primer momento, al tomar Menoyo las armas se iniciaron los roces con Faure Chaumont [sic].[22] En plena época de tira y afloja de ambas partes subió Bordón con armas entregadas por el 26 de Julio. La hostilidad del otro grupo fue manifiesta. Bordón colocó a su gente en un lugar apartado y allí permaneció haciendo al parecer un buen trabajo político entre la población campesina. La situación entre Gutiérrez Menoyo y el Directorio hizo crisis, separándose las fuerzas y pasando el Directorio a ocupar la zona de Trinidad-Sancti Spíritus.

Gutiérrez Menoyo y su grupo se dieron a la tarea de formar el llamado II Frente del Escambray. Propusieron en la dirección provincial del 26 de Julio la formación de un Estado Mayor cuyo jefe sería Eloy Gutiérrez y cada uno de los 14 jefes de guerrillas tendría el cargo de Comandante en situación de paridad entre ellos. La dirección provincial, concretamente *Sierra*,[23] después de consultar con Faustino y algún otro miembro de la Dirección Nacional (creo que nuestro Eloy pero no lo puedo asegurar) hizo la contraposición [sic] de formar un Estado Mayor integrado por Gutiérrez Menoyo, Bordón y Plinio Prieto, representando a la OA [Organización Auténtica]. Este Estado Mayor decidiría por mayoría de votos las situaciones militares. Por esta época ya se había firmado el Pacto de Caracas y se había acordado un envío de $100 000 a los diversos frentes de lucha, de los cuales $35 000 se corresponderían al frente

---

[22]   Faure Chomón Mediavilla (1929): Dirigente del Directorio Revolucionario y asaltante al Palacio Presidencial el 13 de marzo de 1957. En febrero de 1958 llegó a Cuba en una expedición armada en el yate *Scapade*, organizó un destacamento guerrillero en las montañas del Escambray y se incorporó al Ejército Rebelde en Las Villas. Alcanzó el grado de comandante. Colaboró con la columna del Che y firmó el Pacto de El Pedrero.

[23]   *Sierra*, nombre de guerra de Enrique Oltuski (1930-2012), coordinador provincial del M-26-7 en Las Villas. Luego del triunfo de enero de 1959 trabajó con el Che en el ministerio de Industrias.

del Escambray, en este frente figuraba como única organización combatiente el Directorio. *Sierra* redactó entonces un documento en el que pedía la partición de ese envío entre dos agrupaciones, el Directorio y el II Frente integrado por los tres Comandantes citados. Envió el papel para su firma y se lo devolvieron tachando la situación de paridad y dando a Eloy Gutiérrez Menoyo, como Jefe del II Frente del Escambray. Ante la premura del caso, siempre según *Sierra*, este firmó el papel que fue a la comisión del Pacto de Caracas[24] subordinando el 26 de Julio a la autoridad del Gutiérrez Menoyo. No está claro el papel que *Diego*,[25] Comandante de las milicias representó en este caso. No para allí la gravedad del asunto, pues se redactó allí un nuevo documento, que te adjunto, en el cual en el inciso c de sus resoluciones finales, el Jefe del Estado Mayor se adjudica el derecho de establecer la estrategia nacional e internacional del II Frente. Este papel cuenta con la firma de Bordón como Comandante del II Frente. Parece que algunos de los directivos del 26 de Julio aconsejaron a Bordón o que este fue enviado a la Sierra Maestra para legitimar el pacto con un tal Anastasio Cárdenas. Bordón no fue a la Sierra, pero volvió diciendo que había ido y que Fidel no reconocía más Comandante que a él. Fue entonces que Menoyo lo desarmó y lo tomó preso, obteniendo de él un documento firmado en el que se comprometía a salir de la Sierra. Los dirigentes provinciales del 26 lo convencieron de que no [lo] hiciera, quedándose entonces al frente de la gente que le es fiel, lo que provocó un *ultimátum* de Menoyo quien le anunció que lo expulsaría de la Sierra [del Escambray] hace unos cinco días si no se iba. La Dirección provincial ordenó resistir el ataque y Bordón no se presentó

---

[24]   Pacto de Caracas. Así se nombró el llamamiento «Al pueblo de Cuba», firmado en esa ciudad venezolana, el 20 de julio de 1958, por 11 partidos y organizaciones políticas cubanas.

[25]   *Diego*, nombre de guerra de Víctor Díaz Paneque, jefe de Acción provincial en Las Villas.

ante mí, como se lo he ordenado en cuatro ocasiones por distintas vías. Recientemente le ordené bajar con todos sus hombres hasta donde yo estoy, sin haber recibido noticias de que se moviera.

Al entrar en el Escambray recibí la nota que te adjunto, firmada por el comandante Jesús Carreras,[26] de cuyo tono te podrás dar cuenta. En el curso del camino que seguí, buscando donde instalar el Campamento General pasé por tres campamentos del II Frente viendo en ellos el mismo panorama: una cordial recepción de parte de la tropa y una fría acogida de los jefes que parecían estar cumpliendo labores de espionaje y que habían sido removidos en ocasión de nuestra llegada. Llegué al campamento de Jesús Carreras, que se había ausentado momentos antes de mi llegada. Le dejé una carta explicándole mi sorpresa por los términos de la suya pero en ese momento leí una circular pegada en el campamento, la cual en su punto 10 decía más o menos que estaba prohibido a ninguna tropa ajena a esa organización entrar en el territorio ocupado por ellos, que la primera vez sería advertida y si no hacía caso, expulsada o exterminada. Reuní a los muchachos y les expliqué la gravedad de lo que nosotros veíamos en esa cláusula y la necesidad de que estuvieran alerta porque entendíamos que el territorio de Cuba estaba abierto a todo el que quisiera luchar contra la dictadura, nosotros nunca iríamos a tirar el primer tiro, pero que nuestra tradición de lucha… bla, bla, bla. En esos momentos llegó Carreras quien pidió excusas por la palabra «conminar», que yo no acepté. Diciendo que era un poco bruto para escribir y que las palabras no tienen mayor valor, pero que no existía la intención de conminar y que el bando que yo había leído era simplemente dirigido contra los del Directorio porque «les robaban las cosas». Le dije que la única forma de trabajar en común era reconocer la Jefatura militar del

---

[26]   Jesús Carreras Zayas: Comandante del II Frente Nacional del Escambray. Después de 1959 se incorporó a bandas contrarrevolucionarias, fue capturado, juzgado y ajusticiado por actividades contrarrevolucionarias.

26 de Julio, lo que en principio no aceptó. Después me encontré con el comandante Alfredo Peña, excabo del Ejército, exmiembro del 26 de Julio, y me confesó que se quedaría sin gente. Este señor tiene una carta tuya fechada en marzo donde le anuncias ayuda si se encausa por los canales de la organización, es un perfecto imbécil, pero ambicioso como todos ellos. No he conversado con Gutiérrez Menoyo todavía, pero no llevó a vías de hecho el ultimátum contra Bordón.

Las conversaciones con el Directorio fueron de otro tipo; no están dispuestos a la unidad mientras exista el grupo de Gutiérrez Menoyo y llegamos a un acuerdo mediante el cual ellos fijarán su Cuartel General en la zona que actualmente tienen y nosotros lo fijaremos en cualquier otro punto, quedando para futuras negociaciones la delimitación de campo, la aplicación de impuestos, etc. Tenemos proyectada una acción común pero no veo mayor entusiasmo de parte de ellos. Están esperando un gran equipo y no quieren actuar antes, según propias manifestaciones. Son pocos y no están bien armados.

La OA no existe aquí arriba, pero como siempre ha embarullado las cosas y puesto a su servicio los peores elementos del II Frente (Peña es su representante oficial). Ha ofrecido armas, como siempre.

El PSP mandó un representante. Le dije que la forma de llegar a la unidad era que su guerrilla se pusiera a las órdenes del movimiento y que no podía aceptar al comandante Torres[27] impuesto por otra organización si no había cumplido el acuerdo de unidad con todos los sectores del Escambray, lo que encontraron aceptable.

El señor gordo que nos visitó en la Sierra, la segunda vez con Lino, tiene negocios en Las Villas y vino a verme para ofrecerme un transmisor y un mimeógrafo, que acepté. Por la vía de él le

---

[27] Félix Torres González (1913-2008): Militante del PSP (1934). Secretario del frente campesino en Yaguajay. Integrante del Ejército Rebelde en el Frente Norte de Las Villas. Jefe del Destacamento Máximo Gómez. Alcanzó el grado de comandante.

mandaste una carta a Camilo, la que abrí para enterarme de su contenido, coincidiendo tus órdenes con lo que yo le había pedido; le capé mil pesos. Su disposición para colaborar es magnífica, ha tenido diferencias con la dirigencia provincial que se niega a reconocerlo. El eterno problema nuestro.

La dirección provincial ha cometido el grosero error de firmar ese documento; adolece de falta de rapidez. Cité a todos los coordinadores de las ciudades cercanas y solo vino el coordinador general, pues los demás «no pudieron». Cienfuegos parece ser la única ciudad que da la talla en cuanto a aprovisionamiento del ejército rebelde. Hablé con el delegado obrero, planteándole la necesidad de atacar los pueblos sin una organización interna que nos respalde y oriente. No pienso tomar medidas ni hacer conversaciones serias (serias por lo largas) hasta después del 3 de noviembre.

Nuestra llegada ha tenido para Las Villas el beneficio de despertar a todas las organizaciones que se han sentido belicosas en estos últimos días.

El nombre del desaparecido que te prometí es Santos Ferrales Milanés del central Mabay.

Debes contestarme a la brevedad si el impuesto azucarero se cobrará en una forma unitaria o si yo debo hacer el cobro en esta provincia. Pienso establecer aquí mismo una Tesorería para administrar el dinero que se recoja derivado de esos impuestos y tengo ambiciosos proyectos que te comunicaré después (acabo de recibir el armonioso sonido de un bazukazo, con toda el agua que chupe, es la heroína de la tropa).

Me faltaba anunciarte que el recibimiento por parte de la población civil fue sencillamente apoteósico y si no fuera por Camilo, de verdad le echaría una mirada despectiva al *Titán de Bronce*.

Un abrazo de los turistas del Escambray a los sedentarios de la Sierra Maestra.

[No lleva firma]

Carta a Fidel

Sierra del Escambray, 3 de noviembre de 1958*

Fidel:

Te escribo sobre la marcha un informe preliminar con noticias de lo hecho hasta ahora y de las dificultades encontradas en el camino, adjuntando copias de cartas.

Después del informe último me vi detenido por un par de días por dilaciones del Directorio hasta que resolví atacar el cuartel de Güinía de Miranda (Lino Pérez ahora) sin la ayuda, de todas formas ficticia, de ese grupo, que no facilitó ni un práctico para ello. El cuartel era anunciado como un bocadito de cardenal, con veintipico de soldados dispuestos a rendirse. Así hubiera sido si el bazuquero no hubiera errado 4 tiros. El quinto dió en el blanco y se rindió el cuartel, escapándose un número no exactamente determinado de soldados. La lucha nos costó dos muertos, cuyos nombres incluyo aparte, 6 heridos, 2 de ellos con fractura y gran cantidad de parque. Todo ello para conquistar 8 fusiles, uno de los cuales regalé a un práctico por la libre del Directorio, y poquísimo parque. No fue rentable, de ninguna manera, pero políticamente fue un fuerte golpe que demostró nuestros deseos de hacer las cosas bien. A los dos días nos dirigimos a otro cuartelito defendido por 50 soldados pero di como hora límite para tirar las 3 a.m., pues no hay parque para realizar hazañas de toma por asalto y estaba muy pelado todo el campo en dos leguas a la redonda. A esa hora no se había

---

*   Archivo del Centro de Estudios Che Guevara.

situado la bazuca en posición y debimos levantar el cerco. Marchamos forzadamente sobre el cuartel de Banao con 30 soldados, sobre la carretera Trinidad-Sancti Spíritus, perdiendo un día por la imbecilidad de los guías que dijeron 5 horas de camino empleando 12 sin llegar al objetivo. A pesar de todo, al día siguiente realizamos la operación y la bazuca falló, retirándonos sin tirar un tiro.

Había citado a los jefes de acción de las localidades inmediatas dándole instrucciones generales de lo que había que hacer y pidiendo datos de los bancos amigos y enemigos, decidiendo atacar un par de ellos, uno el de Canadá, con intenciones de dejar vales y avisar a los depositantes que la revolución se hacía responsable de todo ello, pero toda la dirigencia del llano se opuso (abajo, porque aquí ningún jefe de acción dijo nada y *Diego* tampoco, sí *Sierra*) y de paso boicotearon las acciones o se acobardaron que eso habrá que dilucidarlo después. En Sancti Spíritus no se puede hacer nada según ves por la carta, en Fomento trabajaron pésimamente y dieron largas al asunto cuando Bordón estaba situado ya. Cabaiguán, cuyo jefe es un hermano de Faustino, respondió muy bien, pero desgraciadamente, uno de los tantos prácticos idiotas, residuos de lo que nos deja el Segundo Frente en su desintegración nos perdió ayer y no se pudo atacar. Hoy lo haremos pero con todo el mundo sobre aviso. Quiero autorización expresa tuya para hacer lo necesario con los bancos o una negativa expresa, para cortar ese asunto y el apoyo para quitar todo jefe que no sirva. Me parece que sería muy positivo en este momento meterle mano a un banco, si tienes miedo a la repulsa de la «gente bien», por lo menos a los de los ingleses o algo parecido se debería atacar; es mi opinión pero espero la confirmes o rectifiques o me llames ante el tribunal revolucionario de que hablo en la copia adjunta, pues si se da la oportunidad le meto mano con más entusiasmo que Al Capone.

Tengo intenciones de hacer descansar dos días a la tropa, reorganizar la gente que queda por aquí, dar todas las instrucciones necesarias para la creación de todos los centros que necesitamos en el cuartel general, establecido a tiro de cañón, de Sancti Spíritus y salir con parte de la tropa y mi amada bazuca a destrozar cuarteles. Espero noticias de Camilo, pues no sé nada de él desde que le di las instrucciones para actuar, diferentes de las tuyas pues estas estaban caducas.

La situación política es más o menos esta: el Directorio, sin novedad, el Segundo Frente perdió casi todas las guerrillas de esta zona, que se incorporaron a nuestras filas con sus costumbres de borracheras, tirar tiros al aire, hacer lo que parezca a cada uno y sin armas. Ya establecí la escuela de reclutas donde irán a parar todos esos hombres, más de 200 en la actualidad y aumentando a un ritmo de espanto. Hace falta una depuradora ofensiva del gobierno, junto con la escuelita. Establecí en la zona la «emulación telefónica», que consiste en hacer que todas las patrullas y grupos de acción de los pueblos me traigan tendido eléctrico y aparatos telefónicos en competencia deportiva y trataremos de no dejar puente con cabeza. Es increíble la cantidad de cosas que se podrían hacer si hubiera jefes de acción que cuidaran el pellejo menos y organizaran las milicias más.

Bordón fue quitado como comandante y puesto de capitán, medida no lo saludable que podría haber sido pero más contemporizadora, hecho por consejo de Ramiro. Pienso pedir la administración de la zona que ahora ocupo y atajar con mano dura todos los abusos que actualmente se están cometiendo, abusos que a veces caen sobre los campesinos, pero otras sobre nosotros, como el robo de zapatos que dos guerrillas del Segundo Frente cometieron en el plazo de pocos días.

El nombre de nuestros muertos: Alberto Cabrales y Carlos Amengual. Me gustaría una notica sobre ellos en la radio ya que vinieron a morir desde Oriente y son los primeros. Angelito y Silva resultaron grandes capitanes. Los dos fueron heridos levemente en Güinía; tengo intenciones de preparar a Angelito para jefe del frente de Yaguajay, con el asesoramiento de alguna persona inteligente que por allí hubiera, pero antes de tomar una decisión estoy esperando noticias de Camilo que ya conoce la zona. Los soldados apresados y liberados en el cuartelito (que era una fortaleza) son: Maximiliano Juviel Hugando, nativo de Trinidad, 58 años, cabo suplente; Israel Rodríguez Torres, 25 años, alistado en diciembre del 57; Juan Díaz López, 21 años, alistado en marzo del 57; Mario Aday Espinosa, 21 años, alistado en diciembre del 57; Manuel Armando García Morales, alistado en enero del 58, dos heridos, uno de los cuales falleció posteriormente, y un muerto, todos pertenecientes al Regimiento # 3, Escuadrón 39. Se escaparon entre 5 y 15 soldados por un zanjón que parecía hecho exprofeso.

Han prometido un par de emisoras pero no sé si vendrán o no, de conseguirlas llamaremos a las 5 de la tarde por 20 o 40 metros hasta establecer contacto, trataremos de avisar de nuestra existencia rápidamente por radio Miami. *Sierra* me dijo que iba a ir personalmente a Miami para buscar armas. Quiero saber si él puede hacer eso por propia cuenta o no. Por ahora no se puede contar con otro campo de aviación que los pertenecientes al Directorio o la otra gente, pero se puede llegar a un acuerdo con ellos cuando pasen los días y se demuestre el prestigio de nuestro Movimiento. Detállame cómo está la situación y si se calcula o no una inminente caída del gobierno. En el próximo informe incluyo la primera rendición de cuentas.

Apretado abrazo a los héroes orientales de sus hermanos menores.

[No lleva firma]

Nota adicional, 5 de noviembre

Poco se ha podido agregar a las viejas glorias del 26 de Julio en estos días. La honorable dirección de los honorables señores boticarios de pueblo no se ha dignado prestarme su apoyo; lo de Fomento fue un fracaso gracias a la cobardía de esa gente que se negó a dar ni prácticos para realizar la acción; lo de Cabaiguán fue culpa nuestra: Angelito era el encargado de abrir el fuego, atacando el cuartel, Joel avanzaría por el medio del pueblo y Ramiro por el otro lado para volar la refinería pero como había muchos soldados no lo hizo y la otra gente, supeditada al fuego de ese lado se retiró a las 4 de la mañana sin disparar un tiro. Lo único que se demostró es la posibilidad de tomar todos esos pueblos y obligarlos a mantener de 300 a 500 soldados en cada uno. No considero prudente decirte mis planes militares pero no puede quedar un solo cuartelito en toda la Sierra [del Escambray]. Estoy esperando los resultados del ataque a Jíquima, que ordené anoche y que parece tuvo éxito pues hoy había 5 aviones bombardeando la zona. Ramiro iba a dirigirla.

Con respecto a la unidad, me luce imposible conseguirla. Morgan[28] envió un ultimátum a uno de los capitanes que tengo en la zona aquella pues le mandaron un grupo a desarmarlo y el grupo se pasó íntegro a nuestras filas, luego le mandaron otro que sufrió la misma suerte y por último vino el tal Morgan, que es comandante y norteamericano, a decir que si el domingo 2 no se entregaban todas las armas atacaba; no sé el resultado, pero le mandé la siguiente carta a Gutiérrez Menoyo, con un final a lo Fidel.

---

[28]   Se refiere a William Morgan. Norteamericano, miembro del Segundo Frente Nacional del Escambray, con posterioridad al triunfo revolucionario se demostró que era un agente de los servicios de inteligencia norteamericanos.

Carta a la Dirección Provincial del Movimiento 26 de Julio en Las Villas

Territorio Libre, 3 de diciembre de 1958*

A la Dirección Provincial del Movimiento 26 de Julio

Compañeros:

Escribo estas líneas para aclarar una serie de puntos relacionados con el Movimiento.

Ante todo, debo informarles que ya firmé un pacto de relativa unidad con el Directorio Revolucionario,[29] del cual les adjunto una copia mimeografiada. Además, en conversaciones con Camilo Cienfuegos, Félix Torres y dirigentes del PSP llegamos al acuerdo de que el citado Félix Torres mande una carta pública haciendo renuncia de su independencia como Comandante de la Guerrilla, y poniendo esta, la denominada «Máximo Gómez», a disposición del Movimiento 26 de Julio. En esas condiciones se aceptará la integración de la guerrilla quedando Torres con el grado de capitán; el jefe del grupo será el capitán Ángel Frías, de mi columna, en el

---

*   Archivo del Centro de Estudios Che Guevara.

[29]   Pacto de El Pedrero: Pacto de unidad firmado entre el Movimiento Revolucionario 26 de Julio y el Directorio Revolucionario, en la zona de El Pedrero, en la Sierra del Escambray, el 1ro. de diciembre de 1958. Rubricado por los comandantes Ernesto Che Guevara y Rolando Cubela por el M-26-7 y el DR respectivamente, con este acuerdo se sentaron las bases de la unidad revolucionaria, en la acción militar y la administración política de las zonas liberadas, que vinculó estrechamente a las dos organizaciones. Pocos días después se sumó a este acuerdo el PSP. Véase además Ernesto Che Guevara: *Diario de un combatiente*, ob. cit.

caso que Camilo tenga que abandonar la región. De esta manera, el único grupo con el que no se ha podido llegar a ninguna clase de acuerdo es con el Segundo Frente, aunque nuestras relaciones mejoraron mucho en los últimos días y han hecho un buen recibimiento al capitán Julio Chaviano que está aquí.[30]

Del frente de Yaguajay, en conversaciones con Camilo Cienfuegos, me dio las quejas del Coordinador de ese pueblo, por lo que solicito se lo cambie o se le den instrucciones precisas para atender mejor su cometido. Los coordinadores de Remedios, Zulueta y Caibarién, deben ir a ver al Comandante Camilo Cienfuegos para tratar diversas cuestiones con él.

Les comunico asimismo que está casi completa la restructuración del organismo de Acción, que contará con tres jefes ahora, los cuales serán René Rodríguez en esta zona, Macho Parra en la zona de Yaguajay y Eliecer Grave de Peralta en la zona de Chaviano, comprendiendo por ahora la ciudad de Santa Clara. Cada Jefe de Acción responderá al mando del jefe del grupo y tendrá a su cargo todas las milicias urbanas y suburbanas, mediante el aparato ya formado.

El Ejército Revolucionario ha sido dividido en cuatro grupos; el primero está a mis órdenes directas, el segundo comprende la zona de Yaguajay, teniendo como límite la carretera que une a Cabarién, Remedios y Camajuaní, el tercero corresponde a la antigua jurisdicción de Bordón en el Escambray y el cuarto a la zona Oeste. Los grupos tercero y cuarto son jefaturados por los capitanes Erasmo Peraza y Julio Chaviano.

En fecha próxima enviaremos el diagrama de los distintivos que deberá usar el Ejército Revolucionario del 26 de Julio, con el fin de unificar la identificación.

---

[30] Pocos días después de esta carta, el 12 de diciembre, Che Guevara y Eloy Gutiérrez Menoyo firmarían un acuerdo de entendimiento entre las dos organizaciones: el Movimiento 26 de Julio y el II Frente Nacional del Escambray. Véase Ernesto Che Guevara: *Diario de un combatiente*, ob. cit.

De la sección especial de la escuela salió el primer grupo de milicianos que operará en la zona de Fomento.

La sección de Propaganda está funcionando a plena máquina aunque con algunos tropiezos teóricos, pues me vi en la necesidad de utilizar, digo, de confiscar la edición de *El Miliciano* que no respondía al objetivo con el que fue creada esa publicación [ilegible en el original] impreso una edición especial, limitada de un periódico destinado a los soldados, denominado *A ti soldado de la tiranía*, del cual les adjunto una copia. También les adjunto copia de la Orden Militar número CINCO y de una pequeña carta interna a los militantes en el Ejército del 26 de Julio.

En el orden de acciones bélicas, rechazamos un intento del Ejército de tomarnos las posiciones de El Pedrero, sufriendo cuatro heridos en combate. El enemigo retrocedió a Fomento por el ala derecha dejando en su huida un tanque que inutilizó y numerosas balas y equipo militar diverso. Por el centro fue rechazada hasta Santa Lucía; intentó entrar también por el ala derecha, en una maniobra envolvente, siendo rechazado hasta Santa Lucía también. En represalia, el enemigo quemó veinte y una [sic] casa de campesinos.

El sabotaje a las vías de comunicaciones continúa, habiendo nuestras fuerzas destruido totalmente el puente del ferrocarril sobre el río Calabazas e inutilizado el de la carretera central sobre el río Tuinicú, además de destruir un puente y el camino en la carretera Trinidad-Sancti Spíritus. Hemos efectuado dos ascensos a capitanes; los compañeros Erasmo Rodríguez y Alfonso Zayas, efectuando varios ascensos a teniente, cuyos nombres no doy, por conocerlos solo por los apelativos o nombres de pila. Por las vías acostumbradas irán las listas de pedidos de la columna.

Adjunto las bases para el programa del 26 de Julio que me pidiera el compañero Eloy y una carta para Fidel.

Con saludos revolucionarios se despide,

[No lleva firma]

META
CUMPLIDA
PESO NETO 90.72 KLG.
100.000
harina
de trigo
nacional
para panificación
PARA EL PUEBLO
ELABORADO POR:
BURRUS FLOUR MILLS
NACIONALIZADA
ENSENADA DE GUANABACOA REGLA

CARTAS COMO DIRIGENTE POLÍTICO
(1959-1965)

La existencia de una etapa enriquecedora en la vida y la obra del Che, su extraordinaria dedicación y la elaboración de un pensamiento creador, se puede definir sin lugar a dudas dentro de su accionar político como dirigente, después del triunfo de la Revolución Cubana en enero de 1959.

La simple enumeración de la multiplicidad de funciones asumidas es de por sí, expresión de una férrea voluntad de consagración a una obra que consideraba suya. De esa forma es que se encuentran un conjunto de cartas, que al igual que las anteriores, reflejan la dimensión de un hombre entregado a un quehacer que tampoco estuvo premeditado en sus proyecciones de futuro, cuando trataba de encontrarse con su verdadero yo.

Las cartas, aunque expresan tiempos y actos diferentes, son una y las mismas si las analizamos desde sus propósitos con relación a medir la conducta de los hombres en situaciones disímiles. Nada cambia en exigencia ni en el diálogo explicativo que puede llegar a construir para persuadir, educar, criticar o impulsar nuevas obras; son la esencia de las nuevas dimensiones de un hombre que se propone trabajar para el bien de todos y que se coloca por delante de cualquier contingencia, para que no quede lugar a dudas, o cuando siente, desde lo más íntimo, los lazos entrañables que entretejió con la familia que llegara a conformar en Cuba.

Siempre resulta interesante establecer un vínculo o líneas entre los objetivos que se persiguen con determinadas prácticas, máxime si existen, en apariencia, diferencias en sus contenidos. Sin embargo, al estudiar esos contenidos en un grupo de cartas desde su tiempo y espacio, se puede llegar a comprender que se está en presencia de un mismo estilo sintético, directo y veraz, capaz de persuadir y convencer en sus enunciados, aun cuando en ocasiones parezca demasiado exigente.

En esas exigencias se encuentra el reflejo de momentos incuestionables dentro de un proceso que se propuso transformar la sociedad toda y con ella el cambio total de los hombres como sujetos activos y pensantes de la obra que se estaba construyendo. Se necesitaba de un lenguaje para nada contemplativo pero a su vez educativo, el que solo un hombre con las condiciones y características del Che podía alcanzar y que son devueltas, en este caso a través de cartas, en lecciones válidas para nuevos tiempos.

Carta a [Víctor Trapote] Trapito
12 de enero de 1959*

Trapito:[1]

Aquí, los rebeldes triunfantes viviendo bien de las migajas de lo antiguo.

Tú única buena escultura se casa aquí, me han dicho que trabajas de susceptible y no vienes, no importa, ni falta que hace. Gallegos hay muchos y se pueden reemplazar fácil.

Sin embargo, si piensas en tu hija un poco ven que yo te perdono.

Mucho que hacer por aquí.

Saludos y un abrazo de este dogmático irreductible,

Che

---

*   Archivo del Centro de Estudios Che Guevara.

1   Reelaboración cariñosa del apellido de Víctor Trapote, escultor español exiliado en México con quien había establecido amistad durante su estancia en el país azteca. La hija a la que se refiere Che en la carta es Irina Trapote, quien se casaba con el comandante Ramiro Valdés.

Carta a Juan Hehong Quintana
La Habana, 5 de febrero de 1959*

Sr. Juan Hehong Quintana,
A-6, Primera No. 371
Oeste, Cárdenas.

Estimado amigo:

Agradezco su gesto. Siempre es bueno que la juventud esté dispuesta a sacrificarse por causas tan nobles como darle la libertad a Santo Domingo, pero estimo que en este momento nuestro puesto de lucha está aquí, en Cuba, donde hay enormes dificultades que vencer.

Dedíquese por ahora a trabajar entusiásticamente por nuestra revolución, que será la mejor ayuda que podamos ofrecer al pueblo dominicano, es decir, el ejemplo de nuestro triunfo completo.

Reciba un saludo, de

Dr. Ernesto (Che) Guevara,
Comandante en Jefe Departamento Militar
La Cabaña.

---

*   En este capítulo, las cartas que aparecen sin referencia bibliográfica fueron tomadas de Orlando Borrego: *El Che en la Revolución Cubana*, t. 1, MINAZ, La Habana, 1966. La aclaración solo se incluirá con aquellas que pertenecen al archivo del Centro de Estudios Che Guevara.

Carta a Remberto Martínez Jiménez

La Habana, 5 de febrero de 1959

Sr. Remberto Martínez Jiménez,
Martí No. 263 Norte
Sancti Spíritus
Las Villas.

Estimado amigo:

Leer su carta da gusto. Está usted lleno de coraje y buena voluntad que son dotes básicas en un hombre de bien, hombre del calibre que necesita Cuba ahora más que nunca para llevar a feliz término nuestra revolución.

Si usted encamina sus esfuerzos en estos momentos a cooperar con nosotros labrando su propio futuro dentro del estudio y el trabajo, cuando llegue su oportunidad, Santo Domingo también será libre pues contará con la ayuda de hombres enteros y maduros como sin duda será Ud.

Mi mejor saludo personal.

Dr. Ernesto (Che) Guevara,
Comandante en Jefe Departamento Militar
La Cabaña.

Carta a José E. Martí Leyva

La Habana, 5 de febrero de 1959

Sr. José E. Martí Leyva,
Mártires No. 180
Holguín
Oriente.

Estimado amigo:

Con verdadero gusto he leído sus generosas líneas ofreciéndose para luchar por la libertad del vecino pueblo de Santo Domingo.

Aquilatando en todo su valor esta desinteresada y noble oferta, le incito a que conserve vivo su entusiasmo para el futuro, cuando la oportunidad llegue y, mientras tanto, aproveche sus años escolares, haciendo un hombre de provecho, que los necesitamos mucho en Cuba y sé que usted será uno de ellos. Dedíquese al dibujo. Promete.

Mi cordial saludo,

Dr. Ernesto (Che) Guevara,
Comandante en Jefe Departamento Militar
La Cabaña.

Carta a William Morris

La Habana, 5 de febrero de 1959

Sr. William Morris,
45 N.E. 9th St.,
Miami, Fla.

Estimado Señor:

Recibí su carta para transmitírsela a nuestro Comandante Jefe. Así lo hice, pero no quiero dejar de manifestarle que si todavía quedan rezagos en este país de la discriminación racial, nuestra revolución acabará con ellos completamente.

Tenga usted la absoluta seguridad de que en pocos años la diferencia entre blanco y negro será solo una cuestión de color de la piel, como debe ser.

Reciba el abrazo revolucionario, del

Dr. Ernesto (Che) Guevara,
Comandante en Jefe Departamento Militar
La Cabaña.

Carta a Pedro Revuelta

La Habana, 5 de febrero de 1959

Sr. Pedro Revuelta
Obrapía 516
La Habana.

Distinguido Sr. Revuelta:

Muchísimas gracias por su gentil carta fecha 28 de enero pasado, acompañándome muy bellos versos y canción de su composición, todo lo cual aprecio sinceramente.

Tomo buena nota de su denuncia relativa a periodistas y aprovecho para alentarle a seguir en guardia desde una simbólica trinchera, ya que la lucha no ha acabado.

Reciba el fraterno saludo de este revolucionario que nunca llegó a poeta.

Dr. Ernesto (Che) Guevara,
Comandante en Jefe Departamento Militar
La Cabaña.

Carta a Luis Paredes López

La Habana, 5 de febrero de 1959

Sr. Luis Paredes López
José María Paz,
Pabellón No. 8, piso No. 9,
Depto. 93, Villa Celina,
Buenos Aires.

Estimado amigo:

Me alegra mucho recibir cartas de personas que se interesan por la actualidad americana.

De toda su exposición le diré que capta mi atención especialmente el tema a que usted se refiere sobre los fusilamientos. Creo que está en un error completo. Los fusilamientos son, no tan solo una necesidad del pueblo de Cuba, sino también una imposición de este pueblo. Quisiera que usted se informara por prensa que no fuera tendenciosa para poder apreciar en toda su magnitud el problema que entraña.

Reciba un afectuoso abrazo de su siempre amigo,

Dr. Ernesto (Che) Guevara,
Comandante en Jefe Departamento Militar
La Cabaña.

Carta a Carlos Franqui
Tarará, 10 de marzo de 1959

Compañero Carlos Franqui
Director del Periódico *Revolución*
La Habana.

Compañero Franqui:

Vi en la revista *Carteles*, en la sección «Tras la Noticia», que escribe Antonio Llano Montes, una nota que me ha interesado, por insinuar algo sobre mi postura revolucionaria, tras la siguiente frase, aparentemente inofensiva: «El comandante Guevara fijó su residencia en Tarará».

No analizaré aquí quién es el señor periodista ni daré noticias sobre lo que él tiene en los archivos a mi custodia encomendados, no es mi intención hacer acusaciones o contraacusaciones, me debo a la opinión pública y a quienes han confiado en mí como revolucionario.

Le aclaro a los lectores de *Revolución* que estoy enfermo, que mi enfermedad no la contraje en garitos ni trasnochando en cabarets, sino trabajando más de lo que mi organismo podía resistir para la revolución.

Los médicos me recomendaron una casa en un lugar apartado de las diarias visitas y Recuperación de Bienes me prestó esta que habitaré en la referida playa hasta que los colegas que me atienden me den de alta; debí ocupar una casa de personeros del antiguo régimen porque mi sueldo de $125.00 como oficial del Ejército

Rebelde no me permite alquilar una con suficiente amplitud para albergar a la gente que me acompaña.

El hecho de ser una casa de antiguo batistiano hace que sea lujosa; elegí la más sencilla, pero de todas maneras es un insulto a la sensibilidad popular. Prometo al señor Llano Montes y sobre todo al pueblo de Cuba que la abandonaré cuando esté repuesto.

Te agradeceré la publicación de estas líneas para mejor ilustración de nuestro pueblo, sobre la actuación de quienes hemos contraído una responsabilidad con él.

Che

Carta a Dr. Miguel Ángel Quevedo

La Habana, 23 de mayo de 1959*

Dr. Miguel Ángel Quevedo
Director de la revista *Bohemia*
Ciudad.

De mi consideración:

Esperando de su tradicional espíritu democrático, el respeto a las normas de libertad de prensa, le remito estas líneas de contestación al miserable gángster internacional que tiene el pomposo título de redactor de la página latinoamericana para la revista *Bohemia*.

No es mi intención defenderme de las falaces imputaciones y de la insidiosa puntualización de mi nacionalidad argentina; soy argentino y nunca renegaré de mi patria de origen (si me perdona el atrevimiento por la comparación, tampoco Máximo Gómez renunció a su patria dominicana) pero me siento cubano, independientemente de que las leyes lo certifiquen o no, porque como cubano compartí los sacrificios de este pueblo en la hora de la lucha armada y comparto hoy sus esperanzas en la hora de las realizaciones. No soy comunista tampoco (si lo fuera, lo afirmaría a los cuatro vientos, como afirmo mi condición de luchador por las causas populares y reafirmo mi esperanza de que las armas del propio pueblo de cada país oprimido limpien de dictadorzuelos el pano-

---

*   Archivo del Centro de Estudios Che Guevara.

rama americano). Sucede que los amos de Jules Dubois, la United Fruit y otras compañías, fruteras, mineras, ganaderas, telefónicas o eléctricas, explotadoras del pueblo en una palabra, han ordenado desatar la clásica cortina de las mentiras asalariadas.

Que no se engañen ni los esclavos ni los amos: la palabra de Fidel Castro fue terminante, «si nos agreden le damos armas hasta al gato». Es obvio, señor Dubois, que para darle armas al gato hay que enseñárselas a usar y no crea que encontrará usted o los otros esclavos que puedan venir a estas tierras un hato de corderos atemorizados; encontrará un pueblo vibrante y unido dispuesto a la lucha armada hasta más allá del último cartucho, como lo dijera nuestro Primer Ministro en su última comparecencia ante la prensa.

Los hombres de la Revolución, por encima de las divergencias tácticas que puedan existir en determinados momentos, están unidos y no valdrán insidias ni amenazas para separarlos en su único camino hacia la consecución de las grandes metas del pueblo de Cuba: Reforma Agraria, Reforma Arancelaria, Reforma Fiscal, cuya traducción es industrialización del país, y su consecuencia última mejoramiento del nivel de vida del pueblo, liberación nacional, dignidad internacional.

Reciba, Sr. Quevedo, las muestras de mi consideración, aunque no pueda felicitarlo por el chacal disfrazado de cordero que dejó introducir en las páginas de su revista.

Ernesto Che Guevara
Comandante-Jefe del R.M.A.

Carta a Valentina González Bravo
Departamento Militar de La Cabaña
La Habana, 25 de mayo de 1959

Srta. Valentina González Bravo
Narciso López No. 35
Morón, Camagüey.

Estimada Srta.:

Leí su carta en la cual me pide le dé facilidades para un adoctrinamiento reglamentario del «26 de Julio» oficial. Admiro su interés por superarse; la felicito por el esfuerzo que hace y por los propósitos que la animan.

No creo que se pueda escribir bajo un adoctrinamiento reglamentado y además no existe el 26 de Julio oficial; creo que escribir es una forma de encarar problemas concretos y una posición que por sensibilidad se adopta frente a la vida.

Continúe trabajando que el triunfo coronará sus esfuerzos; vencer adversidades es, en la profesión que usted eligió uno de los mejores medios para perfeccionarse.

Le saluda cordialmente.

Dr. Ernesto (Che) Guevara,
Comandante en Jefe Departamento Militar
La Cabaña.

Carta a Loreto Cabrera Cruz

Departamento Militar de La Cabaña,
La Habana, 27 de mayo de 1959

Sr. Loreto Cabrera Cruz
San Roque
C. de Ávila
Camagüey.

Estimado amigo:

Recibí su carta en la que me expone que el Comité Pro-Escuela Ernesto Guevara, aprobó cambiar el nombre por el de Zenén Marín, compañero asesinado el día 24 de septiembre de 1958; lo que encuentro muy bien.

Reciba el cordial saludo de

Dr. Ernesto (Che) Guevara,
Comandante en Jefe Departamento Militar
La Cabaña.

Carta a Pedro Revuelta

Departamento Militar de La Cabaña,
La Habana, 27 de mayo de 1959

Sr. Pedro Revuelta
Obrapía 516
Habana.

Estimado amigo:

Con mucho gusto acuso recibo de su grata de fecha 11 del actual, de la que he quedado impuesto.

Todas las cartas de Ud. son bien recibidas así como las de todos los ciudadanos que sienten por Cuba; lo invito a continuar estas pláticas amenas.

Sin más reciba el cordial saludo «de poeta a poeta» de

Dr. Ernesto Che Guevara
Comandante Jefe del Departamento Militar
La Cabaña

Carta a María Teresa Díaz Dicon

Departamento Militar de La Cabaña,
La Habana, 1ro. de junio de 1959

Sra. María Teresa Díaz Dicon
Hotel Bouchard 487
Buenos Aires, Rep. Argentina.

Señora:

Recibí con mucho gusto su carta a la que hoy contesto.

Realmente dado la forma en que tenemos que afrontar las necesidades de Cuba, no podemos negarle la participación a nadie que nos ofrezca sus servicios que pueden ser de gran utilidad al logro de la Revolución.

Así que no veo ningún inconveniente para que se traslade a esta a donde será bien recibida, pero quiero aclararle que todo puesto se gana por estricta oposición y Ud. tendrá que someterse a esta norma.

Reciba un cordial saludo de

Dr. Ernesto Che Guevara
Comandante Jefe del Departamento Militar
La Cabaña

Carta a José Ricardo Gómez

La Habana, 7 de junio de 1959

Sr. José Ricardo Gómez
Las Heras 126
Ezeiza, Argentina.

Estimado amigo:

Aunque un poco retrasado, contesto tu amable carta, comprenderás que tengo mucho trabajo y que me cuesta escribir. Para ir al objeto de tu carta contestaré a tus preguntas.

Los primeros ochenta rebeldes, conseguimos las armas en la Ciudad de México, eran fusiles ametralladoras y ametralladoras principalmente y las granadas eran de fabricación norteamericana. Después del desembarco quedamos pocos sobrevivientes y más bien no nos organizamos, se trataba de huir y salvar la vida; nos refugiábamos en bohíos (así le llaman aquí a las casas de los campesinos) y caminábamos mucho de noche. En realidad no hacíamos ataque en masa sino en pequeñas patrullas de guerrilleros, eran colocadas en estratégicas posiciones y así atacábamos.

Espero que te encuentres bastante mejorado, recibes un cordial saludo de

Dr. Ernesto Che Guevara
Comandante Jefe del Departamento Militar
La Cabaña

Carta a Aleida March

22 de junio de 1959*

Querida Aleida:[2]

Comencé a escribirte en Madrid, seguí en Roma, y tuve que empezar de nuevo. Estamos trabajando bastante y comprendemos que nuestra posición no nos permite elegir el itinerario. Por eso hemos visitado museos y otras cosas como las pirámides etc. que no son tan bonitas como esperábamos pero de todas maneras muy interesantes. Tenemos un programa de trabajo que recién finaliza el 26 de junio, aquí en la RAU [República Árabe Unida] y luego seguiremos la ruta que habíamos trazado aunque agregando un par de países.

Hemos tenido un buen éxito de entrada en nuestra misión comercial y el recibimiento ha sido muy caluroso por parte del gobierno egipcio.

Aunque no lo quieras creer, me acuerdo de ti a cada momento. Espero que le estés metiendo en serio a la máquina, la taquigrafía y el inglés para poder acompañarme en cada viaje que haga, si es que se consigue otro chance.

---

* Archivo del Centro de Estudios Che Guevara.

2 Como parte de la política exterior que comienza a perfilar el nuevo gobierno revolucionario, entre el 12 de junio y el 8 de septiembre del propio año, Ernesto Che Guevara realiza su primer viaje al exterior como representante del gobierno revolucionario, con el objetivo de visitar los países que conformaban el Pacto de Bandung, antecedente del Movimiento de los Países no Alineados. El 2 de junio previo a su salida, se había casado con la combatiente cubana Aleida March de la Torre. Durante el recorrido Che envía varias cartas dirigidas a su esposa, que se incluyen en las páginas siguientes.

Me condecoraron con la orden de la república. Un medallón muy grande que me queda de lo más bonito, no es porque lo diga yo. Ya salí al mercado de plata para comprar tu pulsera pero no encontré nada de lo que esperaba para ti, aunque te llevo algunas cosillas. El viaje hasta aquí fue muy rápido, sin poder ver nada de nada y en la RAU estamos en las mismas condiciones. Estoy durmiendo muy poco y ya se me pegan los ojos. Mañana salgo para Gaza y te cuento los últimos acontecimientos.

Gaza era muy interesante pero por la miseria y el abandono en que viven los refugiados de Palestina.

Fui a visitar los oficiales brasileros que están cuidando estos lugares. Establecí nuevas normas diplomáticas de confraternidad entre los pueblos pues me dormí en el hombro del oficial egipcio que me acompañaba.

Al día siguiente fui a Damasco, de donde pensaba llevarte una tela de esas tan afamadas pero no me gustaron; y aquí dependes del gusto mío. Después de un día completo de trajín, fuimos a Alejandría, la ciudad de Cleopatra donde siguieron los agasajos y hoy retorné a Cairo pero no te puedo seguir escribiendo porque tengo que salir. Hasta luego.

Por la noche salimos a una recepción donde demostré una vez más mis cualidades diplomáticas.

Otro día más y ahora visitamos unas fábricas de armas y explosivos donde me regalaron un rifle y una ametralladora de fabricación egipcia. Todos los días están llenos de trabajo y cada uno de ellos te extraño más; *sensa joda*.

Estamos viviendo en un palacio bárbaro que perteneció a uno de los mandamás de antes con una serie de criados que agachan la cabeza y corren a hacer lo que uno les dice igual que en las películas. Te hubiera venido muy bien para aprender modales.

Para acabar: Simón dejó dos artículos para *Verde Olivo*; dáse-
los a Raúl para que haga con ellos lo que crea necesario; yo no los
pude leer.

Me despido para poder mandarte la carta, porque si no, no lo
haré nunca. Te mando un beso del tamaño de un elefante para que
te consueles de mi ausencia, [...].

Che
Junio 22/59
por la noche

Carta a Aleida March
27 de junio de 1959*

Querida Aleida:

Te adjunto la lista de los regalitos. Me contaron en Roma que los mártires cristianos siempre llevaban regalitos para aplacar al león (no sé por qué te cuento esto, pues no tiene nada que ver). Mándame la lista de la gente a la que le diste algo para saber aquí. Seguramente te pensarás que tu vieja no está en la lista pero te equivocas; ambas están solo que no encontré aquí un bozal de la medida adecuada, en la India probablemente consiga.

Debo avisarte, en cuanto a las relaciones epistolares, que La Habana está a la misma distancia de Cairo, que Cairo de Habana. Yo salgo el 30 para India, espero noticias, manda carta al ministerio de relaciones a mi nombre.

Alfredo te podrá contar cómo se trabaja y lo bien que me porto. Nada más me falta escribir para ser marido modelo.

Un abrazo pequeñito para que no te desacostumbres, saludos a todos

Che

[...]

---

* Archivo del Centro de Estudios Che Guevara.

Carta a Aleida March
30 de junio de 1959*
Sobre un lugar de la India

Querida:

Todo el mundo recibió carta de allí menos yo. Ya es hora de que des señales de vida. Acabamos nuestra estancia en Egipto con una despedida en regla, revistando compañías de soldados que parecen máquinas.

Ahora la tatagua se está moviendo de lo lindo.

Voy a optar por hacerte cartas cortitas para poder mandarlas rápido y tengas así una imagen de lo que va pasando, aunque suscinta, puesto que sabes que no es mi fuerte la retórica.

En los últimos días visitamos varias fábricas de todo tipo y tuvimos entrevistas de carácter político y económico que no te interesan. Nos despedimos de Nasser y dimos una comida de despedida a todo el cuerpo diplomático donde sufrí una barbaridad pero salí adelante valientemente.

Dicen que en la India el protocolo es mucho más rígido que en Egipto y eso sí me da miedo, pero de todas maneras tendremos que salir adelante.

No te olvides de decirme qué quieres que te compre especialmente y la lista de la gente a la que quieras regalar algo.

Tu media naranja te añora de verdad, especialmente ahora que tengo una urticaria generalizada debido a la comida.

Un beso grande

Che

---

*   Archivo del Centro de Estudios Che Guevara.

Carta a Aleida March
[12 de julio de 1959]*

Aleiducha:

Aprovecho esta, la mejor oportunidad para mandarte dos líneas, pero lee sola la carta para que no llores con testigos. Las dos cartas son solo un rosario de quejas; las leí enteritas como tres veces.

Lo único que me gustó es que, después de hacerte de tu biblioteca particular, me dijeras: te «sugiero», etc. una palabra perfecta, vas entrando en la línea.

Te quiero un poquito, pero no mucho. Por lo menos, después de recibir dos cartas tan antipáticas, no me puse a llorar. Esto va para largo. Hoy se cumple el mes y hemos visitado solo dos países; faltan dos importantes, Japón e Indonesia, pero de todas maneras se lleva otro mes largo la gira. En Japón estaremos varios días, manda allí aunque sea una tarjeta postal.

[...]

No te cuento todo lo que hice porque vas a decir que es muy aburrido etc. y si te llega a gustar que porque no te traje y todo lo demás.

Sigue mandándome noticias pero escribe más claro porque no entiendo nada. No puedo mandar más cosas porque no hay con quién.

Dame noticias directas de cómo anda la cosa en la casa. Si la gente estudia, etc.

---

*   Archivo del Centro de Estudios Che Guevara.

La noticia de Pedro Luis había llegado antes pero nosotros no la creímos, amparados en la falsedad de varias otras que nos mandaron.

Por aquí solo circulan noticias malas de los periódicos norteamericanos; no tenemos absolutamente ninguna defensa.

Estoy muriéndome de sueño. Si dejo la carta para otro momento pasará mucho antes de mandarla de modo que aquí acabo.

Un beso del tamaño de la distancia que nos separa

Che
Julio 12/59

Carta a Aleida March
[Sin fecha]*

Querida Aleida:

Aprovecho la salida del periodista Rabilero para mandarte dos líneas. Hoy estamos bajo la impresión extraña de la renuncia de Fidel, sin saber bien lo que sucede en medio de noticias contradictorias.

De todas maneras, aceleraremos el viaje lo que servirá para llegar a Cuba con las tareas propuestas.

No puedo escribirte mucho porque el tiempo es corto.

Solamente decirte que te compré un kimono precioso que para mí tiene un encanto especial pues lo tenía una geisha que me brindó sus encantos.

A tu vieja le compré otro, pero como son de mi tamaño me imagino cómo le quedará.

A falta de noticias, que te dará Rabilero, te mando un beso y un abrazo con todo el entusiasmo de un mes de atraso.

La muñeca, dásela a Hildita y mándale los $100 del mes si cobraste.

Otro abrazo

Che

Un beso... Aleiducha

---

*   Archivo del Centro de Estudios Che Guevara.

Carta a Aleida March
[Sin fecha]*

Querida:

Te escribo desde el avión de Garuda Indonesian que nos lleva a Singapur y, como siempre, va a mano la carta para mejor llegar.

En Indonesia nos recibieron como lo que somos, grandes héroes de la liberación de América. Visitamos la isla de Bali, una preciosidad que parece a la de Gauguin, incluso con su pintor muerto y la isleña guardando su memoria. Es paradisíaca y contrasta notablemente con Dakarta, la capital, una ciudad chata y calurosa.

Recibí aquí tus cartas por intermedio de la embajada egipcia, con las de la valija diplomática; no sé si de verdad me quieres o es que no tienes tema y llenas la carta con palabras de amor. De todas maneras, debo confesarte que yo sí te quiero y no me conformo con la falta del inhóspito nido de Santiago [de las Vegas]. Yo soy materialista; las cosas espirituales las asocio a la materia y por eso te quiero toda […] Así, completica te quiero y no hago porcientos ni puedo dividir mis sentimientos.

Este viaje se está haciendo cansón, monótono, desconcertante. Cuando uno comienza a aclimatarse, se va. Sin dormir, como en Cuba, pero con un aire de transitoriedad en todo que quita hasta el ánimo de trabajar.

[…] un abrazo del tamaño de un elefante, con el vigor de un león enfurecido y con casi dos meses de hambre

Che

---

* Archivo del Centro de Estudios Che Guevara.

Carta a Aleida March
6 de agosto de 1959*

Mi querida:

Aprovecho dos minutos y la falta de tarjetas para mandarte estas líneas desde Kandy, segunda ciudad de Ceilán.

Fuimos recibidos aquí a cuerpo de rey y estamos alojados en la casa del primer ministro.

Quizá no haya aquí mucho que aprender pero sí una firme decisión de hacer las cosas y una amistad de pasos positivos hacia la revolución.

Ayer me dio por pensar en ti y tardé en dormirme. Todavía falta más de un mes de viaje y la separación se hace pesada. No he recibido carta tuya y desespero de hacerlo. Lo mejor es que me escribas a Cairo, de allí el viejo García me las manda.

Haz que estudien todos los muchachos y dile a Hernando que se ocupe del sueldo del maestro que debe estar en el aire. No me dices si Villegas está en el colegio y si él y Alberto emulan.

Un besito

Che

---

*   Archivo del Centro de Estudios Che Guevara.

Carta a Compañía de Aeropuertos Internacionales, S.A.

La Habana, 30 de noviembre de 1959

«Año de la Liberación»

Compañía de Aeropuertos Internacionales, S.A.
Prado No. 262
Ciudad.

At.: Sr. Raúl García González
Tesorero

Estimados señores:

Me extraña mucho su nota del 26 del corriente pues no tengo noticias de ninguna deuda contraída por mí. Les ruego me envíen el detalle y, si es posible especificando la oficina del Estado a nombre de la cual se hiciera el gasto cuyo pago ustedes reclaman.

Atentamente,

Comandante Ernesto Guevara

Carta a Miguel Grau Triana

La Habana, 18 de marzo de 1960
«Año de la Reforma Agraria»

Dr. Miguel Grau Triana
Aguiar No. 108, bajos
Habana.

Señor:

Tengo el gusto de acusar recibo a su carta del 16 actual, acompañándome informe de su investigación microscópica de las placas radiológicas.

Siento no poder ofrecerle mis comentarios a su trabajo, ya que esto requiere un estudio concienzudo que me llevaría tiempo, el que me falta para mis ocupaciones actuales, que me han alejado del campo de la medicina.

Le sugiero recabe esta cooperación de nuestro Ministro de Salubridad por ser un asunto de la competencia de su ministerio.

Le devuelvo su informe al objeto de que, de acuerdo con su interés, se mantenga en la mayor reserva.

De usted atentamente,

Comandante Ernesto Che Guevara

Carta a Ernesto Sábato
La Habana, 12 de abril de 1960
«Año de la Reforma Agraria»

Sr. Ernesto Sábato
Santos Lugares
Argentina.

Estimado compatriota:

Hace ya quizás unos quince años, cuando conocí a un hijo suyo, que ya debe estar cerca de los veinte, y a su mujer, por aquel lugar creo que llamado «Cabalando», en Carlos Paz, y después, cuando leí su libro *Uno y el universo*, que me fascinó, no pensaba que fuera Ud. —poseedor de lo que para mí era lo más sagrado del mundo, el título de escritor— quien me pidiera con el andar del tiempo una definición, una tarea de reencuentro, como Ud. llama, en base a una autoridad abonada por algunos hechos y muchos fenómenos subjetivos.

Fijaba estos relatos preliminares solamente para recordarle que pertenezco, a pesar de todo, a la tierra donde nací y que aún soy capaz de sentir profundamente todas sus alegrías, todas sus esperanzas y también sus decepciones.

Sería difícil explicarle por qué «esto» no es Revolución Libertadora; quizás tendría que decirle que le vi las comillas a las palabras que Ud. denuncia en los mismos días de iniciarse, y yo identifiqué aquella palabra con lo mismo que había acontecido en una Guatemala que acababa de abandonar, vencido y casi decepcionado. Y, como yo, éramos todos los que tuvimos participación primera en esta aventura extraña y los que fuimos profundizando nuestro sentido revolucionario en contacto con las masas campesinas, en una honda interrelación, durante dos años de luchas crueles y de trabajos realmente grandes.

No podíamos ser «libertadora» porque no éramos parte de un ejército plutocrático sino éramos un nuevo ejército popular, levantado en armas para destruir al viejo; y no podíamos ser «libertadora» porque nuestra bandera de combate no era una vaca sino, en todo caso, un alambre de cerca latifundiaria destrozado por un tractor, como es hoy la insignia de nuestro INRA [Instituto Nacional de Reforma Agraria].[3] No podíamos ser «libertadora» porque nuestras sirvienticas lloraron de alegría el día que Batista se fue y entramos en La Habana y hoy continúan dando datos de todas las manifestaciones y todas las ingenuas conspiraciones de la gente «Country Club» que es la misma gente «Country Club» que Ud. conociera allá y que fueran a veces sus compañeros de odio contra el peronismo.

Aquí la forma de sumisión de la intelectualidad tomó un aspecto mucho menos sutil que en la Argentina. Aquí la intelectualidad era esclava a secas, no disfrazada de indiferente, como allá, y mucho menos disfrazada de inteligente; era una esclavitud sencilla puesta al servicio de una causa de oprobio, sin complicaciones; vociferaban, simplemente. Pero todo esto es nada más que literatura. Remitirlo a Ud., como lo hiciera Ud. conmigo, a un libro sobre la ideología cubana, es remitirlo a un plazo de un año ade-

---

3   INRA: Instituto Nacional de Reforma Agraria. Surge en el año 1959, a raíz de las medidas revolucionarias tomadas por el nuevo gobierno. Su función fundamental fue ejecutar las políticas económicas y sociales relacionadas con la reforma agraria, así como otras actividades que resultaron de esas medidas, para lo cual, por ejemplo, se creó el Departamento de Industrialización, dirigido por Ernesto Che Guevara hasta la creación del ministerio de Industrias, 23 de febrero de 1961. El INRA fue reemplazado en 1976 por el ministerio de la Agricultura.

lante; hoy puedo mostrar apenas, como un intento de teorización de esta Revolución, primer intento serio, quizás, pero sumamente práctico, como son todas nuestras cosas de empíricos inveterados, este libro sobre la Guerra de Guerrillas. Es casi como un exponente pueril de que sé colocar una palabra detrás de otra; no tiene la pretensión de explicar las grandes cosas que a Ud. inquietan y quizás tampoco pudiera explicarlas ese segundo libro que pienso publicar, si las circunstancias nacionales e internacionales no me obligan nuevamente a empuñar un fusil (tarea que desdeño como gobernante pero que me entusiasma como hombre gozoso de la aventura). Anticipándole aquello que puede venir o no (el libro), puedo decirle, tratando de sintetizar, que esta Revolución es la más genuina creación de la improvisación.

En la Sierra Maestra, un dirigente comunista que nos visitara, admirado de tanta improvisación y de cómo se ajustaban todos los resortes que funcionaban por su cuenta a una organización central, decía que era el caos más perfectamente organizado del universo. Y esta Revolución es así porque caminó mucho más rápido que su ideología anterior. Al fin y al cabo Fidel Castro era un aspirante a diputado por un partido burgués, tan burgués y tan respetable como podía ser el partido radical en la Argentina; que seguía las huellas de un líder desaparecido, Eduardo Chibás, de unas características que pudiéramos hallar parecidas a las del mismo Irigoyen; y nosotros, que lo seguíamos, éramos un grupo de hombres con poca preparación política, solamente una carga de buena voluntad y una ingénita honradez. Así vinimos gritando: «en el año 56 seremos héroes o mártires». Un poco antes habíamos gritado o, mejor dicho, había gritado Fidel: «vergüenza contra dinero». Sintetizábamos en frases simples nuestra actitud simple también.

La guerra nos revolucionó. No hay experiencia más profunda para un revolucionario que el acto de la guerra; no el hecho aislado de matar, ni el de portar un fusil ni establecer una lucha de tal o cual tipo, es el total del hecho guerrero, el saber que un hombre armado vale como unidad combatiente, y vale igual que cualquier hombre armado y puede ya no temerle a otros hombres armados. Ir explicando nosotros, los dirigentes, a los campesinos indefensos, cómo podían tomar un fusil y demostrarle a esos soldados que un campesino armado valía tanto como el mejor de ellos; e ir también aprendiendo cómo la fuerza de uno no vale nada si no está rodeada de la fuerza de todos; e ir aprendiendo, asimismo, cómo las consignas revolucionarias tienen que responder a palpitantes anhelos del pueblo; e ir aprendiendo a conocer del pueblo sus anhelos más hondos y convertirlos en banderas de agitación política. Eso lo fuimos haciendo todos nosotros y comprendimos que el ansia del campesino por la tierra era el más fuerte estímulo de lucha que se podía encontrar en Cuba. Fidel entendió muchas cosas más; se desarrolló como el extraordinario conductor de hombres que es hoy y como el gigantesco poder aglutinante de nuestro pueblo. Porque Fidel, por sobre todas las cosas, es el aglutinante por excelencia, el conductor indiscutido que suprime todas las divergencias y destruye con su desaprobación. Utilizado muchas veces, desafiado otras, por dinero o por ambición, es temido siempre por sus adversarios. Así nació esta Revolución, así se fueron creando sus consignas y así se fue, poco a poco, teorizando sobre hechos para crear una ideología que venía a la zaga de los acontecimientos. Cuando nosotros lanzamos nuestra Ley de Reforma Agraria en la Sierra Maestra, ya hacía tiempo se habían hecho repartos de tierra en el mismo lugar. Después de comprender en la práctica una serie de factores expusimos nuestra primera tímida ley, que no se aventuraba con lo más fundamental como era la supresión de los latifundistas.

Nosotros no fuimos demasiado malos para la prensa continental por dos causas: la primera, porque Fidel Castro es un extraordinario político que nunca mostró sus intenciones más allá de ciertos límites y supo conquistarse la admiración de reporteros de grandes empresas que simpatizaban con él y utilizan el camino fácil en la crónica de tipo sensacional; la otra, simplemente porque los norteamericanos, que son los grandes constructores de tests y de raseros para medirlo todo, aplicaron uno de sus raseros, sacaron su puntuación y lo encasillaron. Según sus hojas de testificación, donde decía: «nacionalizaremos los servicios públicos», debía leerse: «evitaremos que eso suceda si recibimos un razonable apoyo»; donde decía: «liquidaremos el latifundio», debía leerse: «utilizaremos el latifundio como una buena base para sacar dinero para nuestra campaña política o para nuestro bolsillo personal», y así sucesivamente. Nunca les pasó por la cabeza que lo que Fidel Castro y nuestro Movimiento dijeran tan ingenua y drásticamente fuera la verdad de lo que pensábamos hacer; fuimos para ellos la gran estafa de este medio siglo, dijimos la verdad aparentando tergiversarla. Eisenhower dice que traicionamos nuestros principios, es parte de su verdad; traicionamos la imagen que ellos se hicieron de nosotros, como en el cuento del pastorcito mentiroso, pero al revés, tampoco se nos creyó. Así estamos ahora hablando un lenguaje que es también nuevo, porque seguimos caminando mucho más rápido que lo que podemos pensar y estructurar nuestro pensamiento, estamos en un movimiento continuo y la teoría va caminando muy lentamente, tan lentamente, que después de escribir en los poquísimos ratos que tengo este manual que aquí le envío, encontré que para Cuba no sirve casi; para nuestro país, en cambio, puede servir; solamente que hay que usarlo con inteligencia, sin apresuramiento ni embelecos. Por eso tengo miedo de tratar de describir la ideología del Movimiento; cuando fuera a publicarla todo el mundo pensaría que es una obra escrita muchos años antes.

Mientras se van agudizando las situaciones externas y la tensión internacional aumenta, nuestra Revolución, por necesidad de subsistencia, debe agudizarse y, cada vez que se agudiza la Revolución, aumenta la tensión y debe agudizarse una vez más hasta romperse; veremos entonces cómo salimos del atolladero. Lo que sí puedo asegurarle es que este pueblo es fuerte, porque ha luchado y ha vencido y sabe el valor de la victoria; conoce el sabor de las balas y de las bombas y también el sabor de la opresión. Sabrá luchar con una entereza ejemplar. Al mismo tiempo le aseguro que en aquel momento, a pesar de que ahora hago algún tímido intento en tal sentido, habremos teorizado muy poco y los acontecimientos deberemos resolverlos con la agilidad que la vida guerrillera nos ha dado. Sé que ese día su arma de intelectual honrado disparará hacia donde está el enemigo, nuestro enemigo, y que podemos tenerlo allá, presente y luchando junto con nosotros. Esta carta ha sido un poco larga y no está exenta de esa pequeña cantidad de pose que a la gente tan sencilla como nosotros le impone, sin embargo, el tratar de demostrar ante un pensador que somos también eso que no somos: pensadores. De todas maneras, estoy a su disposición.

Cordialmente,

Ernesto Che Guevara

Carta a José Tiquet

La Habana, 17 de mayo de 1960
«Año de la Reforma Agraria»

Sr. José Tiquet
Publicaciones Continente S.A.
Paseo de la Reforma No. 95
México, D.F.

Estimado amigo:

Te ruego me perdones por la demora en contestarte. Esta no fue por negligencia de mi parte, sino por falta de tiempo.

Mucho me agradaría poder costearte tu viaje a Cuba, pero no cuento con recursos para ello. Mis ingresos se limitan a mi sueldo como Comandante del Ejército Rebelde, el que de acuerdo con la política de austeridad de nuestro Gobierno Revolucionario, es solamente el necesario para proporcionarnos un nivel de vida decoroso.

No ha sido ninguna molestia tu carta sino al contrario me ha sido muy agradable.

Tuyo afectísimo,

Comandante Ernesto Che Guevara

Carta a José R. Silva

La Habana, julio 5 de 1960
«Año de la Reforma Agraria»

Comandante del Ejército Rebelde José R. Silva
708 Manord.
Alexandría, Va.

Querido compañero:

Me refiero a tu carta de 23 de junio que mucho te agradezco.

Estoy de acuerdo con lo que te dijo el Dr. Anderson pues hoy los aparatos ortopédicos son maravillosos.

Ahora, no pienses nada más que en restablecerte para que, como tú dices, pronto podamos tenerte aquí y trabajando duro.

Recuerdos de Aleida y te abraza tu compañero,

Comandante Ernesto Che Guevara

A Sr. Lorenzo Alujas

La Habana, 9 de agosto de 1960
«Año de la Reforma Agraria»

Sr. Lorenzo Alujas Piñeiro
Avenida 62 No. 3914
Cienfuegos
Las Villas.

Señor:

He recibido su carta del 24 del pasado mes informándome sobre las críticas a que ha dado lugar el hecho que yo haya firmado los billetes de banco con mi nombre de guerra, de lo que ya tenía conocimiento.

Aunque de ninguna manera me preocupa el uso que esté haciendo la contrarrevolución de este hecho, al comprender el ánimo que lo ha llevado a usted a escribirme, tengo el gusto en explicarle que si bien mi manera de firmar no es la acostumbrada por los presidentes de banco, usualmente hombres de ideologías muy diferentes a las mías y que han llegado a esos cargos por procesos también muy disímiles al que me trajo a mí a este Banco Nacional, esto no significa en modo alguno que yo le esté restando importancia al documento sino que el proceso revolucionario aún no ha terminado y que, además, se deben cambiar las escalas de valores.

De Ud. atentamente,

Comandante Ernesto Che Guevara

Carta a Administración General del Banco de China

La Habana, 15 de octubre de 1960
«Año de la Reforma Agraria»

A los señores de la Administración
General del Banco de China
Pekín
República Popular China.

Estimados Señores:

Desde hacía algunos años operaba en La Habana una Sucursal del Banco de China, autorizada por el Banco Nacional de Cuba con fecha 9 de junio de 1952, la cual era administrada por la pandilla del Kuomingtan.

Con motivo de la Asamblea General Nacional del Pueblo de Cuba, llevada a cabo el 2 de septiembre de 1960, que aprobó la histórica *Declaración de La Habana* y en cuya oportunidad se normalizaron las relaciones diplomáticas entre los gobiernos legítimos de Cuba y China, los directivos del Banco de China abandonaron el Banco y se marcharon del país.

Como consecuencia de lo anterior, se decretó la Intervención Legal de esa institución, que por cierto presentaba una situación financiera bastante irregular.

El Gobierno Revolucionario de Cuba tiene el propósito de perfeccionar la unificación del sistema bancario del país y avanzar hacia la creación de un Banco del Estado, por tal motivo, reconociendo que los bienes del Banco de China pertenecen al pueblo chino y es su único gobierno legítimo, deseamos expresarles a Uds.

el deseo de adquirir la oficina del Banco de China, en vista de que es propósito nuestro nacionalizar toda la banca extranjera.

Acompañamos a Uds. copia del balance del Banco de China en La Habana al 21 de octubre último y les reiteramos nuestro deseo de asumir a partir de esa fecha todos los bienes, activos, derechos pasivos y obligaciones de dicha sucursal.

Saludamos muy fraternalmente a Uds.

Comandante Ernesto Che Guevara
Presidente

Carta a Gustavo Jiménez

La Habana, 30 de diciembre de 1960
«Año de la Reforma Agraria»

Sr. Gustavo Jiménez
Nayarit 73
México 7, D.F.

Mi estimado Gustavo:

A mi regreso de un viaje al extranjero en misión oficial del Gobierno, hube de encontrarme con tu afectuosa carta recordándome tiempos viejos, la que me fue muy agradable.

Mi vida se desenvuelve bien diferente a aquellos tiempos. Todo se puede describir en una sola palabra: trabajo, trabajo y más trabajo. La Revolución necesita de todos nuestros minutos. Si tuvieras oportunidad de visitarnos podrías darte cuenta de nuestra labor.

Me casé ya hace más de un año con una cubana y el mes pasado tuvimos una niña.

Hazle llegar mis saludos a tus padres.

Tuyo afectísimo,

Comandante Ernesto Che Guevara

Carta a Fernando Barral

La Habana, 15 de febrero de 1961
«Año de la Educación»

Dr. Fernando Barral,
Papp J. 18
Budapest IV
Újpest, Hungría.

Querido Fernando:

Es verdaderamente una lástima no habernos podido ver aunque fuera unos minutos. Te escribo con la precipitación y la concisión que demandan de mí muchas ocupaciones diversas; espero lo comprendas. Concretamente, aunque no lo dices específicamente en tu última carta y sí en la anterior, creo que tienen deseos de venir a trabajar a estas tierras. Desde ya te puedo decir que aquí tienes trabajo para ti y tu mujer. Que el sueldo será decoroso sin permitir mayores lujos y que la experiencia de la Revolución Cubana es algo que me parece muy interesante para personas, que como tú, tienen algún día que empezar de nuevo en la patria de origen. Por supuesto, podrías traer a tu madre y aquí se te conseguirían las comodidades de tipo personal necesarias para tu trabajo. La Universidad se está reestructurando y hay campo para trabajar aquí si les interesa.

Naturalmente, aquí encontrarás más cosas irracionales que en ese país, pues una revolución lo conmueve todo, lo trastoca todo y poco a poco hay que poner a cada uno en el puesto que mejor pueda desempeñar. Lo único importante es que no se obstaculiza el trabajo de nadie.

Para resumir, aquí está tu casa, si quieres venir lo avisas en la forma que mejor creas y me explicas los trámites que habría que hacer, si fuera necesario alguno, para traer a tu mujer.

Como hemos seguido rumbos tan distintos desde hace muchos años, te comunico a manera de información personal que estoy casado, tengo dos hijas y que tuve algunas noticias de los viejos amigos por mamá, que estuvo a visitarnos hace algunos meses.

Recibe el fraterno abrazo de tu amigo,

Comandante Ernesto Che Guevara

Carta a Robert Starkie

La Habana, 12 de junio de 1961
«Año de la Educación»

Sr. Robert Starkie
Rocamora Bros. Ltd.
35 Wingold
Toronto 19, Ontario.

Señor:

Contesto su carta de mayo 19 del corriente año, recibida hace unos días.

Consideramos que hay dos aspectos de su ofrecimiento de diferente interés para nosotros.

Ofrecen Uds. instalar fábricas para insecticidas en general, para uso veterinario, para usos en agricultura, especiales para frutos, fungicidas, fumigadoras para tierras, para productos almacenados. Se puede decir que nos interesa la instalación en Cuba de todas estas fábricas, pero en nuestro país se ha condenado la explotación del hombre por el hombre y se han eliminado las posibilidades de establecer nuevas fábricas privadas, de tal forma que no podemos aceptar el establecimiento de fábricas dependientes de una compañía extranjera.

Si a Uds. les interesara la venta de las maquinarias con un contrato de suministro a largo plazo de las materias primas que nosotros no podamos conseguir aquí, con una fórmula de pago aceptable para el país, que carece en estos momentos de divisas convertibles, estaríamos muy interesados en discusiones al respecto.

Lo saluda atentamente,

Comandante Ernesto Che Guevara

Carta a Rolando Díaz Aztaraín

La Habana, 27 de junio de 1962
«Año de la Planificación»

Comandante Rolando Díaz Aztaraín
Capitán de Corbeta,
Estado Mayor Marina de Guerra Revolucionaria

Asunto: Traslado de la compañera Carmen Durán Suárez, al Ministerio de Hacienda.

Compañero:

No obstante encontrarte actualmente en otras funciones quiero señalarte el mal procedimiento dado al traslado de la compañera del título, la cual percibía en este ministerio un sueldo de $99.54 mensuales, según te comunicamos en nuestra carta de fecha Junio 1ro. 62.

Sin embargo con fecha 4 de junio se le aumentó a dicha compañera el sueldo a $143.00 mensuales, violando la Resolución de Juceplan [Junta Central de Planificación] al respecto y ocasionándonos los trastornos y problemas que generalmente se originan como resultado de estos sistemas anárquicos de aumentos de sueldos.

Sin otro particular quedo con saludos revolucionarios,
Patria o Muerte
Venceremos

Comandante Ernesto Che Guevara

Carta a Laura Bergquist

La Habana, 15 de octubre de 1962
«Año de la Planificación»

Laura Bergquist
Senior Editor
Cowles Magazines and Broadcasting Inc.
488 Madison Avenue
New York 22, N.Y.

Estimada Laura:

Recibí con gusto su nota. Veo aunque sea profesionalmente, todavía hay en Estados Unidos gente que se preocupa por inquirir la verdad.

Puedo garantizarle una entrevista si me lo comunica con suficiente tiempo, las posibilidades de la investigación que Ud. quiere hacer serían coordinadas aquí y no prometo nada.

Agradeciéndole los saludos de I.F. Stone y reciba los míos.

Patria o Muerte

Venceremos

Comandante Ernesto Che Guevara

Carta a Anna Louise Strong

La Habana, 19 de noviembre de 1962
«Año de la Planificación»

Anna Louise Strong[4]
Tai Chi Chang
Pekín, China.

Estimada compañera:

Recibí tu carta de Septiembre 10.

Comprendo los problemas que usted tiene. La invitamos a Cuba fundamentalmente por la alegría de que estuviera entre nosotros y pudiera conocer nuestra Revolución; no está obligada de ninguna manera a escribir, aunque creo que es muy modesta en cuanto a su calificativo. En la cuestión de su viaje está abierta mi invitación permanente, por el tiempo que desee y para hacer lo que guste (desde un libro de mil páginas hasta nada, lo que también tiene sus encantos).

Le adjunto algunas copias de su libro sobre las Comunas que tuvo mucho éxito en Cuba. Lamento decirle que su libro sobre Laos fue triturado por los peligrosos engranajes de nuestra maquinaria burocrática.

La situación aquí en Cuba es de alarma de combate; el pueblo espera la agresión en pie de guerra. Nadie piensa en dar un paso

---

[4]   Anna Louise Strong, autora del libro *The Chinese Conquer China*. En el despacho personal del Che, en el Centro de Estudios Che Guevara, se conserva un ejemplar de la edición de 1949, dedicada al Che por la autora, en noviembre de 1960, que dice: «*For Che Guevara: With admiration and best wishes*».

atrás. Todos están listos para cumplir con su deber. Si llegamos a sucumbir (lo que será después de vender muy cara nuestras vidas) se podrá leer en cada rincón de nuestra Isla algún mensaje parecido al de las Termópilas.

De todas maneras, no estamos estudiando la Pose para el gesto final; queremos la vida y la defenderemos.

Reciba un saludo revolucionario de su amigo,

Patria o Muerte

Venceremos

Comandante Ernesto Che Guevara

Carta a Antonio Venturelli

La Habana, 19 de noviembre de 1962
«Año de la Planificación»

Antonio Venturelli E.
13, Ave. Sainte Cecile
Meyrin, Geneve, Suiza.

Estimado compañero:

Recibí su envío y me parece que es importante para nosotros.

Estamos empeñados en una discusión sobre la necesidad de adecuar los precios del sector socialista a los precios ponderados del mercado mundial, cuando se trata de un país como Cuba, donde las importaciones son determinantes para su producción industrial e incluso agrícolas.

De todas maneras, lo considero además con un gesto fraternal y como tal lo agradezco.

Reciba un afectuoso saludo de

Patria o Muerte

Venceremos

Comandante Ernesto Che Guevara

Carta a Carlos Franqui

Compañero Carlos Franqui*
Director periódico *Revolución*
Ciudad.

Compañero Franqui:

No me gustó el rotograbado del otro día; permíteme que te lo diga con toda la franqueza y te diga el por qué, aspirando a que estas líneas se publiquen como una «descarga mía».

Dejando de lado pequeñeces que no hablan bien de la seriedad del periódico, como esas fotos con grupos de soldados apuntando a un supuesto enemigo y el ojo virado a la cámara, hay errores fundamentales:

1) Ese extracto de diario no es enteramente auténtico. La cosa fue así: me preguntaron (aún durante la guerra) si había llevado un diario de la invasión. Yo lo hice pero en forma de notas muy escuetas, para mi uso personal, y no tenía tiempo en aquellos momentos de desarrollarlo. De eso se encargó (no recuerdo ahora en qué circunstancias) un señor de Santa Clara que resultó ser bastante «picúo» y quiso agregar hazañas mediante adjetivos.

   El poco valor que pudieran tener esas cuatro notas, acaba cuando pierden autenticidad.

2) Es falso que la guerra constituyera para mí una cosa de segundo orden por atender al campesinado. En aquel

---

*   Publicada en el periódico *Revolución* el 29 de diciembre de 1962.

momento ganar la guerra era lo importante y creo haberme dedicado a esa tarea con todo el empeño de que era capaz. Después de entrar al Escambray, di dos días de descanso a una tropa que llevaba cuarenta y cinco días de marcha en condiciones extremadamente difíciles y reinicié operaciones tomando Güinía de Miranda. Si se pecó de algo, fue al contrario; poca atención a la difícil tarea de bregar con tanto «come vaca» como estaba alzado en esas dichosas lomas y muchos buches de bilis me costaron Gutiérrez Menoyo y su cuadrilla que tuve que tragar para poder dedicarme a la tarea central: La Guerra.

3) Es falso que Ramiro Valdés fuera «cercano colaborador del Che en asuntos organizativos» y no sé cómo pudo pasarte eso, como director, conociéndolo tan bien.

Ramirito estuvo en el Moncada, preso en Isla de Pinos, vino en el *Granma* como teniente, ascendió a capitán cuando yo fuera nombrado comandante, dirigió una columna como comandante, fue segundo jefe en la invasión y luego dirigió las operaciones del sector Este, mientras yo marchaba hacia Santa Clara.

Considero que la verdad histórica debe respetarse; fabricarla a capricho no conduce a ningún resultado bueno. Por eso —y ser actor de esa parte del drama— me animo a hacerte estas líneas críticas que quieren ser constructivas. Me parece que si hubieras revisado el texto podrían haberse obviado los errores.

Felices pascuas y un próximo año sin muchos titulares de impacto (por lo que ellos traen) te desea

Che

Carta a Nicolás Guillén

La Habana, 28 de febrero de 1963
«Año de la Organización»

Co. Nicolás Guillén, Presidente
Unión de Escritores y Artistas de Cuba
Calle 17 No. 351
Vedado, Habana.

Compañero:
    En contestación a su carta de fecha 14, relacionada con el libro crónicas de la guerra, le informo lo siguiente:

1. Me parece que el título puede seguir siendo el mismo.

2. Puede hacer lo que le parezca más correcto.

Reciba nuestro saludo revolucionario de
Patria o Muerte
Venceremos

Comandante Ernesto Che Guevara

Carta a Editorial Grijalbo, S.A.

La Habana, 1ro. de abril de 1963
«Año de la Organización»

Editorial Grijalbo, S.A.
Apartado No. 28568
México 17, D.F.

De nuestra consideración:

Le agradezco el envío del volumen y de la obra *Historia de la Filosofía* traducida al ruso (aunque no la recibí, no sé a cuál de las dos burocracias estatales echarle la culpa).

Acepto la fina crítica que entraña su extrañeza. Créame que tenemos la mejor disposición para corregir el estado actual de las cosas, aunque no puedo prometer nada en firme, pues el cerco imperialista se hace sentir en nuestras divisas libremente convertibles.

Reciban un saludo revolucionario de
Patria o Muerte
Venceremos

Comandante Ernesto Che Guevara

Carta a Guillermo Lorentzen

La Habana, 4 de mayo de 1963
«Año de la Organización»

Co. Guillermo Lorentzen
La Habana.

Compañero:

Recibí sus envíos. Se lo agradezco.

Nací en Argentina, peleé en Cuba y empecé a hacerme revolucionario en Guatemala.

Esta síntesis autobiográfica quizás sirva de atenuante para meterme en sus asuntos.

En Guatemala pelean las guerrillas. El pueblo ha tomado las armas de alguna manera. Solo hay una posibilidad de frenar el desarrollo de una lucha que presenta todas las características de ir profundizándose hasta desembocar en una revolución tipo Cuba o Argelia.

El imperialismo la tiene, aunque no sé si se animará a usarla: «elecciones libres», con Arévalo.

Ese es nuestro concepto. ¿Ud. duda que sea certero?

Revolucionariamente,
Patria o Muerte
Venceremos

Comandante Ernesto Che Guevara

Carta a Peter Marucci

La Habana, 4 de mayo de 1963
«Año de la Organización»

Sr. Peter Marucci
Editor del *Telegraph*, y
The Daily Mercury
Canadá.

Compañero:

Antes que nada permítame hacerle la confesión que en nuestro país la burocracia es sólida y bien asentada, en su inmenso seno absorbe papeles, los incuba y a su tiempo los hace llegar al destinatario.

Esa es la razón por la que en la fecha contesto su amable carta.

Cuba es un país socialista, tropical, bravío, ingenuo y alegre. Es socialista sin perder ni una sola de sus características propias, pero agregando madurez a su pueblo. Vale la pena conocerlo. Lo esperamos cuando usted quiera.

Atentamente,
Patria o Muerte
Venceremos

Comandante Ernesto Che Guevara

Carta a Aleida Coto Martínez

23 de mayo de 1963
«Año de la Organización»

Dra. Aleida Coto Martínez
Subdirectora de Educación Primaria
Regional Puerto Regla Guanabacoa del
Ministerio de Educación
Ciudad.

Estimada compañera:

Le agradezco su envío.

A veces los revolucionarios estamos solos, incluso nuestros hijos nos miran como a un extraño. Nos ven menos que al soldado de la posta, al que llaman tío.

Las composiciones que me envió me hicieron retornar por un instante a una composición que hiciéramos por la visita de un Presidente a nuestro pueblo cuando estaba en 2do. o 3er. grado y la diferencia entre lo que expresaban aquellos niños y estos de la Revolución de hoy, nos hacen sentir seguros en el porvenir.

Revolucionariamente,

Patria o Muerte

Venceremos

Comandante Ernesto Che Guevara

Carta a compañeros de la Planta Ensambladora de Motocicletas

La Habana, 31 de mayo de 1963
«Año de la Organización»

Compañeros de la Planta Ensambladora de Motocicletas
Unidad 0-1 E[mpresa] C[onsolidada] Automotriz
Lorraine No. 102
Santiago de Cuba.

Compañeros:

Hay un error en sus planteamientos. Los obreros responsables de la producción de cualquier artículo no tienen derecho sobre ellos. Ni los panaderos tienen derecho a más pan, ni los obreros del cemento a más sacos de cemento; ustedes tampoco a motocicletas.

El día de mi visita, observé que se usaba uno de los triciclos como especie de guagüita, cosa que critiqué en esos mismos instantes, un miembro de la Juventud Comunista salía a hacer tareas de la Organización en una moto, cosa que critiqué doblemente dado el uso indebido del vehículo y la incorrecta actitud de usar el tiempo retribuido por la sociedad y para tareas que se supone sea una entrega adicional de tiempo a la sociedad, de carácter absolutamente voluntario. En el transcurso de la conversación manifesté que iba a ocuparme de ver las condiciones de pago; y si fuera posible entregar máquinas a algunos obreros y técnicos.

Al pasar al ministerio de Transporte toda la tarea de distribución y comercialización de las máquinas, no se ven las posibilidades de que esto suceda.

Con saludos revolucionarios de,

Patria o muerte

Venceremos

Comandante Ernesto Che Guevara

Carta a Lisandro Otero

La Habana, 23 de junio de 1963
«Año de la Organización»

Co. Lisandro Otero,
Secretario de Actividades Culturales de la UNEAC
Ciudad.

Compañero:

Nadie puede saber de sí mismo hasta qué punto son merecidos los elogios. En todo caso me cae mal y me parecen innecesarios.

Me referiré a ciertas inexactitudes de fondo y de forma:

De fondo: Los antepasados que «dieron muestras de un odio a los opresores del pueblo» eran miembros de la gran oligarquía vacuna argentina y la lucha contra Rosas nunca tuvo un carácter popular. Desde el punto de vista marxista no se puede catalogar a los opositores de Juan Manuel Rosas progresistas.

Incidentalmente, no tuve ninguna preocupación social en mi adolescencia y no tuve ninguna participación política en las luchas políticas o estudiantiles en la Argentina.

De forma: Este no es un libro, es una recopilación de apuntes.

Con saludos revolucionarios de,

Patria o Muerte

Venceremos

Comandante Ernesto Che Guevara

Carta a Daniel Gispert

La Habana, 2 de septiembre de 1963
«Año de la Organización»

Dr. Daniel Gispert, General
del Ejército Libertador
Carretera del Cuervo, Luyanó
Habana.

Señor:

Acuso recibo de su carta de fecha 26 del actual, dirigida al Primer Ministro, compañero Fidel Castro Ruz.

En relación con su interés de no efectuar por el momento la venta de la entidad Industrias Gispert S.A., de la que son dueños Ud. y su hijo, es mi deber informarle que de acuerdo con la política del Gobierno Revolucionario, ha llegado el momento de integrar a la economía nacional todas las ramas de producción, por muy modestas que sean las fábricas, de acuerdo con un proceso ordenado y paulatino.

Por todo lo anterior es necesario continuar los trámites de compra, por el Estado cubano de Industrias Gispert S.A., en la seguridad de que el Gobierno Revolucionario le brindará todas las garantías y facilidades que su caso requiere.

Atentamente,

Comandante Ernesto Che Guevara
c.c. Primer Ministro

Carta a José Matar

La Habana, 19 de septiembre de 1963
«Año de la Organización»

Sr. José Matar
Coordinador Nacional
Dirección Nacional de los CDR
Misiones 25
La Habana.

Estimado compañero:

Aunque tarde para poner en su número especial, contesto el pedido que me hace para que dé mi opinión sobre ese Organismo.

Por lo que yo conozco hasta ahora, el rasgo fundamental es la desorganización en su Buró Ejecutivo, probado por el hecho de que recibo una carta fechada el 22 de julio para dar mis opiniones antes del 31 del propio mes, con fecha de salida de ese Organismo 12 de julio y recibida en estas oficinas el día 17 de septiembre.

Tal vez la desorganización esté en este ministerio. En ese caso, le corresponde informar al CDR del piso.

Con saludos revolucionarios de,

Patria o Muerte

Venceremos

Comandante Ernesto Che Guevara

Carta a Manuel Navarro Luna

La Habana, 18 de octubre de 1963
«Año de la Organización»

Comp. Manuel Navarro Luna
Hotel Colina
Calle L y 27,
Vedado
Ciudad.

Compañero:

Con mucha pena debo contestarle ahora su carta y su pedido.

Sucede que al recibir su libro lo hojeé simplemente esperando otra oportunidad para leerlo con detenimiento. Fue entonces que encontré la nota en sus hojas.

Le adjunto el informe del caso de este compañero. Es simplemente una discrepancia sobre evaluación de condiciones; tengo confianza en nuestros técnicos y en su espíritu de justicia. Creo que en ese campo no se podrá llegar más lejos.

Lamento que su único pedido no pueda ser satisfecho a plenitud.

Lo felicito por el libro aunque en realidad el nacimiento individual de los poemas es muy anterior y a muchos de las últimas épocas, los conocía a través de las publicaciones y periódicos en revistas.

Reciba un afectuoso saludo de quien lo estima.

Comandante Ernesto Che Guevara

Carta a Arturo Don Varona

La Habana, 28 de octubre de 1963
«Año de la Organización»

Dr. Arturo Don Varona,
3ra. y 6 Rpto. Vista Hermosa
Camagüey.

Doctor:

Acuso recibo de su informe, pero me parece que la cantidad de caballerías es demasiado grande para permitir acogerse a algún artículo de la Ley.

De todas maneras no le escondo mi preocupación, porque el Estado muchas veces haya sido administrador menos eficaz que el productor privado.

Por el domicilio infiero que Ud. no es de los productores que vive en contacto con el agro, pero probablemente su experiencia administrativa le permitan manejar la finca en la forma que revelan las cifras. Le ruego que no lo considere como una broma de mal gusto pero tal vez su incorporación al INRA sería un refuerzo para ese organismo. Todo depende de que sea capaz de captar la profundidad y justicia del momento que estamos viviendo y, por ende, valorar con sentido crítico los múltiples errores que comete una revolución genuinamente popular.

De Ud. atentamente,
Patria o Muerte
Venceremos

Comandante Ernesto Che Guevara

Carta a Pablo Díaz González

La Habana, 28 de octubre de 1963
«Año de la Organización»

Compañero Pablo Díaz González,
Administrador
Campo de Perf. Extr. de la Cuenca Central
Aptdo. 9 Majagua
Camagüey.

Pablo:

Leí tu artículo. Debo agradecerte lo bien que me tratas: demasiado bien creo. Me parece, además, que tú también te tratas bastante bien.

La primera cosa que debe hacer un revolucionario que escribe historia es ceñirse a la verdad como un dedo en un guante. Tú lo hiciste, pero el guante era de boxeo y así no se vale.

Mi consejo, relee el artículo, quítale todo lo que tú sepas que no es verdad y ten cuidado con todo lo que no te conste que sea verdad.

Saludos revolucionarios de
Patria o Muerte
Venceremos

Comandante Ernesto Che Guevara

Carta a Carlos Rafael Rodríguez

La Habana, 28 de octubre de 1963
«Año de la Organización»

Co. Carlos Rafael Rodríguez, Presidente
Instituto Nacional de la Reforma Agraria
Ciudad.

Compañero:

Te adjunto los papeles de Argelio Rosabal, el adventista de quien te hablé y cuyo premio terrenal se ha convertido en castigo.

Como brillante Joven Comunista que eres, sabrás la forma de burlar la ley o de adormecerme a mí.

(Lo de perros y gatos va aparte).

Un saludo revolucionario de

Patria o Muerte

Venceremos

Comandante Ernesto Che Guevara

Carta a Lydia Ares Rodríguez

La Habana, 30 de octubre de 1963
«Año de la Organización»

Sra. Lydia Ares Rodríguez
Calle Cárdenas No. 69
Calabazar
La Habana.

Compañera:

Su carta ha sido transferida al ministerio del Interior, ya que es el organismo encargado de resolver estos casos.

De todas maneras, agradezco su actitud hacia el trabajo y hacia la Revolución, pero debo decirle que, en mi opinión personal, su hijo debe cumplir la condena porque cometer un atentado contra la propiedad socialista es el más grave delito, independientemente de las atenuantes que pudieran existir.

Siento tener que decirle esto, y lamento la pena que le causará pero no cumpliría un deber revolucionario si no se lo expresara con toda lealtad.

Revolucionariamente,
Patria o Muerte
Venceremos

Comandante Ernesto Che Guevara

Carta a Lisandro Otero

La Habana, 10 de noviembre de 1963
«Año de la Organización»

Co. Lisandro Otero
Secretario de Actividades Culturales
Unión de Escritores y Artistas de Cuba,
Calle 17 No. 351
Vedado, Habana.

Compañero:

En relación con su escrito de fecha 29 de octubre pasado, puedo informarle lo siguiente:

No tengo inconveniente en que *Pasajes de la guerra revolucionaria* se traduzca a cualquier idioma.

En el caso de solicitudes de países socialistas, les ruego den por mí la conformidad con la recomendación expresa de no cobrar ninguna clase de derechos.

Revolucionariamente,

Patria o Muerte,

Venceremos

Comandante Ernesto Che Guevara

Carta a Juan Ángel Cardi

La Habana, 11 de noviembre de 1963
«Año de la Organización»

Compañero Juan Ángel Cardi,
Calle 17, No. 54, apto. 22
Vedado,
Habana.

Compañero:

Acuso recibo de su comunicación de fecha 3 de octubre pasado, en la que me adjuntaba capítulos de nueve de sus novelas inéditas.

No tengo inconveniente en que utilice lo que le parezca del diario de Las Villas. Recuerde, sin embargo, que al publicarlo fue adornado con lenguaje florido por un comemierda.

Leí el capítulo de *Pléyade* como quien busca la fotografía de un lugar conocido, sin embargo, no lo encontré. Da la impresión de que usted nunca hubiera estado en la Sierra y ni siquiera hubiera hablado con los actores de aquel momento. Si me permite, fraternalmente, debo decirle que no me parece que usted haya captado en toda su profundidad la grandeza de aquel momento.

Le apunto esto como una impresión, no como una crítica literaria; simplemente, como alguien que al buscar su imagen en una foto vieja, recuerdo de un grupo de amigos, por ejemplo, encuentre que alguna falla técnica, o el tiempo, ha dejado irreconocibles a los fotografiados.

Si le sirve de algo esta observación, me alegro, si no, no tome a mal mi franqueza. No sé cuál es su edad, ni su vocación de escritor; la única pasión que me guía en el campo que usted transita es trasmitir la verdad (no me confunda con un defensor a ultranza del realismo socialista). Desde ese punto de vista miro todo.

Lo saluda y le desea éxitos en su peregrinaje editorial,

Comandante Ernesto Che Guevara

Carta a Oscar L. Torras de la Luz

La Habana, 3 de enero de 1964
«Año de la Economía»

Sr. Oscar L. Torras de la Luz
Director Departamento de Contabilidad Escuela de Economía
Universidad de La Habana,
Ciudad.

Compañero:

Le agradezco su envío. Estoy estudiando Contabilidad, por lo tanto soy un alumno. Daré mi opinión cuando lo haya leído.

Por lo demás considero que de ser buena la obra, llenará un vacío importante en nuestro país.

Atentamente,

Patria o Muerte

Venceremos

Comandante Ernesto Che Guevara

Carta a Regino G. Boti

La Habana, 2 de febrero de 1964
«Año de la Economía»

Dr. Regino G. Boti[5]
Ministro de Economía y
Secretario Técnico de la Junta Central de Planificación
Ciudad.

Ref. Wire-Relays

Compañero:

Acuso recibo de su pormenorizada carta. De ella extraigo las siguientes conclusiones por orden creciente:

1. La Empresa Consolidada de la Mecánica funciona mal (varios directores y fraccionamientos. Se sucedieron desde la primera fecha anotada hasta aquí).

2. La Empresa Consolidada del Plástico funciona mal (varios directores... etc.).

3. El Ministro de Industrias es un incapaz por la lógica consecuencia de que sus empleados son ineficaces y no encuentran las medidas adecuadas para solucionar esto.

---

[5]   Regino G. Boti León, 1923-1999. Economista cubano, conocido por su actividad en la Comisión Económica para América Latina y el Caribe (CEPAL). Una entrañable amistad unió a Ernesto Che Guevara con Regino Boti. Una de las características de esta amistad fue el intercambio frecuente de ironías, bromas entre líneas y señalamientos jocosos que tomaban como fondo las estrechas relaciones de trabajo que mantuvieron como ministro de Industrias y de Economía, respectivamente.

4. El máximo organismo rector de la economía debía conocer las piezas mínimas a fabricar para justificar un molde, además de las ineficiencias apuntadas que harían peligroso realizar este trabajo.

Lo saludo compañero Ministro, con el grito de lucha de la Junta Central de Planificación: ¡Viva la guerra epistolar! ¡Muera el trabajo productivo!

Revolucionariamente,

Patria o Muerte

Venceremos

Comandante Ernesto Che Guevara

Carta a Charles Bettelheim

La Habana, 6 de febrero de 1964
«Año de la Economía»

Charles Bettelheim[6]
École Practique des Hautes Etudes 54,
rue de Varenne, París 7
Francia.

Estimado amigo:

Le envío el último número de nuestra revista. Los trabajos presentados por ustedes debieron ser fraccionados en atención al formato y en el próximo número aparecerá el suyo. Me parecen de suma importancia para dilucidar algunos aspectos de las relaciones con ambos mundos. (El contrato con los soviéticos es muy interesante en ese aspecto).

Le agradecería que hiciera llegar un ejemplar al compañero Emmanuel y que leyeran ambos con atención mi artículo haciéndoles las críticas pertinentes.

Reciba un saludo revolucionario de

Comandante Ernesto Che Guevara

---

[6]   Charles Bettelheim (1913-2006) fue un economista marxista francés, profesor de Economía Política. Director de la École Pratique des Hautes Études, París. En el momento en que se envía esta carta, se desarrollaba la polémica sobre la economía en Cuba, impulsada por Ernesto Che Guevara y en la que participaban varios dirigentes de la Revolución. El debate trascendió las fronteras geográficas y tomó carácter internacional cuando Ernest Mandel y Charles Bettelheim se involucraron en la misma, aportando sus opiniones y conocimientos. Véase Ernesto Che Guevara: *El Gran Debate. Sobre la economía en Cuba*, Ocean Sur, 2018.

Carta a Josefina Cabrera

La Habana, 11 de febrero de 1964
«Año de la Economía»

Dra. Josefina Cabrera
Ciudad.

Estimada amiga:

A mí, como a usted, me produjo un sentimiento de desprecio hacia la llamada «Izquierda atinada» el artículo de Benítez y creo muy útil su carta.

Aprovecho para testimoniarle mi respeto y mi solidaridad, cosa que no pude hacer personalmente cuando llegaron los restos de su marido, debido a fallas de información.

Hubiera querido expresarle esto mismo personalmente, pero el temor de que pasen los días sin hacerlo me obligan a escribirle estas líneas.

Soy enemigo de los aspectos formales de un pésame, pero entiendo que Uds. necesitan de nuestra solidaridad y son dignos acreedores a ella. Que los restos de su marido descansen en Cuba nos dignifica a todos y es nuestra obligación conservar vivo su recuerdo por lo que valía como hombre, como científico y revolucionario.

Reciba el fraterno abrazo de su siempre amigo,

Comandante Ernesto Che Guevara

Carta a María Rosario Guevara

La Habana, 20 de febrero de 1964
«Año de la Economía»

Sra. María Rosario Guevara
36, rue d'Annam.
(Maarif) Casablanca
Maroc.

Compañera:

De verdad que no sé bien de qué parte de España es mi familia. Naturalmente, hace mucho que salieron de allí mis antepasados con una mano atrás y otra adelante; y si yo no las conservo así, es por lo incómodo de la posición.

No creo que seamos parientes muy cercanos, pero si Ud. es capaz de temblar de indignación cada vez que se comete una injusticia en el mundo, somos compañeros, que es más importante.

Un saludo revolucionario de,
Patria o Muerte
Venceremos

Comandante Ernesto Che Guevara

Carta a Luis Amado-Blanco

La Habana, 25 de febrero de 1964
«Año de la Economía»

Sr. Luis Amado-Blanco
Embajador de Cuba en
la Santa Sede
Ruggero Fauro No. 25
Roma.

Compañero:

Acuso recibo de la *Revista de Occidente*.

Veo por su tono que se queja de mi silencio a notas anteriores. Tiene usted toda la razón. Simplemente, soy culpable; su libro no aparece por ningún lado y cada vez que tengo que afrontar su callada crítica, busco desesperadamente la forma de dilatar ese instante.

Le agradezco su interés por toda una serie de problemas referente a la industria. El caso de Bacardí lo está estudiando una comisión del Gobierno que, por su carácter de comisión y además de Gobierno, tardará mucho y no hará nada.

Lo saluda revolucionariamente,

Patria o Muerte

Venceremos

Comandante Ernesto Che Guevara

Carta a José Medero Mestre

La Habana, 26 de febrero de 1964
«Año de la Economía»

Sr. José Medero Mestre
Juan Bruno Zayas No. 560
e/ Ave. de Acosta y O'Farrill
Víbora, Habana.

Compañero:

Le agradezco su interés y sus notas. Para convencerme puso el dedo en la llaga; cita a quienes impugno. Lamentablemente no puedo extender una polémica epistolar por las implicaciones que tiene sobre mi tiempo.

En números sucesivos de *Nuestra Industria Económica* irán saliendo artículos que demuestran la preocupación de una selecta cantidad de técnicos soviéticos sobre problemas similares.

Solo una afirmación para que piense: Anteponer la ineficiencia capitalista con la eficiencia socialista en el manejo de la fábrica es confundir deseo con realidad. Es en la distribución donde alcanza ventajas indudables y en la planificación centralizada donde ha podido eliminar las desventajas de orden tecnológico y organizativo con el capitalismo. Tras la ruptura de la sociedad anterior se ha pretendido establecer la sociedad nueva con un híbrido; al hombre lobo, la sociedad de lobos, se lo reemplaza con otro género que no tiene su impulso desesperado de robar a los semejantes, ya que la explotación del hombre por el hombre ha desaparecido, pero sí impulsos de las mismas cualidades (aunque cuantitativamente inferiores), debido a que la palanca del interés material se constituye en el árbitro del bienestar individual y de la pequeña colectividad (fábricas por ejemplo), y en esta relación veo la raíz del mal. Vencer al capitalismo con sus propios fetiches a los que se les quitó su cualidad mágica más eficaz, el lucro, me luce una empresa difícil.

Si esto es muy oscuro (ya pasa la media noche en mi reloj), tal vez le aclare mi idea este otro símil: La palanca del interés material en el socialismo es como la lotería de Pastorita; no alcanza a iluminar a los ojos de los más ambiciosos ni a movilizar la indiferencia de los más.

No pretendo haber terminado el tema ni mucho menos establecido el «amén» papal sobre estas y otras contradicciones. Desgraciadamente, a los ojos de la mayoría de nuestro pueblo, y a los míos propios, llega más la apología de un sistema que el análisis científico de él. Esto no nos ayuda en el trabajo de esclarecimiento y todo nuestro esfuerzo está destinado a invitar a pensar, a abordar el marxismo con la seriedad que esta gigantesca doctrina merece.

Por ello, porque piensa, le agradezco su carta; lo de menos es que no estemos de acuerdo.

Si alguna vez tiene que decirme alguna otra cosa, recuerde que no soy maestro; uno más entre los hombres que hoy luchan por hacer una Cuba nueva, pero que tuvo la suerte de vivir al lado de Fidel en los momentos más difíciles de la Revolución Cubana y algunos de los momentos más trágicos y gloriosos de la historia del mundo que lucha por su libertad. De ahí que usted me conozca y yo no recuerde su nombre; podría haber sido al revés, solo que entonces yo tendría que escribirle de alguna remota región del mundo donde mis huesos andarines me llevaran, ya que no nací aquí.

Eso es todo.

Revolucionariamente,

Patria o Muerte

Venceremos

Comandante Ernesto Che Guevara

Carta a Luis Corvea

La Habana, 14 de marzo de 1964
«Año de la Economía»

Compañero Luis Corvea
Calle 146 No. 25701
Bauta, Habana.

Compañero:

Acuso recibo de su carta donde me comunica, el haber laborado 354 horas de trabajo voluntario en el período comprendido entre diciembre 1962 y diciembre 1963.

En la misma usted hace mención a nuestro discurso del pasado 11 de enero en el que me referí al trabajo voluntario y yo quisiera repetir aquí una idea, que expresamos en aquella ocasión y que entendemos encierra la esencia de esa actividad tan honrosa.

Dijimos que «la importancia que tiene el trabajo voluntario se refleja en la *conciencia* que se adquiere frente al trabajo y en el estímulo y ejemplo que significa esa actitud para todos los compañeros». La educación comunista tiene que estar basada en esta conciencia y los trabajadores voluntarios de vanguardia son los que mejor cumplen los ideales del verdadero comunista. Nuestra Revolución se ha enfrentado a grandes problemas, ha tenido que defenderse de docenas de agresiones venidas de nuestros enemigos y directamente del imperialismo yanqui; muchos son los males todavía contra los que tenemos que luchar para merecer un futuro mejor y debemos estar conscientes de que ese futuro, esa sociedad nueva, sin clases, viviendo en la abundancia solo podemos conquistarla con sudor, con trabajo y sacrificio.

Compañero Corvea, lo felicito calurosamente y sírvanle además estas líneas como estímulo para seguir trabajando más y mejor cada día, llevando así a sus compañeros de trabajo, con el propio ejemplo, por el camino de la construcción de la sociedad comunista.

Patria o Muerte

Venceremos

Comandante Ernesto Che Guevara
Ministro de Industrias

Carta a Eduardo B. Ordaz

26 de mayo de 1964
«Año de la Economía»

Dr. Eduardo B. Ordaz
Director Hospital Psiquiátrico
La Habana.

Estimado Ordaz:

Acuso recibo de la revista. Aunque tengo muy poco tiempo, me parecen muy interesantes los temas y trataré de darle una leída.

Tengo otra curiosidad: ¿Cómo pueden imprimirse 6 300 ejemplares de una revista especializada, cuando ni siquiera hay esa cantidad de médicos en Cuba?

Me salta una duda que lleva a mi ánimo a los umbrales de una sicosis neuro-económica: ¿Estarán las ratas usando la revista para profundizar sus conocimientos siquiátricos o templar sus estómagos; o tal vez cada enfermo tenga en su cabecera un tomo de la publicación?

En todo caso hay 3 000 ejemplares de más en el número de la tirada; te ruego que pienses sobre esto.

En serio, la revista está buena, la tirada es intolerable. Créemelo porque los locos dicen siempre la verdad.

Revolucionariamente,
Patria o Muerte
Venceremos

Comandante Ernesto Che Guevara

Carta a Leo Huberman y Paul M. Sweezy

12 de junio de 1964

«Año de la Economía»

Sres. Leo Huberman y
Paul M. Sweezy[7]
Monthly Review
333 Sixth Avenue
New York 14, N.Y.

Estimados amigos:

Hoy, 12 de junio, leo el amable pedido de Uds., para el 24 de mayo. Creo que es innecesario dejar constancia de la admiración que sentía por el compañero Baran y de lo constructivo que fue su libro sobre el subdesarrollo para nuestra naciente (y todavía endeble) cultura económica.

---

[7]   Paul Sweezy (1910-2004). Investigador norteamericano, se especializó en estudios sobre corporaciones norteamericanas, monopolios y problemas del socialismo. Fue profesor de la Universidad de Harvard en los años treinta. Publicó muchas de sus obras junto a Paul Baran. Desde el triunfo de la Revolución Cubana se interesó mucho por la experiencia de Cuba, visitó el país y mantuvo vínculos con algunos intelectuales y dirigentes revolucionarios, entre ellos el Che. Junto a Leo Huberman escribió *El socialismo en Cuba*. Parte de la obra de Sweezy fue estudiada y anotada por el Che Guevara en sus cuadernos filosóficos. Véase Ernesto Che Guevara: *Apuntes filosóficos*, Ocean Sur, 2012.

Leo Huberman (1903-1968). Escritor socialista estadounidense. En 1936 escribió su obra más importante, *Los bienes terrenales del hombre*.

Nada hubiera agregado a lo que ustedes y otros compañeros pudieran decir sobre nuestro extinto amigo, pero lamento no haber podido cumplir lo que considero deber fraternal.

Revolucionariamente,

Patria o Muerte

Venceremos

Comandante Ernesto Che Guevara

Carta a Ezequiel Vieta

16 de junio de 1964
«Año de la Economía»

Sr. Ezequiel Vieta
Calle 18 No. 316
Miramar, Habana.

Estimado compañero:

Efectivamente, no había leído su nota. Me da un poco de vergüenza que me trate tan bien. El libro es una recopilación de apuntes hechos con la intención de que otros escribieran también sus experiencias y publicarlos en *Verde Olivo*. Algún día llegaré al final. No quise que se publicara fragmentario, pero no me hicieron caso y no veo como nadie pueda entenderlo sin conocer íntimamente la historia de la Revolución.

Espero que algún día pueda comentar la historia completa de esos dos años de verdadera epopeya que tuve la suerte de vivir. Mientras, le agradezco los calificativos que no comparto. Allá Ud.

Revolucionariamente,
Patria o Muerte
Venceremos

Comandante Ernesto Che Guevara

Carta a Fabio Vargas Vivanco

16 de junio de 1964
«Año de la Economía»

Sr. Fabio Vargas Vivanco
Movska V 330
Avenida Lomonosov No. 31
Corredor 2 Hab. 329
URSS.

Estimado compañero:

Recuerdo los incidentes narrados por ti, pero no me acuerdo de ti. Eso es lo de menos.

Yo no puedo hacer favores personales, pero la Revolución suele dar oportunidades impersonales. Le pasaré esta carta tuya al Ministro de Educación que tiene que ver con los becados.

Si lo tuyo «cuela» te veré por aquí, si no, abrazos fraternales, calabazas… y hasta más ver.

Patria o Muerte
Venceremos

Comandante Ernesto Che Guevara

Carta a Regino G. Boti

17 de junio de 1964
«Año de la Economía»

Dr. Regino G. Boti
Ministro de Economía
Ciudad.

Compañero:

Me refiero a su Memo, fecha 25 de mayo pasado, en el que me adjuntaba solicitud del Sr. Carlos A. Fidalgo, solicitando la compra de un torno mecánico de unos 120 cms. para trabajos.

La comunicación me ha provocado tal sorpresa que he tenido que usar veinte días para reponerme y contestarle.

Como Ud. sabrá, según los reglamentos ineluctables del Sistema Presupuestario de Financiamiento,[8] enunciación directa y pura del marxismo y su único representante en la tierra, los medios básicos no son mercancías. Parte este concepto del intercambio en el sector estatal, que si no es único poseedor de medios de producción, debe tender a serlo y nunca aumentar las posibilidades de explotación del hombre por el hombre, entregando una herramienta de ese tipo a un particular.

Aclarando, para ponerme a su nivel de comprensión: nunca consentiré en transformar en mercancías lo que es inversión estatal.

---

[8]   Para conocer con mayor profundidad sobre el Sistema Presupuestario de Financiamiento, véase los artículos de Che Guevara que aparecen en Ernesto Che Guevara: *El Gran Debate. Sobre la economía en Cuba*, ob. cit.; y Ernesto Che Guevara: *Retos de la transición socialista en Cuba. 1961-1965*, Ocean Sur, 2008.

Seré fiel hasta la muerte al Sistema Presupuestario. Si tiene amigos, búsquele usted los medios de producción […].

¡Viva el Sistema Presupuestario!

¡Muera el heretismo neocapitalista!

Patria o Muerte

Venceremos

Comandante Ernesto Che Guevara

Carta a Empresa Cubana Exportadora e Importadora de Artículos de Arte y Cultura

25 de junio de 1964
«Año de la Economía»

Empresa Cubana Exportadora e Importadora
de Artículos de Arte y Cultura
Ministerio de Comercio Exterior
Ciudad.

Compañeros:

Acuso recibo de los discos.

Aunque no son perfectos ni mucho menos —me refiero a la presentación— el paso de avance es notable.

Tal vez meta la pata dado que entre los firmantes de la carta hay gente de letras, me permito sugerirles que revisen los textos; en mi opinión son un «sí es no» picúos. Si alguno de ustedes participó en el hecho, no se preocupen; como juez estoy descalificado en esta materia.

Del contenido no hablo. De música no me está permitido ni siquiera una tímida opinión porque mi ignorancia alcanza a menos 273°.

Gracias por la preocupación en mostrarme esos logros.

Revolucionariamente,

Patria o Muerte

Venceremos

Comandante Ernesto Che Guevara

Carta a Hubert Jacob

30 de junio de 1964
«Año de la Economía»

Sr. Hubert Jacob
Hotel Sierra Maestra
Bloque B, Apto. 251
Ciudad.

Señor:

Leí la carta que usted me entregara personalmente.

Amenaza con armar Ud. un escándalo para llamar la atención. Por mí puede hacerlo. No son esas amenazas las que van a permitirle una entrevista conmigo. La entrevista con un ministro del Gobierno de un funcionario cualquiera no es un derecho inalienable de dicho funcionario, sino que puede lograrse como una cortesía del ministro. Al menos así es la práctica aquí.

Cualquier queja contra la injusticia que usted dice se ha cometido, puede darla al Director de Colaboración Técnica o al jefe de Personal de este organismo.

Atentamente,

Comandante Ernesto Che Guevara

Carta a Santiago Morciego y Manuel Hernández

3 de julio de 1964
«Año de la Economía»

Santiago Morciego y
Manuel Hernández
Granja No. 5-34 Dalcio Gutiérrez
Carretera de Vertientes km 14
Camagüey.

Compañeros:

Efectivamente el compañero Gutiérrez perteneció a mi columna, su nombre era DALCIO.

Proveniente de una familia campesina de la Sierra Maestra, él y un hermano se alistaron en mi columna e iniciaron la invasión. En el combate de La Federal fue herido en el vientre y debimos operarlo casi sin anestesia para intentar salvar su vida, lo que no se logró.

Su vida de combatiente fue corta pero en todo momento buscó la primera línea de combate, lugar donde fue herido el último día de su vida.

Revolucionariamente,
Patria o Muerte
Venceremos

Comandante Ernesto Che Guevara

Carta a León Felipe

21 de agosto de 1964
«Año de la Economía»

Sr. León Felipe
Editorial Grijalbo, S.A.
Avenida Granjas, 82
México 16, D. F.

Maestro:

Hace ya varios años, al tomar el poder la Revolución, recibí su último libro, dedicado por Ud.

Nunca se lo agradecí, pero siempre lo tuve muy presente. Tal vez le interese saber que uno de los dos o tres libros que tengo en mi cabecera es *El Ciervo*; pocas veces puedo leerlo porque todavía en Cuba dormir, dejar el tiempo sin llenar con algo o descansar, simplemente, es un pecado de lesa dirigencia.

El otro día asistí a un acto de gran significación para mí. La sala estaba atestada de obreros entusiastas y había un clima de hombre nuevo en el ambiente. Me afloró una gota del poeta fracasado que llevo dentro y recurrí a Ud., para polemizar a la distancia. Es mi homenaje; le ruego que así lo interprete.

Si se siente tentado por el desafío, la invitación vale.

Con sincera admiración y aprecio.

Comandante Ernesto Che Guevara

Carta a Elías Entralgo

31 de agosto de 1964
«Año de la Economía»

Elías Entralgo
Presidente Comisión de Extensión Universitaria
Universidad de La Habana
Ciudad.

Estimado compañero:

Recibí su amable invitación, la que me demuestra indirectamente y, estoy seguro, que sin proponérselo usted, las radicales diferencias de opinión que nos separan sobre lo que es un dirigente.

No me es posible comprometerme a la charla a que Ud. me invita; si lo hiciera, sería sobre la base de dar todo mi tiempo disponible a la obra de la Revolución. Para mí es inconcebible que se ofrezca una retribución monetaria a un dirigente del Gobierno y del Partido por cualquier trabajo, de cualquier tipo que sea.

Entre las muchas retribuciones que he recibido, la más importante es la de ser considerado parte del pueblo cubano; no sabría valorarlo en pesos y centavos.

Lamento tener que escribirle estas letras, pero le ruego no le dé otra importancia que la de una queja sentida por lo que considero un agravio gratuito, no menos doloroso por no ser intencionado.

Revolucionariamente,

Patria o Muerte

Venceremos

Comandante Ernesto Che Guevara

Carta a Juana Rosa Jiménez

11 de septiembre de 1964
«Año de la Economía»

Compañera Juana Rosa Jiménez
4ta. del Oeste e/ 5 y 6 Norte
Placetas
Las Villas.

Querida China:

Recibí tu carta. Me acuerdo muy bien de ti y me alegra tener noticias tuyas.

Si tú me pidieras algún trabajo podría pensar en la forma de conseguirlo, aunque ahora no es fácil sin violar disposiciones, cosa que no acostumbro hacer.

Ahora, el traslado a La Habana con tu familia no tiene ninguna razón de ser, salvo la del gusto de vivir en la capital y a un pedido así, yo no puedo darle curso.

Trata de resolver tus problemas en Las Villas, cualquier necesidad lógica puedo ayudarte a salvarla.

Recibe un saludo de tu antiguo jefe,

Comandante Ernesto Che Guevara

Carta a Julio González Noriega

15 de septiembre de 1964
«Año de la Economía»

Compañero Julio González Noriega
Director
Dirección de Información
Ministerio del Comercio Exterior
Ciudad.

Estimado compañero:

Recibí sus atentas cartas comerciales en las que, como es justo, agradecen en segundo término el estímulo moral (lógica ordenación de la Autogestión Financiera).

Le agradezco los envíos gratuitos y para pagar en la misma moneda la atención, le daré la entrevista de cinco minutos completamente gratis el jueves 17 a las 2:00 p.m.

Debo advertirle, sin embargo, que si se pasa más de cinco segundos en el tiempo de la entrevista, le cobraré el módico precio de $2.25 por minutos adicional, o un ejemplar de los que usted me ofrece sobre los plásticos, a convenir entre las partes contratantes.

Antes de su visita sírvase comunicar a mi secretario, en papel sellado con timbre $0.25 su aceptación de las condiciones aquí expuestas. Se despide de Ud., con el nuevo lema del Ministerio: «El Sistema Presupuestario también hace negocios».

Dr. Ernesto Che Guevara

Carta a Pedro Pérez Vega

23 de septiembre de 1964
«Año de la Economía»

Pedro Pérez Vega
Finca No. 102
«Mártires de Artemisa»
Artemisa, Pinar del Río.

Estimado Pedro:

Creo que es correcta tu idea.

Si tus noticias sobre el salario son ciertas, no tengo objeción al pedido.

Estoy seguro que no fallarás. Estudia con atención las materias que te hacen falta aquí en Cuba y no olvides que en todo el año que debes permanecer aquí, tienes que seguir siendo ejemplo en el trabajo.

Revolucionariamente,
Patria o Muerte
Venceremos

Comandante Ernesto Che Guevara
CC. Ángel Gutiérrez

Carta a Manuel Moreno Fraginals

6 de octubre de 1964

«Año de la Economía»

Compañero Manuel Moreno Fraginals
Avenida 9na. No. 6403 (altos)
e/ 64 y 66
Marianao.

Estimado compañero:

Acuso recibo ahora del libro que tuviera la gentileza de enviarme dedicado.

Hace poco terminé su última página y quisiera dejarle constancia de que no recuerdo haber leído un libro latinoamericano en el cual se conjugara el riguroso método marxista de análisis, la escrupulosidad histórica y el apasionamiento, que lo torna apasionante.

Si los otros tomos mantienen la misma calidad, no tengo temor de augurarle que *El Ingenio* será un clásico cubano.

Revolucionariamente,
Patria o Muerte
Venceremos

Comandante Ernesto Che Guevara

Carta a Charles Bettelheim

24 de octubre de 1964
«Año de la Economía»

Compañero Charles Bettelheim
Sorbonne et 54,
rue de Varenne, París 7.

Estimado compañero:

Recibí su carta y le envío por correo aparte las revistas que me solicitó.

Me agradaría mucho poder discutir con usted «una vez más sobre nuestras divergencias».

Un poco más avanzado que el caos, tal vez en el primero o segundo día de la creación, tengo un mundo de ideas que chocan, se entrecruzan y, a veces, se organizan. Me gustaría agregarlas a nuestro mutuo material polémico.

Esperando su venida, se despide de usted revolucionariamente,
Patria o Muerte
Venceremos

Comandante Ernesto Che Guevara

Carta a Fidel

La Habana, 26 de marzo de 1965
«Año de la Agricultura»*

Fidel:[9]

[...] pongo en tu conocimiento el conjunto de mis ideas sobre algunos de los problemas básicos del Estado. Voy a tratar de ser lo más concreto posible y tratar de hacer una crítica constructiva, por si puede servir para mejorar algunos problemas que continúan siendo graves.

Además, quisiera darte una pequeña explicación de nuestro concepto sobre esa entelequia llamada, «El Sistema de Financiamiento Presupuestario», por otra parte, también me interesaría hablar algo sobre el Partido y, por último, hacer recomendaciones de tipo general.

Tendrá entonces esta exposición cuatro puntos:

1. Errores en la Política Económica.

2. El Sistema de Financiamiento Presupuestario.

---

*   Archivo del Centro de Estudios Che Guevara.
[9]   Fue escrita por Ernesto Che Guevara pocos días antes de salir hacia el Congo. Un fragmento fue publicado en el año 2006 para servir de prólogo al libro *Apuntes críticos a la economía política*, por la editorial Ocean Sur. Junto a su discurso en Argel de 25 de febrero de 1965, y la carta al semanario *Marcha*, de marzo de ese mismo año, constituyen una tríada de documentos, que elabora poco antes de la salida de Cuba, en el ejercicio de pensar [se] la Revolución: su proyección exterior, el desarrollo ideológico y los problemas de la transición socialista, así como los problemas prácticos a que se iba enfrentando la experiencia cubana, con la intención de que este esfuerzo fuera útil para el desarrollo posterior del proceso revolucionario; así como para otras experiencias que pudieran surgir.

3. La Función del Partido.[10]

4. Recomendaciones Generales.

Al empezar todos nosotros el aprendizaje de esta marcha hacia el comunismo, establecimos, con la ayuda de los checos, la Junta Central de Planificación [Juceplan]. Creo que está claro para todos que la planificación es una categoría implícita al socialismo y también a este período de transición que estamos viviendo. Lo malo es que hasta ahora, no hemos podido organizar una planificación que sea realmente un canal conductor y no una válvula loca que a veces deja pasar libremente los gases y otras se cierra herméticamente poniendo en peligro de explotar la caldera.

A pesar de todos los errores del plan, de la orientación y de la concepción de la Junta Central de Planificación, creo que estamos todos de acuerdo en que hay una serie de líneas jerárquicas de mando en el sector económico que deben ser respetadas. Se entiende que el Gobierno crea las ideas económico-políticas de desarrollo, ideas que parten de iniciativas de los dirigentes y también, si es posible dadas las condiciones, de la propia población. Estas deberían pasar a la Junta que las analizaría y compatibilizaría, dando luego una recomendación. El Gobierno aprobaría o corregiría estas cifras, encargando ya la confección del plan y la Junta confeccionaría el plan, en discusión con todos los organismos, cuando se tratara de un plan anual, pero sobre la base de un plan perspectivo en el cual pudieran tomarse en cuenta los principales organismos como asesores.

Nosotros hemos funcionado como si esa ficción fuera real pero, en la práctica, ¿qué sucedía?: el pretendido traslado de ideas de desarrollo por el Gobierno era simplemente una recopilación de algunas ideas sueltas que la Junta armonizaba poniendo las propias

---

[10]   Se refiere al Partido Unido de la Revolución Socialista (PURS).

y elevaba al Gobierno. Tras un análisis extremadamente superficial, se aprobaban estas líneas de desarrollo, a veces cambiando determinadas cosas, siempre sobre un plan anual ya que todos los planes perspectivos han fracasado antes de comenzar. La Junta comenzaba a hacer sus planes con la idea de restringir el desbalance pero, al mismo tiempo, recibiendo las presiones de todos los organismos productivos y no productivos. De tal manera, el plan quedaba muy desbalanceado, se hacía tarde y había que correr al extranjero a pedir desbalances, ayudas, comprensión, etc., etc. Luego la Junta se encargaba de complicar las cosas con sus propios errores.

Creo que hemos cometido muchos errores de tipo económico. El primero de ellos, el más importante, es la improvisación con que hemos llevado a cabo nuestras ideas que ha dado por resultado una política de bandazos. Improvisación y subjetivismo, diría yo. De tal manera que se daban metas que conllevaban crecimientos imposibles. En los primeros momentos estos crecimientos imposibles se planeaban de una forma orgánica con la base de modelos globales en los que se preveían crecimientos hasta del 15 o el 20% anual. Después esto cambió pero la dispersión y falta de centralización de decisiones económicas permitía que cada uno de los organismos impulsara planes que, solos, eran factibles de realizar pero que, tomados todos en su conjunto, hacían imposible el cumplimiento de las metas trazadas; y es así cómo el llegar al 90% de un plan se considera en nuestro país una verdadera hazaña. Por esto también se han realizado una serie de inversiones no justificadas que variaban o suprimían antes de finalizar, pero también sin una justificación adecuada. Casos como estos tenemos en el fomento del arroz y su posterior restricción, el fomento del maíz y su posterior restricción, el del millo, el del algodón, el de los cerdos, ciertas inversiones en vacunos que no me parecen justificadas, las de la pesca y una buena parte de la política avícola. Todo esto en el campo de la agricultura.

En el campo de la industria hemos cometido errores parecidos en cuanto a las inversiones. La Antillana de Acero, por ejemplo, es un monstruo que empezó, como empezamos siempre, a ser dibujado por la nariz —ahora las patas del monstruo no caben en el papel—. La política de desarrollo de cemento, basada en una concepción de desarrollo global muy grande y que ha demostrado ser excesiva. La creación de fábricas conserveras que no trabajan actualmente. Otras fábricas que requieren materias primas importadas del área dólar, sin resolver realmente problemas. La más representativa de este tipo es el INPUD, aunque desde el punto de vista de la construcción y la racionalización de la producción es una de las mejores que hemos hecho: pero hay un sinnúmero de ellas que todos conocemos y que tienen las características apuntadas.

Muchas veces, se suma el tener una tecnología muy atrasada, por ejemplo, los radios polacos. Para colmo íbamos a cometer el mismo error en la televisión, hasta que lo paramos. Todas estas son inversiones que hay que pagarlas y pagarlas caras. Dentro de este grupo podría poner la construcción de barcos pesqueros que no se justifica en el momento actual por el alto precio de la madera y su carencia; creo podría ser justificado el hierro, aun cuando saliera más caro que las del mercado mundial, siempre y cuando fuera tomado como una línea de desarrollo que daría pérdidas hoy como parte del aprendizaje.

También en este capítulo de las inversiones no justificadas, vemos la adquisición de barcos de travesía en momentos en que la empresa no tiene una organización para hacerle frente al aumento de sus unidades. Por eso, los barcos que debían ser nuestros salvadores de divisas se han convertido en una fuente más de gastos, prácticamente sin resolver problemas. Aun cuando eran más perentorias las necesidades, se puede decir lo mismo de la gran cantidad de ómnibus comprados cuando un mantenimiento adecuado podría haber solucionado algunos problemas; podríamos quizás, haber comprado menos ómnibus. La política del ganado, sin las condiciones mínimas para aclimatarlo, en la época pasada, tiene estas características, así también como los barcos pesqueros que son comprados en cantidades excesivas para nuestra capacidad organizativa. Y hay otras menores; podríamos citar el turismo que en una época se pensó sería la gran fuente de divisas y donde se han enterrado bastantes millones de pesos.

Además, se tomaban líneas de acción general falsas. Podíamos [sic] citar en la industria, el caso de la sustitución de importaciones, que fue la primera política llevada a cabo por nosotros; la pretensión de un autoabastecimiento ilusorio por ahora; los conocidos errores de la demolición de la caña, del pienso importado para vacunos y cerdos. Creo también que la compra de fertilizantes a precios fabulosos responde a una política no bien meditada y la supresión de algunas exportaciones que habitualmente hacíamos y que fácilmente podríamos haber mantenido; en este momento se me ocurren los mariscos, algunos tipos de tabacos, la soga de henequén.

Insisto en que aun cuando se haga una división de todos estos errores en más o menos graves, más o menos fatales, lo fundamental está dado por la política de bandazos y la política de bandazos está dada por el tratamiento superficial por un lado y subjetivo por otro, de todos los problemas de la economía. Sin embargo, la economía ha demostrado que tiene una serie de leyes y que violentarlas cuesta muy caro.

Se pueden apuntar otras series de errores de tipo menor, claro que a veces han incidido mucho en nuestra gestión económica, por ejemplo, la falta de exigencia de responsabilidad en los cuadros de dirección, que no se vigilan, por lo tanto, no se critican a tiempo y se retiran violentamente después. Esto es parte de los grandes problemas que tiene el Estado que pienso abordar también.

Hemos visto también una política de gasto alegre que de pronto debe ser corregida y lo es con una drasticidad terrible, lesionando muy duramente la economía pues ya no se puede hacer una discriminación suficiente en el momento de realizar los cortes.

En general, se puede decir que ha faltado la conciencia de la organización como uno de los pilares del desarrollo; cuando el caos administrativo es extremo se va hacia ciertos cambios de estructura, se realizan congelaciones o acciones intermedias buscando soluciones, otras veces se quitan los cuadros de dirección. Esto último significa alguna mejoría; evidentemente, un cuadro bueno trabaja infinitamente mejor que un cuadro mediocre o malo, pero también hay que tener en cuenta que por bueno que sea el cuadro si el marco organizativo general se lo impide solamente podrá rendir una tarea limitada.

Los niveles de decisión están muy indefinidos; personalmente esta ha sido una de mis preocupaciones en todo el período de ministro de Industrias, pero realmente solamente hemos tenido éxito aquí hasta la definición del nivel de Director y, en algunos casos, Jefes de Departamentos; más abajo, en los centros de producción, ha habido bastante indefinición que nosotros hemos resuelto por la vía de centralización administrativa, muchas veces excesiva.

En otros organismos productivos la indefinición creo que ha sido mayor aún pero al no existir tampoco una disciplina administrativa la anarquía ha sido total; las soluciones individuales a problemas únicos han estado a la orden del día y a veces han provocado una actitud contemplativa de las unidades de producción esperando a ver qué pasaba.

Todo este *maremagnum* organizativo se ha dejado sentir muy especialmente en la esfera de los servicios y la agricultura donde los cambios de estructura han sido más profundos; por lo menos han sido mucho más profundos que en la industria donde se ha conservado la anterior estructura; en todo caso se han consolidado fábricas, se han hecho unidades mayores, se han anulado otras, pero conservando un sistema organizativo. En aquellos ha habido que cambiar prácticamente todo y los resultados realmente han sido desastrosos hasta el momento. Por todas estas causas, la información no ha fluido con la suficiente corrección y por ende el control ha fallado totalmente. A veces hemos pretendido resolver el problema de la organización mediante esquemas —los famosos organogramas que tanto odias—, y la creación de cargos para ocupar el hueco del organograma, sin atención a la capacidad del cuadro y sin que haya existido en muchos aspectos un adecuado sistema de formación del personal en su puesto de trabajo. [...].

A todo esto hay que agregar los errores de la Junta Central de Planificación. Como ya dijimos, el error primero ha consistido en copiar de los checos su sistema organizativo (ellos hoy lo han desechado pero a nosotros eso no nos debe preocupar, porque lo han desechado por uno mucho peor y claramente capitalista, pero sí el hecho de que se consideraba la posibilidad de control extremo de toda una serie de índices que la organización cubana no estaba en posibilidades de hacer).

La Juceplan la concibo yo como un órgano de elaboración de la política económica del Gobierno, en forma concreta y de control de la misma en sus diversos aspectos. El grado en que se pueda hacer esta elaboración y este control, no se puede precisar, o yo no la puedo precisar, en una forma concreta y creo que el desconocer precisamente estos grados nos ha llevado a la situación actual. Pero para tener estas funciones la Junta debía tener una capacidad ejecutiva de la que ha carecido todo el tiempo y de la cual, incluso, carece hoy.

La Junta ha sido incapaz de dirigir la economía. Todos hemos visto esa incapacidad. En determinado momento, creo, era fatal que eso ocurriera, pero ninguno de los que hemos pasado por la Junta fuimos capaces de organizar lo que en un momento yo pretendí hacer: Un aparato de control y análisis lo suficientemente serio como para que en un momento dado, naturalmente, cayera en sus manos la dirección de la economía al demostrarse por la continuidad de su trabajo, de sus advertencias y de sus análisis, las razones que tenía.

Los métodos de cálculo son viejos en este momento; la revolución técnica ha llegado también a la economía: los nuevos métodos matemáticos permiten análisis mucho más profundos. Además, hay una buena parte de la economía burguesa de la cual se pueden extraer herramientas de cálculo que hasta hoy la economía socialista ha ignorado y de la cual ha ido a extraer solamente el más negativo y significativamente capitalista, como es la herramienta del control por el mercado.

De este modo frente a organismos que avanzaban en la elaboración de sus planes y conocían concretamente sus realidades, las advertencias globales, presuntuosas y falta de realidad, de la Junta, no hacían sino quitarle prestigio. Desde aquel primer episodio de los 24 millones de pares de zapatos y la enorme exportación de madera, prevista por el primer plan, hasta hoy, el descrédito de la Junta ha ido creciendo y los cuadros intermedios ya han perdido totalmente la fe. Tú no conoces lo que son los maratones terribles para cumplir los planes en tiempo y forma (como se dice en nuestro lenguaje) y que yo he obligado a todos los niveles del Ministerio a realizar siempre, pero en todos, incluyéndome a mí, estaba clara la idea de que ese plan iba a ser modificado aun antes que acabara de realizarse y, efectivamente, sucedía así.

Por eso todos los encargados de la economía del país, en las distintas esferas de la producción, sienten un desengaño muy grande y tienen una falta creciente de fe en la autoridad central. Hoy, con la incorporación de [Osvaldo] Dorticós, han habido algunos cambios de tipo cualitativo con respecto a esa autoridad y, además, cambios específicos en cuanto a los métodos de relación pero todavía no se puede hacer sentir más allá y si no hay cambios estructurales y conceptuales —estructurales que correspondan a un nuevo concepto— que a su vez engarcen con la realidad del país, y si no se le da a la Junta la real autoridad ejecutiva que necesita, mientras está encargada de la confección de los planes, seguiremos un camino parecido.

Hoy la Junta recibe una cantidad bastante apreciable de datos económicos, por mi experiencia de Industrias sé que bastan para análisis muy profundos, sin embargo, la capacidad de análisis de la Junta, que siempre ha sido muy escasa, se mantiene en niveles cercanos al cero. Eso sin contar con que la misma estructura o, digamos, los mismos cuadros del aparato en sus partes superiores, son incapaces de ayudar a Dorticós en la realización práctica de los planes por ínfimos que sean. El individualismo más absoluto y la política de camarillas han deformado totalmente la estructura de la Junta. A tal punto es grave esto que ha llegado a tapar el problema principal; es decir, la Junta como organismo ineficaz, desorganizado, lleno de rencillas y pugnas, está en un marasmo tal que a veces se ha pensado que es el aspecto fundamental y, en realidad, el aspecto fundamental y que incide mucho sobre estas cuestiones secundarias, es el que no dirige la economía; de tal manera, que aun cuando las reestructuraciones son buenas, nos acercan a una mejor organización etc., etc., no se puede decir de ninguna manera, que simplemente por la estructuración de la Junta como aparato, va a mejorar las cosas.

No puedo hablar de los nuevos proyectos de reorganización aunque en principio me parecen correctos, porque no los conozco lo suficiente, pero de todas maneras, sí hay que apuntar que no es este el aspecto fundamental, aunque es bastante importante, sino la verdadera autoridad que vaya a tener el organismo encargado de hacer los planes y de controlarlos y su capacidad para poder imponerse a los ejecutores.

Otro de los capítulos más importante de nuestros errores es el que corresponde a Comercio Exterior [MINCEX].

No vale la pena hablar de los errores prácticos, el lío de las divisas, es simplemente la consecuencia de una total desorganización y falta de visión de la Junta, el Banco y Comercio Exterior, en este caso.

Nosotros hemos entendido el Comercio Exterior como un organismo encargado de entregar azúcar por donde quiera, y de comprar cosas. Y es verdad que el azúcar es nuestro producto fundamental, pero precisamente esa política ha sido ciega a las necesidades más elementales de nuestra economía. Nosotros tenemos una economía abierta; seguimos manteniendo esa estructura y la tendremos que mantener durante mucho tiempo. La incidencia del mercado exterior, de los abastecimientos externos en la industria, es realmente importante: alcanza al 19% de la producción industrial bruta del Ministerio. De tal manera, que una reducción en el comercio exterior incide inmediatamente en la industria, en la agricultura, en las inversiones, en el comercio interior, transporte, etc.

Nuestra débil y, además, deformada base industrial no permite suministrar a la agricultura ni al pueblo en general y hay que comprar productos en el exterior. Pero los balances no han existido en Cuba revolucionaria; y aun cuando el método de balances pueda llamarse artesanal, tiene sus beneficios; como concepto hay que utilizarlo. Nosotros separamos en compartimentos estancos las importaciones y las exportaciones: las exportaciones eran la suma del azúcar que podrá producirse más la suma de algunos otros productos que quisieran entregar los productores, el INRA y nosotros, y las importaciones eran la suma de lo que necesitaba cada uno de los organismos que tenía alguna fuerza (y casi todos han tenido fuerza porque en casi todos ha habido algún plan especial que hay que hacer). Ahora estamos endeudados grandemente y, lo que es peor, endeudados por comida, por uso de trenes de consumo directo, o por inversiones mal concebidas; de manera que nuestra deuda no podrá ser recuperada nunca con el mayor aporte que dieran nuestras instalaciones hechas con el préstamo que provocara la deuda.

Nuestra capacidad de importación disminuyó notablemente por la falta de azúcar y sin embargo, no buscamos hasta el último rincón para tratar de sacar un pesito más en cada cosa. Comercio Exterior ha hecho una política de grandes ventas en grandes clientes; se despreocupa totalmente del pequeño proveedor o consumidor, que, además, puede ser eventualmente un mercado que se pueda complementar con el nuestro y, en África es posible hacer esto, por ejemplo; creo que en Europa y en otros lados también, pero en África, me consta que se podrían haber hecho pequeñas operaciones que no hubieran significado nada frente a las monstruosas cifras de nuestro comercio exterior, pero que hubieran sido un paso que podría haber sido seguido de otro y otro.

Nuestro Comercio Exterior fue incapaz de planificar a largo plazo. Es verdad que las limitaciones de los planes anuales de comercio —la más macabra forma de inmovilización de la economía que se puede inventar— han tarado mucho su trabajo, pero no ha tenido agilidad para crear lo que viene cayéndose de la mata desde hace años: un flujo continuo de una serie de materias primas fundamentales, tal como se hace en el petróleo, por ejemplo, donde ya el problema se reduce a ajustar cantidades cada año pero ya están asignados los montos fundamentales. Eso se puede hacer con todos los países del mundo; también los capitalistas en este sentido planifican.

En resumen, faltó a toda nuestra economía el concepto del comercio exterior como su piedra fundamental y al faltar este concepto vino todo el resto.

Debe cambiarse la orientación dada y hacer de cada dólar conseguido o ahorrado nuestra tarea número uno y, en segundo lugar, ahorro en los gastos de convenio pero atendiéndolos también y sin despilfarrar recursos.

Hasta ahora no se ha seguido una rigurosísima política para ir buscando la suplantación del dólar por una divisa de convenio en primer lugar y luego el análisis de las posibilidades internas de sustitución.

El MINCEX puede hacer mucho, pero no solo; debe estar jerarquizado y engarzado en el aparato de la economía interna, conducido realmente por la Juceplan. El método establecido en Industrias que permite la inspección total de la producción exportable de tabaco por el MINCEX debe ampliarse a todas las relaciones del aparato de comercio exterior con la economía interna y viceversa, esta debe poder inspeccionar la gestión externa del MINCEX y ayudarlo. Este sistema de relaciones debería implantarse también en la economía interna entre sí de manera que Industrias controle producciones del INRA que le son necesarias (como el tabaco en rama, por ejemplo) y el INRA las suyas (maquinarias agrícolas, etc.).

Aun cuando ya he hablado de las inversiones no justificadas, quisiera recalcar también, como un caso específico que retrata todo nuestro panorama económico, la forma en que se realizan las inversiones. Nosotros empezamos a pagar los equipos a los países socialistas inmediatamente después que firmamos contratos; esos contratos se cumplen y el producto se embarca, durmiendo después años en distintos almacenes o al aire libre en el país mientras la fuerza de trabajo, el equipo o los materiales que estaban destinados a realizar esa obra se trasladan de urgencia para hacer otra de último momento; se paralizan obras cuyo equipo se está pagando al extranjero para hacer otras que, desgraciadamente, muchas veces no sirven para nada. No vale la pena ponerse a dar ejemplos que todos conocemos, lo importante es lograr que se tenga la disciplina mínima de no imponer al MICONS una sola obra más sobre el plan, si no se compromete a hacerla sin tocar las que están (salvo, naturalmente, que sea un problema de extraordinaria urgencia real). No olvidarse tampoco que la gente tiene que vivir en una casa y que estamos haciendo cada vez menos casas, gastando cada vez menos en casas, pero cada casa, individualmente, cuesta más, de manera que nuestros índices están rebajándose constantemente y este estado de cosas hay que cambiarlo.

Ahora pasaré a exponerte con toda la brevedad y la síntesis de que sea capaz nuestras ideas sobre el Sistema Presupuestario.

Estas ideas nacen de una experiencia práctica y después se han convertido en teoría. Por razones de exposición, haré aquí unas consideraciones históricas, en primer lugar, para tratar de redondear la concepción.

Marx establecía dos períodos para llegar al comunismo, el período de transición, también llamado socialismo o primer período del comunismo, y el comunismo o comunismo plenamente desarrollado. Partía de la idea que el capitalismo en su conjunto se vería abocado a una ruptura total después de alcanzar un desarrollo en el cual las fuerzas productivas chocarían con las relaciones de producción, etc. y entrevió ese primer período llamado socialismo al que no dedicó mucho tiempo, pero en la *Crítica del Programa de Gotha*, lo describe como un sistema donde ya están suprimidas una serie de categorías mercantiles, producto de que la sociedad completamente desarrollada ha pasado a la nueva etapa. Después viene Lenin, su teoría del desarrollo desigual, su teoría del eslabón más débil y la realización de esa teoría en la Unión Soviética y con ello se implanta un nuevo período no previsto por Marx. Primer período de transición o período de la construcción de la sociedad socialista, que se transforma después en sociedad socialista para pasar a ser la sociedad comunista en definitiva. Este primer período, los soviéticos y los checos pretenden haberlo superado; creo que objetivamente no es así, desde el momento en que todavía existen una serie de propiedades privadas en la Unión Soviética y, por supuesto, en Checoslovaquia. Pero lo importante no es esto sino que la economía política de todo este período no se ha creado y, por tanto, estudiado. Después de muchos años de desarrollo de su economía en una dirección dada, convirtieron una serie de hechos palpables de la realidad soviética en presuntas leyes que rigen la vida de la sociedad socialista, creo que aquí es donde está uno de los errores más importantes. Pero el más importante, en mi concepto, se establece en el momento en que Lenin, presionado por el inmenso cúmulo de peligros y de dificultades que se cernían sobre la Unión Soviética, el fracaso de una política económica, sumamente difícil de llevar por otro lado, vuelve sobre sí y establece la NEP dando entrada nuevamente a viejas relaciones de producción capitalista. Lenin se basaba en la existencia de cinco estadios en la sociedad zarista, heredados por el nuevo estado.

Lo que es necesario destacar es una existencia claramente definida, de por lo menos dos Lenin (tal vez tres), completamente distintos: aquel cuya historia acaba específicamente en el momento en que escribe el último párrafo de *El Estado y la Revolución* donde dice que es mucho más importante hacerla que hablar de ella y el subsiguiente en que tiene que afrontar los problemas reales. Nosotros apuntábamos que había probablemente un período intermedio de Lenin en el cual todavía no se ha retractado de todas las concepciones teóricas que guiaron su acción hasta el momento de la revolución. En todo caso, del año 21 en adelante, y hasta poco antes de su muerte, Lenin comienza la acción conducente a hacer la NEP y a llevar todo el país a las relaciones de producción que configuran lo que Lenin llamaba capitalismo de Estado, pero que en realidad también puede llamarse capitalismo premonopolista en cuanto al ordenamiento de las relaciones económicas. En los últimos períodos de la vida de Lenin, leyendo con atención, se observa una gran tensión; hay una carta muy interesante al Presidente del Banco, donde se ríe de presuntas utilidades de este y hace una crítica de los pagos entre empresas y las ganancias entre empresas (papeles que pasan de un lugar a otro). Ese Lenin, agobiado también por las divisiones que ve dentro del partido desconfía del futuro. Aunque sea algo absolutamente subjetivo, me da la impresión de que si Lenin hubiera vivido para dirigir el proceso del cual era el actor principal y que tenía totalmente en las manos, hubiera ido variando con notable celeridad las relaciones que estableció la Nueva Política Económica. Muchas veces, en esa última época, se hablaba de copiar del capitalismo algunas cosas, pero en el capitalismo, en ese momento, estaban en auge algunos aspectos de la explotación tales como el taylorismo que hoy no existen; en realidad, el taylorismo no es otra cosa que el stajanovismo, trabajo a destajo simple y puro o, mejor dicho, el trabajo a destajo vestido con una serie de oropeles y ese tipo de pago fue descubierto en el primer plan de la Unión Soviética como una creación de la sociedad soviética. El hecho real es que todo el andamiaje jurídico económico de la sociedad soviética actual parte de la Nueva Política Económica; en esta se mantienen las viejas relaciones capitalistas, se mantienen las viejas categorías del capitalismo, es decir, existe la mercancía, existe, en cierta manera, la ganancia, el interés que cobran los bancos y, naturalmente, existe el interés material directo de los trabajadores. En mi concepto todo este andamiaje pertenece a lo que podríamos llamar, como ya he dicho, un capitalismo premonopolista. Todavía las técnicas de dirección y las concentraciones de capitales no eran en la Rusia zarista tan grandes como para haber permitido el desarrollo de los grandes trusts. Estaban en la época de fábricas aisladas, unidades independientes, cosa prácticamente imposible de encontrar en la industria norteamericana de hoy día, por ejemplo. Es decir, hoy, en los Estados Unidos, solamente hay tres firmas que producen automóviles: la Ford, la General Motors y el conjunto de todas las pequeñas empresas —pequeñas para el carácter de los Estados Unidos— que se unieron entre sí para tratar de sobrevivir. Nada de eso sucedía en la Rusia de aquella época, pero ¿cuál es el defecto fundamental de todo el sistema? Que limita la posibilidad del desarrollo mediante la competencia capitalista pero no liquida sus categorías ni implanta nuevas categorías de un carácter más elevado. El interés material individual era el arma capitalista por excelencia y hoy se pretende elevar a la categoría de palanca de desarrollo, pero está limitado por la existencia de una sociedad donde no se admite la explotación. En estas condiciones, el hombre no desarrolla todas sus fabulosas posibilidades productivas, ni se desarrolla él mismo como constructor consciente de la sociedad nueva.

Y para ser consecuentes con el interés material, este se establece en la esfera improductiva y en la de los servicios. Entonces surgen los grandes mariscales con salarios de grandes mariscales, los burócratas, las dachas y las cortinitas en los automóviles de los jerarcas. Esa es la justificación, tal vez, del interés material a los dirigentes, principio de la corrupción, pero de todas maneras, es consecuente con toda la línea del desarrollo adoptada en donde el estímulo individual viene siendo la palanca motora porque es allí, en el individuo, donde, con el interés material directo, se trata de aumentar la producción o la efectividad.

Este sistema tiene, por otra parte, trabas serias en su automaticidad; la ley del valor no puede jugar libremente porque no tiene un mercado libre donde productores rentables y no rentables, eficientes y no eficientes, compitan y los no eficientes mueran de inanición. Es necesario garantizar una serie de productos a la población, de precios a la población, etc., etc., y cuando se resuelve que la rentabilidad debe ser general para todas las unidades, se cambia el sistema de precios, se establecen nuevas relaciones y se pierde totalmente la relación con el valor del capitalismo que, todavía, a pesar del período monopólico, mantiene su característica fundamental de guiarse por el mercado y de ser una especie de circo romano donde los más fuertes vencen (en este caso los más fuertes son los poseedores de la técnica más alta). Todo esto ha ido conduciendo a un desarrollo vertiginoso del capitalismo y a una serie de técnicas nuevas totalmente alejadas de las viejas técnicas de producción. La Unión Soviética compara su adelanto con los Estados Unidos y habla de que se produce más acero que en ese país, pero en los Estados Unidos no ha habido paralización del desarrollo.

¿Qué sucede entonces? Simplemente que el acero no es ya el factor fundamental para medir la eficiencia de un país, porque existe la química, la automatización, los metales no ferrosos y además de eso hay que ver la calidad de los aceros. Estados Unidos produce menos pero produce una gran cantidad de acero de calidad muy superior. La técnica ha quedado relativamente estancada, en la inmensa mayoría de los sectores económicos soviéticos. ¿Por qué? Porque hubo que hacer un mecanismo y darle automaticidad, establecer las leyes del juego donde el mercado no actúa ya con su implacabilidad capitalista, pero los mecanismos que se idearon para reemplazarlos son mecanismos fosilizados y allí empieza el desbarajuste tecnológico. Falta del ingrediente de la competencia, que no ha sido sustituido, tras los brillantísimos éxitos que obtienen las sociedades nuevas gracias al espíritu revolucionario de los primeros momentos, la tecnología deja de ser el factor impulsor de la sociedad. Esto no sucede en la rama de la defensa. ¿Por qué? Porque es una línea donde no existe la rentabilidad como norma de relación y donde todo está puesto estructuradamente al servicio de la sociedad para realizar las más importantes creaciones del hombre para su supervivencia y la de la sociedad en formación. Pero aquí vuelve a fallar el mecanismo; los capitalistas tienen muy unido el aparato de la defensa al aparato productor, ya que son las mismas compañías, son negocios gemelos y todos los grandes adelantos obtenidos en la ciencia de la guerra pasan inmediatamente a la tecnología de la paz y los bienes de consumo dan saltos de calidad verdaderamente gigantescos. En la Unión Soviética nada de eso pasa, son dos compartimentos estancos y el sistema de desarrollo científico de la guerra sirve muy limitadamente para la paz.

Estos errores, excusables en la sociedad soviética, la primera en iniciar el experimento, se trasplantan a sociedades mucho más desarrolladas o, simplemente distintas y se llega a un callejón sin salida provocando reacciones de los otros estados. El primero en revolverse fue Yugoslavia, luego le siguió Polonia y en ese sentido ahora son Alemania y Checoslovaquia, dejando de lado, por características especiales a Rumanía. ¿Qué sucede ahora? Se rebelan contra el sistema pero nadie ha buscado donde está la raíz del mal; se le atribuye a esa pesada lacra burocrática, a la centralización excesiva de los aparatos, se lucha contra la centralización de esos aparatos y las empresas obtienen una serie de triunfos y una independencia cada vez mayor en la lucha por un mercado libre.

¿Quiénes luchan por esto? Dejando de lado a los ideólogos, y los técnicos que, desde un punto de vista científico analizan el problema, las propias unidades de producción, las más efectivas claman por su independencia. Esto se parece extraordinariamente a la lucha que llevan los capitalistas contra los estados burgueses que controlan determinadas actividades. Los capitalistas están de acuerdo en que algo debe tener el Estado, ese algo es el servicio donde se pierde o que sirve para todo el país, pero el resto debe estar en manos privadas. El espíritu es el mismo; el Estado, objetivamente, empieza a convertirse en un estado tutelar de relaciones entre capitalistas. Por supuesto, para medir la eficiencia se está utilizando cada vez más la ley del valor, y la ley del valor es la ley fundamental del capitalismo; ella es la que acompaña, la que está íntimamente ligada a la mercancía, célula económica del capitalismo. Al adquirir la mercancía y la ley del valor sus plenas atribuciones, se produce un reajuste en la economía de acuerdo con la eficiencia de los distintos sectores y unidades y aquellos sectores o unidades que no son lo suficientemente eficientes desaparecen.

Se cierran fábricas y emigran trabajadores yugoslavos (y ahora polacos) a los países de Europa Occidental en plena expansión económica. Son esclavos que los países socialistas envían como una ofrenda al desarrollo tecnológico del Mercado Común Europeo.

Nosotros pretendemos que nuestro sistema recoja las dos líneas fundamentales del pensamiento que deben seguirse para llegar al comunismo. El comunismo es un fenómeno de conciencia, no se llega a él mediante un salto en el vacío, un cambio de la calidad productiva, o el choque simple entre las fuerzas productivas y las relaciones de producción. El comunismo es un fenómeno de conciencia y hay que desarrollar esa conciencia en el hombre, de donde la educación individual y colectiva para el comunismo es una parte consustancial a él. No podemos hablar en términos cuantitativos económicamente; quizás nosotros podamos estar en condiciones de llegar al comunismo dentro de unos años, antes que los Estados Unidos hayan salido del capitalismo. No podemos medir en términos de ingreso per cápita la posibilidad de entrar al comunismo; no hay una identificación total entre estos ingresos y la sociedad comunista. China tardará centenares de años en tener el ingreso per cápita de los Estados Unidos. Aún si consideramos que el ingreso per cápita es una abstracción, midiendo el salario medio de los obreros norteamericanos, cargándole los desocupados, cargándole los negros, todavía ese nivel de vida es tan alto que a la mayoría de nuestros países le costará mucho llegar a él. Sin embargo, vamos caminando hacia el comunismo.

El otro aspecto es el de la técnica; conciencia más producción de bienes materiales es comunismo. Bien, pero qué es la producción si no el aprovechamiento cada vez mayor de la técnica; y qué es el aprovechamiento cada vez mayor de la técnica si no el producto de una concentración cada vez más fabulosa de capitales, es decir, una concentración cada vez más grande de capital fijo o trabajo congelado con relación al capital variable o trabajo vivo. Este fenómeno se está produciendo en el capitalismo desarrollado, en el imperialismo. El imperialismo no ha sucumbido gracias a su capacidad de extraer ganancias, recursos, de los países dependientes y exportarles conflictos, contradicciones, gracias a la alianza con la clase obrera de sus propios países desarrollados contra el conjunto de los países dependientes. En ese capitalismo desarrollado están los gérmenes técnicos del socialismo mucho más que en el viejo sistema del llamado Cálculo Económico que es, a su vez, heredero de un capitalismo que ya está superado en sí mismo y que, sin embargo, ha sido tomado como modelo del desarrollo socialista. Debiéramos, pues, mirar en el espejo donde se están reflejando una serie de técnicas correctas de producción que todavía no han chocado con sus relaciones de producción. Podría argumentarse que no lo han hecho por la existencia de este desahogo que es el imperialismo en escala mundial pero, en definitiva, esto traería algunas correcciones en el sistema y nosotros solamente tomamos las líneas generales. Para dar una idea de la extraordinaria diferencia práctica que existe hoy entre el capitalismo y el socialismo se puede citar el caso de la automatización; mientras en los países capitalistas la automatización avanza a extremos realmente vertiginosos, en el socialismo están mucho más atrasados. Se podría argumentar sobre una serie de problemas que afrontarán los capitalistas en el futuro inmediato, debido a la lucha de los trabajadores contra la desocupación, cosa aparentemente exacta, pero lo cierto es que hoy el capitalismo se desarrolla en ese camino más rápidamente que el socialismo.

La Standard Oil por ejemplo, si necesita remozar una fábrica, la para y le da una serie de compensaciones a los trabajadores. Un año está la fábrica parada, pone los nuevos equipos y echa a andar con una eficiencia mayor. ¿Qué sucede en la Unión Soviética, hasta ahora? En la Academia de Ciencias de ese país hay acumulados centenares y tal vez miles de proyectos de automatización que no pueden ser puestos en práctica porque los directores de las fábricas no se pueden permitir el lujo de que su plan se caiga durante un año y como es un problema de cumplimiento del plan, si le hacen una fábrica automatizada le exigirán una producción mayor, entonces no le interesa fundamentalmente el aumento de productividad. Claro que se podría solucionar esto desde el punto de vista práctico, dando mayores incentivos a las fábricas automatizadas; es el sistema Libermann y los sistemas que se están empezando a implantar en Alemania Democrática, pero todo esto indica el grado de subjetivismo en que se puede caer y la falta de precisión técnica en el manejo de la economía. Hay que sufrir golpes muy duros de la realidad para empezar a cambiar; y siempre cambia el aspecto externo, el más llamativamente negativo, pero no la esencia real de todas las dificultades que existen hoy que es una falsa concepción del hombre comunista, basada en una larga práctica económica que tenderá y tiende a hacer del hombre un elemento numérico de producción a través de la palanca del interés material.

En la parte técnica, nuestro sistema trata de tomar lo más avanzado de los capitalistas y por lo tanto debe tender a la centralización. Esta centralización no significa un absoluto; para hacerla inteligentemente debe trabajarse de acuerdo con las posibilidades. Podría decirse, centralizar tanto como las posibilidades lo permitan; eso es lo que guía nuestra acción. Esto permite un ahorro de administración, de mano de obra, permite una mejor utilización de los equipos ciñéndonos a técnicas conocidas. No es posible hacer una fábrica de zapatos que, instalada en La Habana, reparta ese producto a toda la república porque hay un problema de transporte de por medio. La utilización de la fábrica, su tamaño óptimo, está dado por los elementos de análisis técnico-económicos.

Tratamos de ir a la eliminación, en lo posible, de las categorías capitalistas, por lo tanto nosotros no consideramos un acto mercantil el tránsito de un producto por fábricas socialistas. Para que esto sea eficaz debemos hacer toda una reestructuración de los precios.

Eso está publicado por mí,[11] no tengo más que agregar a lo poco que hemos escrito, salvo que hay que investigar mucho sobre estos puntos.

En resumen, eliminar las categorías capitalistas: mercancía entre empresas, interés bancario, interés material directo como palanca, etc. y tomar los últimos adelantos administrativos y tecnológicos del capitalismo, esa es nuestra aspiración.

Se nos puede decir que todas esas pretensiones nuestras equivaldrían también a pretender tener aquí, porque los Estados Unidos lo tienen, un *Empire State* y es lógico que nosotros no podemos tener un *Empire State* pero, sin embargo, sí podemos tener muchos de los adelantos que tienen los rascacielos norteamericanos y técnicas de fabricación de esos rascacielos aunque los hagamos más chiquitos. No podemos tener una General Motors que tiene más empleados que todos los trabajadores del ministerio de Industrias en su conjunto, pero sí podemos tener una organización, y, de hecho la tenemos, similar a la General Motors. En este problema de la técnica de administración va jugando la tecnología; tecnología y técnica de administración han ido variando constantemente, unidas íntimamente a lo largo del proceso del desarrollo del capitalismo, sin embargo, en el socialismo se han dividido como dos aspectos diferentes del problema y uno de ellos se ha quedado totalmente estático. Cuando se han dado cuenta de las groseras fallas técnicas en la administración, buscan en las cercanías y descubren el capitalismo.

Recalcando, los dos problemas fundamentales que nos afligen, en nuestro Sistema Presupuestario, son la creación del hombre

---

[11] Para mayor precisión, consultar sus artículos «Sobre la concepción del valor», «Sobre el Sistema Presupuestario de Financiamiento», «La banca, el crédito y el socialismo» y «La planificación socialista», publicados en las revistas *Nuestra Industria económica* y *Cuba Socialista* en los años 1963-1964 y en *El Gran Debate. Sobre la economía en Cuba*, ob. cit.

comunista y la creación del medio material comunista, dos pilares que están unidos por medio del edificio que deben sostener.

Nosotros tenemos una gran laguna en nuestro sistema; cómo integrar al hombre a su trabajo de tal manera que no sea necesario utilizar eso que nosotros llamamos el desestímulo material, cómo hacer que cada obrero sienta la necesidad vital de apoyar a su revolución y al mismo tiempo que el trabajo es un placer; que sienta lo que todos nosotros sentimos aquí arriba.

Si es un problema de campo visual y solamente le es dable interesarse por el trabajo que hace a quien tiene la misión, la capacidad del gran constructor, estaríamos condenados a que un tornero o una secretaria nunca trabajaran con entusiasmo. Si la solución estuviera en la posibilidad de desarrollo de ese mismo obrero en el sentido material, estaríamos muy mal.

Lo cierto es que hoy no existe una plena identificación al trabajo y creo que parte de las críticas que se nos hacen son razonables, aunque el contenido ideológico de esa crítica no lo es. Es decir, se nos critica el que los trabajadores no participan en la confección de los planes, en la administración de las unidades estatales, etc., lo que es cierto, pero de allí concluyen que esto se debe a que no están interesados materialmente en ellas, están al margen de la producción. El remedio que se busca para esto es que los obreros dirijan las fábricas y sean responsables de ellas monetariamente, que tengan sus estímulos y desestímulos de acuerdo con la gestión. Creo que aquí está el quid de la cuestión; para nosotros es un error pretender que los obreros dirijan las unidades; algún obrero tiene que dirigir la unidad, uno entre todos como representante de los demás, si se quiere, pero representante de todos en cuanto a la función que se le asigna, a la responsabilidad o el honor que se le confiere, no como representante de toda la unidad ante la gran unidad de Estado, en forma antagónica. En una planificación centralizada, correcta, es muy importante la utilización racional de cada uno de los distintos elementos de la producción y no puede depender de una asamblea de obreros o del criterio de un obrero, la producción que se vaya a hacer. Evidentemente, cuanto menos conocimiento exista en el aparato central y en todos los niveles intermedios, la acción de los obreros desde el punto de vista práctico es más útil.

Eso es real, pero también nuestra práctica nos ha enseñado dos cosas para nosotros axiomáticas; un cuadro técnico bien situado puede hacer muchísimo más que todos los obreros de una fábrica y un cuadro de dirección colocado en una fábrica puede cambiar totalmente las características de ellas, ya sea en uno y otro sentido. Los ejemplos son innumerables y, además, los conocemos en toda la economía no solo en este Ministerio. Otra vez se vuelve a plantear el problema. ¿Por qué un cuadro de dirección puede cambiar todo? ¿Por qué hace trabajar técnicamente, es decir, administrativamente mejor a todo el conjunto de sus empleados, o por qué da participación a todos los empleados de manera que estos se sientan con una nueva tónica, con un nuevo entusiasmo de trabajo o por una conjunción de estas dos cosas? Nosotros no hemos hallado respuesta todavía y creo que hay que estudiar un poco más esto. La respuesta tiene que estar íntimamente relacionada con la economía política de este período y el tratamiento que se les dé a estas cuestiones debe ser integral y coherente con la economía política.

¿Cómo hacer participar a los obreros? es una interrogante que no he podido responder. Considero esto como mi obstáculo más grande o mi fracaso más grande y es una de las cosas para pensar porque en ello también está implicado el problema del Partido y del Estado, de las relaciones entre el Partido y el Estado.

Pasaremos al tercero de los puntos con que amenacé: La función del Partido y del Estado.

Hasta ahora nuestro pobre Partido ha sido un muñeco armado al estilo soviético y que empezó a caminar al estilo soviético: como buen muñeco, empezó a hacer de las suyas en cuanto se topó con la porcelana y hemos resuelto el problema quitándole la cuerda. Ahora está en un rincón pero pretendemos reactivar ese muñeco y empieza a mover una pierna u otra; me atrevo a decir que, en cualquier momento, rompe otra loza más, porque hay problemas de fondo que no han sido correctamente tratados y que impiden su desarrollo.

En mi concepto, el Partido es un aparato que conjuga en sí la doble situación de ser el motor ideológico de la Revolución y su más eficiente sistema de control.

Por motor ideológico, entiendo, el hecho de que el Partido y sus miembros deben tomar las principales ideas directrices del Gobierno y transformarlas, a cada uno de los niveles, en impulsos directos sobre los organismos de ejecución o sobre los hombres.

Por aparato de control, el que las bases del Partido y sus organizaciones superiores, en grado sucesivo creciente, estén capacitados para presentar ante el Gobierno, la imagen de lo que realmente sucede en todo aquello que no dependa de la estadística o del análisis económico, es decir, la moral, la disciplina, los métodos de dirección, la opinión del pueblo, etc.

Para cumplir su cometido de motor ideológico, el Partido y cada miembro del Partido, debe ser vanguardia y, para ello, deben de presentar la imagen más cercana a lo que debe ser un comunista. Su nivel de vida, es decir, el nivel de vida de los miembros del Partido, nunca debe de exceder, ni como cuadros profesionales, ni como cuadros dentro de la producción, al que tengan sus iguales. La moral de un comunista es su galardón más preciado, su verdadera arma, por ello, hay que cuidarla, incluso, en los aspectos más íntimos de su vida; la parte práctica de esto, la forma en que el Partido debe conducir el cuidado de la moral individual, es uno de los puntos más difíciles de tratar pero es natural, que ni ladrones, ni oportunistas, ni fariseos..., puedan figurar en el Partido, cualesquiera que hayan sido sus méritos anteriores.

En esta etapa, el cuadro revolucionario con sus cualidades morales como tarjeta de presentación por delante, tendrá que hacer esfuerzos fundamentales por crear la conciencia en las tres líneas más importantes: la capacitación, tanto técnica, como cultural o de profundización de la conciencia, la defensa del país, tanto armada como ideológica y la producción en todos sus aspectos: y, defendiendo estas tres líneas fundamentales e impulsando con su ejemplo debe participar en todos los planes nacionales, jerarquizando su acción en la medida en que el Gobierno la jerarquice. Todo esto buscando la manera de actuar de tal manera que siempre se tenga presente la lucha contra la tendencia a burocratizar el Partido, es decir, a convertirlo en un instrumento más de control estadístico del Gobierno, o en órgano de ejecución, o en órgano parlamentario, con muchos personajes a sueldo y muchas correderas en jeep, reuniones, etc., etc.

Es necesario desarrollar los cuadros del Partido para que cumplan su tarea de control.

El Partido, naturalmente, tiene que tener la organización propia, separada del Estado, aun cuando hoy ocasionalmente haya una serie de cargos en los cuales se mezclan Partido y Estado.

Como tareas inmediatas es necesario realizar la elección de los cuadros medios extraídos de la base por métodos parecidos a los empleados para la selección de los inferiores y la reestructuración de la Dirección Nacional, adaptándolos a las ideas que en este momento tengamos sobre el tema.

Una de las primeras tareas que tiene que analizar el Partido son sus relaciones con la Administración a todos los niveles. ¿Cuál será la relación que el Partido va a tener con el Gobierno? ¿Cuál la de las Direcciones Provinciales con los Gobiernos Provinciales o JUCEI [Junta de Coordinación, Ejecución e Inspección] y los regionales y núcleos con sus correspondientes? Esta es casi la tarea fundamental, el punto central de la discusión y si podemos dilucidarlo habremos ya puesto una buena piedra para el adelanto de todo el aparato.

Hasta ahora he hecho una serie de consideraciones generales, buenas o malas, pero que no aportan nada al problema. Creo que es necesario realizar una serie de tareas concretas para que el Partido pueda ir jugando su papel. Me parece que uno de los puntos fundamentales en este momento es proceder a la selección de los cuadros medios y a la reestructuración de la Secretaría de Organización, de tal manera, que tenga realmente una especie de poder ejecutivo sobre todos los cuadros profesionales en todas las tareas de organización del Partido; esto se puede realizar rápidamente y buscar un sistema para proponerlo al Secretariado, devolviendo a la producción todos los cuadros medios que simplemente no dieran la talla. Al mismo tiempo, hay que considerar el desarrollo de los cuadros y para ello tiene que desarrollarse con una idea central del Partido. Si se acepta la que yo doy como definición de comunista, hay que establecer sistemas rígidos de disciplina, de control y de autocrítica que permitan ir desglosando todas las matas raquíticas dentro del Partido.

Se pueden tomar las principales tareas de la nación como fundamentales, después las principales tareas de los organismos como secundarias y el Partido tomar bajo su cargo el impulso de una serie de estas tareas. Para referirme a la industria: grupos de vanguardia, trabajadores de vanguardia que vayan a las fábricas más atrasadas. Los comunistas no deben ganar un plus salario, sino su salario habitual, o el medio, los comunistas de cualquier tipo que sean deben estar dispuestos a trasladarse de un lugar a otro del país cuando el Partido lo ordene. Quiere decir esto, que un comunista, contador en La Habana, tiene la obligación de trasladarse a Nicaro si el Partido lo ordena, dilucidando bien esta obligación como miembro del Partido y no como funcionario.

Debe procederse a la continua revisión de los miembros del Partido en asambleas periódicas para incluir candidatos nuevos y desechar los viejos, los que han demostrado debilidades grandes, estableciendo en todos aquellos casos en que las faltas no sean graves el *status* de candidato a miembro.

Establecer por el Secretariado de Organización un proyecto de organización del Partido en todo su conjunto, pero dividido en dos partes, una de las cuales abarque de las Direcciones Provinciales hacia abajo, de tal manera que, si por las circunstancias actuales no se admite la reestructuración propuesta se pueden iniciar trabajos serios de las Direcciones Provinciales hacia abajo, que para este trabajo se forme una comisión dirigida por la Secretaría de Organización y con participación de miembros de las provincias, ya sea una de cada provincia, o alguno elegido entre las distintas provincias.

Que la organización nombre un pequeño grupo de compañeros que trabajen en la creación de unos estatutos provisionales del Partido, que servirían para reglar su funcionamiento hasta que se convoque un congreso en el que se aprobará definitivamente el programa. Se deben reglar las relaciones entre el Partido y la Juventud. También formar una comisión mixta, ya sea solo de miembros del Partido que a su vez sean administrativos o de miembros del Partido y de la Administración que normen de Ministerio hacia abajo las relaciones entre ellos.

Algunos de estos proyectos pueden ser discutidos en las bases previamente y otros directamente discutidos en las esferas superiores.

Creo que las líneas fundamentales son:

- Aprobar el concepto de lo que debe ser un comunista, cualquiera que este sea o dentro de los límites que se precise.
- Iniciar las tareas de discusión de las relaciones Partido-Administración.

- Decidir sobre las funciones del Partido, ya sean estas que planteo de motor ideológico y control, o las que se establezcan y establecer un método de trabajo que permita dividir la tarea en dos partes.

Aun cuando el Partido, en algunos aspectos, siga con las características de acefalia actual, puede estructurarse una firme organización de base.

Más o menos esto es lo que tengo que decir sobre el Partido, poco más que un llamado a la investigación, es siempre dentro del marco de mi preocupación fundamental que es la creación del hombre nuevo.

Sobre el Estado tengo aún menos que decir. Creo que es el embrollo más grande, pero también creo que tenemos que hacer esfuerzos sistemáticos por investigarlo. Por eso me parece que el sistema adoptado para la reestructuración administrativa, lucha contra el burocratismo, etc., tiene un grave error de fondo; otra vez estamos cayendo en el sistema de dibujar al hombre comenzando por la nariz, sin un esquema de conjunto. Si la Juceplan es la encargada de confeccionar la estadística y a los organismos también se le da esa facultad, no debe una comisión regional cambiar los modelos exigidos centralmente. No se ha podido racionalizar más porque se choca con una serie de limitaciones de tipo burocrático central o de exigencias de la Juceplan, o por indisciplina. Sería mejor encuadrar al Partido dentro de esta misma línea de acción y hacer un trabajo ordenado que vaya de arriba hacia abajo; si quieren que estudien en la base todo lo necesario, pero para ir después subiendo en su estudio y dar una recomendación al final, no una acción al principio.

La idea de reestructuración presentada por la Juceplan me parece bastante correcta en sentido lógico, pero no puedo decir si es correcta, conceptualmente hablando, desde el punto de vista de lo que debe ser el Estado en el primer período de transición, lo cual corresponde al interrogante de lo que debe ser el hombre comunista y por lo tanto cómo se le debe preparar, por un lado y de la economía política del período y por lo tanto cómo será la estructura basada en esa economía política por otro. Tenemos que crear una base investigativa seria que esté capacitada para responder interrogantes muy complejos y comience a estructurar un nuevo Estado Socialista, de corte totalmente distinto a los actuales. Pero no sé más sobre el tema: lo dejo en ese grado de vaguedad.

Trataré de ser concreto, ahora, en el capítulo de las Recomendaciones Generales.

Política Económica: Creo que un pequeño grupo de gente debía dedicarse a estudiar la Economía Política de este período, pero no debemos esperar por ellos ni pensar que lo puedan resolver fácilmente. Muy poca gente de esa capacidad habrá en Cuba, si es que hay alguien, porque estas son tareas que las han hecho pocos en la historia y quizás Marx fuera el único que la hiciera completa.

Sin embargo, en la política económica hay una serie de concepciones que se pueden establecer de tareas urgentes sobre las cuales se puede llamar la atención. Lo más importante [es] «globalizar», en el buen sentido de la palabra, nuestras aspiraciones. Creo que si al entusiasmo se le pone un pequeño freno de realidad y se hace un análisis comparativo con otros países no cayendo de nuevo en las pretensiones de tener crecimiento de 15 o 20% anual, nos podemos plantear qué es lo que queremos para el año [19]80. Sobre esta base irá surgiendo lo que tendremos que producir, lo que tendremos que importar, cuánto tendremos que gastar en inversiones productivas y cuánto en inversiones improductivas y la respuesta al más grande interrogante: ¿podemos hacerlo con los actuales métodos y con el actual desarrollo de la economía, sí o no?

Hay algunos estudios hechos por los compañeros del Ministerio que indican que no. Son preliminares, no sé si querrás leerlos. Esto indicaría que no se puede llegar a un desarrollo adecuado el año 80 simplemente con la ganadería y la caña; es necesario algo más. Ese algo más es la industria.

¿Cuánto se puede gastar en las industrias?, ¿qué industrias?, ¿cuánto en servicios, en transporte, etc.? No es el momento de estar aquí propugnando cantidades, simplemente me interesa propugnar métodos. Este es un método que no exige más de un día para hacerse una visión de conjunto. Se podrá entonces analizar cosas que se plantean muy claras, por ejemplo, que los mercados derivados de la carne no son tan abundantes como se pretende, que hay una serie de leyes proteccionistas, de acuerdo con las distintas agrupaciones capitalistas, que impiden una venta ilimitada de productos y no se prevé en los años próximos un aumento sustancial de los precios de los distintos productos elaborados a partir del ganado vacuno; además, hay que hacer ingentes inversiones, e inversión que se haga ahí no se hace en otro lado.

Es decir, hacer un balance elemental de nuestras necesidades y de nuestros deseos. Si fuera posible hacer una vez esto y ceñirse a un plan de acción que no tendría que ser extremadamente minucioso, se podrían llevar líneas internas de desarrollo a largo plazo, con planes quinquenales mucho más elaborados de los cuales el primero, este del 66-70, que no existe pero que está fijado por una serie de compromisos contraídos, tendrá una tendencia claramente agrícola y después del 70 habrá que dar el gran viraje. Lo digo con toda mi convicción (independientemente de lo que valga); si nosotros nos dedicamos a la agricultura y a la industria agropecuaria solamente, estamos liquidados en cuanto a las posibilidades reales de tener un desarrollo armónico y ser un país rico.

Hay que invertir en la industria, dentro de esta hay que tomar la industria más moderna; hay que tener una base mecánica suficientemente sólida, con una base metalúrgica elemental, por lo menos. Hay que hacerlo. Hay que dedicarse a la química del petróleo, del azúcar, la química básica, incluidos fertilizantes en ella; hay que quimificar al máximo. Hay que automatizar, única forma de competir. Hay que atender al problema inquietante del mantenimiento preventivo.

Haciendo todas estas cosas, más la base de una prospección geológica adecuada, desarrollo de la máquina agrícola dentro de nuestras posibilidades, industrias mecánicas como la construcción naval, parsimoniosamente y con una educación acelerada continua y eslabonada se podrá llegar lejos; si no se hace nada en este sentido, a partir del año 70 Cuba volverá a tener problemas de desocupación.

Hay tareas urgentes que realizar. Entre estas tareas se puede considerar de las más importantes fijar las reglas del juego de Juceplan definitivamente, definitivamente darle a Juceplan una autoridad, al menos anual, incontrovertida. Que nadie pueda salirse de marcos estrictos sin consideraciones a planes especiales. Hay que ir estableciendo gradualmente el sistema presupuestario en la agricultura; esto sería ideal para componer una inmensa cantidad de problemas que existen, siempre y cuando los cuadros sean honestos y trabajadores conscientes de lo que se debe hacer. Hay que reexaminar los problemas de los precios y, conjuntamente con los precios, los salarios; eso va a explotar en algún momento si nos descuidamos. No es que sea una situación explosiva hoy, pero se acumula descontento en determinadas regiones industriales en que los salarios están congelados, viendo cómo los salarios están congelados, viendo cómo los salarios del campo día a día se aumentan. Hay que seguir una política de extrema cautela en las inversiones, bien meditada y única, basada en un plan único de un organismo único, controlado por la Juceplan.

Osmany decía el otro día una cosa muy sensata; nosotros paralizamos obras para mandar gentes a cortar caña y el organismo encargado de cortar la caña mantiene, con sus propios obreros, las obras propias en construcción. Esas cosas suceden todavía.

Hay que hacer por lo menos otra estructuración de todos los organismos sobre un plan único dirigido por la Juceplan y después que se tengan ciertas directrices generales, de manera que se pueda ir limpiando toda una serie de zonas oscuras en las relaciones entre organismos, relaciones horizontales y verticales, etc. Es importante, como lo advirtiera antes, que se norme exactamente la participación del Partido: si no es posible totalmente por lo menos su participación en determinados niveles inferiores, en forma más o menos constante y en todo el país. Proceder a la educación de los cuadros del Partido con un sentido más amplio de la filosofía, incluso un humanismo marxista más avanzado. No definiciones en torno a las discrepancias, pero sí participación en estudios, o por lo menos, en recopilaciones de documentos de los debates, intento de análisis de las causas que se conocen actualmente. Hacer del cuadro del Partido un elemento pensante, no solo de las realidades de nuestro país sino de la teoría marxista que no es un adorno sino que es una extraordinaria guía para la acción (los cuadros no conocen a Trosky [sic] ni Stalin pero los califican de «malos» escolásticamente). Acabar con la escolástica y la apologética, ceñir a una disciplina única todas las dependencias del Partido, (pienso en *Hoy*).[12]

Hacer una política educacional acorde con todo lo que se quiere conseguir unida en todas sus partes, congruente en sus escalas y congruente con lo que se busca.

Seguir el mismo principio en las Relaciones Exteriores.

Creo estas son las cosas más importantes; creo también que no he dicho nada nuevo. Tengo cierta sensación de que esto es un

---

[12]   Se refiere al periódico *Hoy*, órgano del Partido Socialista Popular.

poco de pérdida de tiempo para todos, porque tengo copias de otros escritos anteriores de un tono parecido y realmente poco ha cambiado desde entonces y nada de lo fundamental. Sin embargo, hoy se han producido una serie de avances administrativos grandes y algunos cambios de directivas quizás puedan mejorar el aparato y aumentar la confianza que tú le tengas.

[...]

Así se podrá adelantar mucho, tal vez no se corrigieran tan a tiempo los errores, pero a veces, es preferible tardar un poco más de tiempo en corregirlos y no hacerlo inmediatamente, sin meditar sobre las posibilidades de que se cometa un nuevo error.

Son críticas que hago amparado en la vieja amistad y en el aprecio, la admiración y lealtad sin límites que te profeso.

No tengo mucha seguridad de que llegues a esta hoja porque ya han sido muchas.

Patria o Muerte

[No lleva firma]

CARTAS DESDE LA SOLIDARIDAD Y EL INTERNACIONALISMO
(1965-1967)

Ese nuevo ciclo en la vida del Che, síntesis y renacer de sus andanzas de juventud, pero con colores y matices multiplicados, nos enfrenta a un hombre que se dedicó a cincelar la forma y el contenido de su realización como hombre y revolucionario y que encuentra en la lucha el camino certero para contribuir al mejoramiento humano, al decir de José Martí.

A pesar de sus complejidades y dificultades, encontró tiempo y espacio para escribir cartas de enorme significado y trascendencia, no como preludio de muerte sino como retoño de nuevas «rutas», en las que se trasmite el clímax de sus ansias y anhelos cultivados a lo largo de su vida.

Quizás esas cartas sean el punto de encuentro y de partida en las que siente la necesidad de expresarse con más intimidad desde su yo interior, con profunda espiritualidad, pero sin abandonar los desafíos a los que se enfrentaba. Sin dudas, tanto el modo en que narra o exige, como la manera en que se estremece en sus nostalgias y ansias personales, poseen rasgos comunes que se conectan con aquellas primeras cartas que hiciera a su familia y amigos para contarles sus deseos y aspiraciones.

Desde las cartas escritas a modo de despedida, sin diferenciarlas en sus respectivas dimensiones, como las hechas en circunstancias dramáticas desde el Congo, Tanzania, Praga o Bolivia, refuerzan el convencimiento de la magnitud de un andar edificado sobre un tejido sólido, extendido en el tiempo y que, desde sus orígenes, se caracterizó por su coherencia y convicción. De ese modo es que debemos acercarnos a las últimas cartas que el Che nos legara, las que, a pesar del lapso transcurrido, mantienen el vigor de su estilo y el arrojo de sus añoranzas.

Carta a Aleida March
[Sin fecha]*

Mi querida:[1]

Es la última en mucho tiempo, quizás. Pienso en ti y en los pedacitos de carne que dejé detrás. Este oficio deja mucho tiempo para pensar, a pesar de todo.

No te mando el anillo, porque pensé que no era correcto gastar dinero en eso, ahora que lo necesitamos tanto. Te mandaré algo del punto de destino. Ahora te mando un par de besos apasionados, capaces de derretir tu frío corazón; divide uno en pedazos para los niños. Dale otros más moderados a los suegros y los demás componentes de la familia. A la pareja de recién casados un abrazo y las recomendaciones de que al primero le pongan Ramón.

En las noches del trópico volveré a mi viejo y mal ejercido oficio de poeta (no tanto de composición como de pensamiento) y tú serás la única protagonista.

No dejes de estudiar. Trabaja bastante y recuérdame de vez en cuando.

Un último, apasionado, sin retórica, de tu

Ramón[2]

---

*   Archivo del Centro de Estudios Che Guevara.
[1]   Véase Aleida March: *Evocación. Mi vida al lado del Che*, México, Ocean Sur, 2011, p. 129.
[2]   Nombre de guerra que comenzó a utilizar Ernesto Che Guevara.

Carta de despedida a sus hijos

A mis hijos*
Queridos Hildita, Aleidita, Camilo, Celia y Ernesto:

Si alguna vez tienen que leer esta carta, será porque yo no esté entre ustedes.

Casi no se acordarán de mí y los más chiquitos no recordarán nada. Su padre ha sido un hombre que actúa como piensa y, seguro, ha sido leal a sus convicciones. Crezcan como buenos revolucionarios. Estudien mucho para poder dominar la técnica que permite dominar la naturaleza. Acuérdense que la Revolución es lo importante y que cada uno de nosotros, solo, no vale nada.

Sobre todo, sean siempre capaces de sentir en lo más hondo cualquier injusticia cometida contra cualquiera en cualquier parte del mundo. Es la cualidad más linda de un revolucionario.

Hasta siempre hijitos, espero verlos todavía. Un beso grandote y un gran abrazo de

Papá

---

*   Archivo del Centro de Estudios Che Guevara.

Carta de despedida a sus padres

A mis padres*
Queridos viejos:

Otra vez siento bajo mis talones el costillar de Rocinante, vuelvo al camino con mi adarga al brazo.

Hace de esto casi diez años, les escribí otra carta de despedida. Según recuerdo, me lamentaba de no ser mejor soldado y mejor médico; lo segundo ya no me interesa, soldado no soy tan malo.

Nada ha cambiado en esencia, salvo que soy mucho más consciente, mi marxismo está enraizado y depurado. Creo en la lucha armada como única solución para los pueblos que luchan por liberarse y soy consecuente con mis creencias. Muchos me dirán aventurero, y lo soy, solo que de un tipo diferente y de los que ponen el pellejo para demostrar sus verdades.

Puede ser que esta sea la definitiva. No lo busco pero está dentro del cálculo lógico de probabilidades. Si es así, va un último abrazo.

Los he querido mucho, solo que no he sabido expresar mi cariño, soy extremadamente rígido en mis acciones y creo que a veces no me entendieron. No era fácil entenderme, por otra parte, créanme, solamente, hoy.

Ahora, una voluntad que he pulido con delectación de artista, sostendrá unas piernas flácidas y unos pulmones cansados. Lo haré.

---

*   Archivo del Centro de Estudios Che Guevara.

Acuérdense de vez en cuando de este pequeño *condottieri* del siglo XX.

Un beso a Celia, a Roberto, Ana María y Patotín, a Beatriz, a todos. Un gran abrazo de hijo pródigo y recalcitrante para ustedes.

Ernesto

Carta a Carlos Rafael Rodríguez
[1965]

Carlos:*³

En el estribo de Rocinante me cuadro y te saludo.

Otros soles alumbrarán mis teorías y estarán cómodos, pero tengo la impresión de que sentirán que algo falta cuando no haya con quién discutir.

Para despedirme como siempre: Si tengo razón, si se puede ganar una guerra como esta (y la ganaremos).

Te abraza

Che

---

*   Archivo del Centro de Estudios Che Guevara.

³   Carlos Rafael Rodríguez (1913-1997). Político, economista y revolucionario cubano. Durante el desarrollo de la polémica sobre la economía en
Cuba, impulsada por el Che y que llegó a alcanzar relevancia internacional, era el presidente del INRA. Con posterioridad, fue vicepresidente del
Consejo de Estado, encargado de las relaciones internacionales y miembro
del Buró Político del Partido Comunista de Cuba. Véase Ernesto Che Guevara: *El Gran debate. Sobre la economía en Cuba*, ob. cit.

Carta de despedida a Fidel Castro[4]
Habana*

Fidel:

Me recuerdo en esta hora de muchas cosas, de cuando te conocí en casa de María Antonia, de cuando me propusiste venir, de toda la tensión de los preparativos.

Un día pasaron preguntando a quién se debía avisar en caso de muerte y la posibilidad real del hecho nos golpeó a todos. Después supimos que era cierto, que en una revolución se triunfa o se muere (si es verdadera).

Muchos compañeros quedaron a lo largo del camino hacia la victoria. Hoy todo tiene un tono menos dramático porque somos más maduros, pero el hecho se repite. Siento que he cumplido la parte de mi deber que me ataba a la Revolución Cubana en su territorio y me despido de ti, de los compañeros, de tu pueblo que ya es mío.

Hago formal renuncia de mis cargos en la Dirección del Partido, de mi puesto de Ministro, de mi grado de Comandante, de mi

---

*   Archivo del Centro de Estudios Che Guevara.

4   Esta carta fue leída por Fidel Castro el 3 de octubre de 1965, en el acto de presentación del Comité Central del nuevo Partido Comunista de Cuba. En ese momento Fidel declaró: «voy a leer una carta, manuscrita y más tarde impresa por Ernesto Guevara, la cual se explica por sí misma [...] Está sin fecha, porque la carta iba a ser leída en el momento más oportuno, pero fue actualizada y enviada el 1ro. de abril de este año». La lectura de esta carta fue la primera explicación pública de la ausencia de Ernesto Che Guevara en Cuba.

condición de cubano. Nada legal me ata a Cuba, solo lazos de otra clase que no se pueden romper como los nombramientos.

Haciendo un recuento de mi vida pasada creo haber trabajado con suficiente honradez y dedicación para consolidar el triunfo revolucionario.

Mi única falta de alguna gravedad es no haber confiado más en ti desde los primeros momentos de la Sierra Maestra y no haber comprendido con suficiente claridad tus cualidades de conductor y de revolucionario. He vivido días magníficos y sentí a tu lado el orgullo de pertenecer a nuestro pueblo en los días luminosos y tristes de la Crisis del Caribe.

Pocas veces brilló más alto un estadista que en esos días, me enorgullezco también de haberte seguido sin vacilaciones, identificado con tu manera de pensar y de ver y apreciar los peligros y los principios.

Otras tierras del mundo reclaman el concurso de mis modestos esfuerzos.

Yo puedo hacer lo que te está negado por tu responsabilidad al frente de Cuba y llegó la hora de separarnos.

Sépase que lo hago con una mezcla de alegría y de dolor, aquí dejo lo más puro de mis esperanzas de constructor y lo más querido entre mis seres queridos… y dejo un pueblo que me admitió como un hijo; eso lacera una parte de mi espíritu. En los nuevos campos de batalla llevaré la fe que me inculcaste, el espíritu revolucionario de un pueblo, la sensación de cumplir con el más sagrado de los deberes: luchar contra el imperialismo donde quiera que esté; esto reconforta y cura con creces cualquier desgarradura.

Digo una vez más que libero a Cuba de cualquier responsabilidad, salvo la que emane de su ejemplo. Que si me llega la hora definitiva bajo otros cielos, mi último pensamiento será para este pueblo y especialmente para ti. Que te doy las gracias por tus enseñanzas y tu ejemplo al que trataré de ser fiel hasta las últimas consecuencias de mis actos. Que he estado identificado siempre con la política exterior de nuestra Revolución y lo sigo estando. Que en dondequiera que me pare sentiré la responsabilidad de ser revolucionario cubano, y como tal actuaré. Que no dejo a mis hijos y mi mujer nada material y no me apena: me alegra que así sea. Que no pido nada para ellos pues el Estado les dará lo suficiente para vivir y educarse.

Tendría muchas cosas que decirte a ti y a nuestro pueblo, pero siento que son innecesarias, las palabras no pueden expresar lo que yo quisiera, y no vale la pena emborronar cuartillas.

Hasta la victoria siempre. Patria o Muerte.

Te abraza con todo fervor revolucionario

Che

Carta a Fidel Castro

Congo, 5 de octubre de 1965

Querido Fidel:*⁵

Recibí tu carta que provocó en mí sentimientos contradictorios, ya que en nombre del internacionalismo proletario cometemos errores que pueden ser muy costosos. Además, me preocupa personalmente que, ya sea por mi falta de seriedad al escribir o porque no me comprendas totalmente, se pueda pensar que padezco la terrible enfermedad del pesimismo sin causa.

Cuando llegó tu presente griego⁶ me dijo que una de mis cartas había provocado la sensación de un gladiador condenado y el Ministro,⁷ al comunicarme tu mensaje optimista, confirmaba la opinión que tú te hacías. Con el portador podrás conversar largamente y te dará sus impresiones de primera mano ya que recorrió una buena parte del frente; por tal motivo suprimo el anecdotario. Te diré solamente que aquí, según los allegados, he perdido mi fama de objetivo manteniendo un optimismo carente de bases, frente a la real situación existente. Puedo asegurarte que si no fuera por

---

*   Archivo del Centro de Estudios Che Guevara.

⁵   Esta carta apareció publicada por primera vez en Ernesto Che Guevara: *Pasajes de la guerra revolucionaria. Congo*, Ocean Sur, 2009, pp. 143-147.

⁶   Se refiere a *Tembo*, que en swahili significa «elefante», seudónimo de Emilio Aragonés, miembro del Comité Central del Partido Comunista de Cuba.

⁷   Se refiere a José Ramón Machado Ventura. Ministro de Salud Pública de Cuba, 1960-1968. Actualmente, es miembro del Buró Político del PCC. Su llegada y encuentro con Che se produjo el 4 de octubre de 1965.

mí este bello sueño estaría desintegrado en medio de la catástrofe general.

En mis cartas anteriores les pedía que no me mandaran mucha gente sino cuadros, les decía que aquí prácticamente no hacen falta armas, salvo algunas especiales, sino al contrario sobran hombres armados y faltan soldados y les advertía muy especialmente sobre la necesidad de no dar más dinero sino con cuentagotas y después de muchos ruegos. Ninguna de estas cosas han sido tomadas en cuenta y se han hecho planes fantásticos que nos ponen en peligro de descrédito internacional y pueden dejarme en una situación muy difícil.

Paso a explicarte:

Soumialot y sus compañeros les han vendido un tranvía de grandes dimensiones. Sería prolijo enumerar la gran cantidad de mentiras en que incurrieron, es preferible explicarles la situación actual con el mapa adjunto. Hay dos zonas donde se puede decir que hay algo de revolución organizada, esta en la que estamos y una parte de la provincia de Kasai donde está Mulele que es la gran incógnita. En el resto del país solo existen bandas desconectadas que sobreviven en la selva; todo lo perdieron sin combatir, como perdieron sin combatir Stanleyville. Esto no es lo más grave sino el espíritu que reina entre los grupos de esta zona, única que tiene contacto con el exterior. Las disensiones entre Kabila y Soumialot son cada vez más serias y se toman como pretexto para seguir entregando ciudades sin combatir. Conozco a Kabila lo suficiente como para no hacerme ninguna ilusión sobre él y no puedo decir lo mismo de Soumialot, pero tengo algunos antecedentes, como son la ristra de mentiras que les endilgara, el hecho de que tampoco se digna venir por estas tierras malditas de Dios, las frecuentes borracheras que se pega en Dar esSalaam donde vive en los mejores hoteles y la clase de aliados que tiene aquí contra el otro grupo.[8] En estos días un grupo del ejército tshombista desembarcó en la zona de Baraka, donde un general-mayor adicto de Soumia-lot tiene no menos de 1 000 hombres armados y tomó el punto de gran importancia estratégica casi sin combatir. Ahora discuten de quién es la culpa, si de los que no combatieron o de los del Lago que no les mandaron suficiente parque. El hecho es que corrieron vergonzosamente, dejaron botado en la manigua un cañón de 75 milímetros sin retroceso y dos morteros 82; todo el personal de esas armas ha desaparecido y ahora me piden cubanos para que las rescatemos donde estén (que no se sabe bien) y combatamos con ellas. A 36 kilómetros se encuentra Fizi y no están haciendo nada para defenderla, ni trincheras en el único camino de acceso, entre montañas, quieren hacer. Esto da una pálida idea de la situación. Con respecto a la necesidad de elegir bien los hombres y no mandarme cantidad, tú me aseguras con el emisario que los que hay aquí son buenos; estoy seguro de que la mayoría son buenos, si no estarían rajados hace mucho. No se trata de eso, es que hay que tener el espíritu realmente bien templado para aguantar las cosas que suceden aquí; no se trata de hombres buenos, aquí hacen falta superhombres [...].

Y quedan los 200 míos; créeme que esa gente sería perjudicial en este momento, a menos que resolvamos definitivamente luchar nosotros solos, en cuyo caso hace falta una división y habrá que ver con cuántas se nos enfrenta el enemigo. Tal vez, esto último será exagerado y se necesite un batallón para volver a las fronteras que teníamos al llegar aquí y amenazar a Albertville, pero el número no importa en este caso, no podemos liberar solos un país que no quiere luchar, hay que crear ese espíritu de lucha y buscar los soldados con la linterna de Diógenes y la paciencia de Job, tarea que

---

[8]   Lo de las borracheras me fue comunicado por fuentes del otro bando; no parece ser cierto. (*Nota de Che*).

se vuelve más difícil cuantos más comemierdas que le hagan las cosas encuentre esta gente en su camino…

Lo de las lanchas merece punto y aparte. Hace tiempo que vengo pidiendo dos técnicos en motores para evitar el cementerio en que se está convirtiendo el embarcadero de Kigoma. Llegaron tres lanchas soviéticas de paquete hace poco más de un mes y ya dos están inservibles y la tercera, en la que cruzó el emisario hace agua por todos lados. Las tres lanchas italianas seguirán el mismo camino que las anteriores a menos que tengan tripulación cubana. Para esto y el asunto de la artillada hace falta la aquiescencia de Tanzania que no se obtendrá fácilmente. Estos países no son Cuba para jugarse todo a una carta por grande que sea (la carta que se está jugando es bastante endeble). El emisario lleva el encargo mío de precisar con el gobierno amigo el alcance de la ayuda que está dispuesto a dar. Has de saber que casi todo lo que vino en el barco está incautado en Tanzania y el emisario también debe conversar sobre esto.

El asunto del dinero es lo que más me duele por lo repetida que fue mi advertencia. En el colmo de mi audacia de «derrochador», después de llorar mucho me había comprometido a abastecer un frente, el más importante, con la condición de dirigir la lucha y formar una columna mixta especial bajo mi mando directo, siguiendo la estrategia que me había trazado y que les participé. Para ello calculaba, con todo el dolor de mi alma, 5 000 dólares por mes. Ahora me entero que una suma 20 veces más grande se les da a los paseantes, de una sola vez para vivir bien en todas las capitales del mundo africano, sin contar que ellos son alojados por cuenta de los principales países progresistas que muchas veces les pagan los gastos de viaje. A un frente miserable donde los campesinos padecen todas las miserias imaginables, incluida la rapacidad de sus propios defensores, no llegará ni un centavo y tampoco a los pobres diablos que están anclados en Sudán (el whisky y las mujeres no figuran en el rubro de los gastos que cubren los gobiernos amigos y eso cuesta, si se quiere de buena calidad).

Por último, con 50 médicos, la zona liberada del Congo contará con la envidiable proporción de uno para cada 1 000 habitantes, nivel que han pasado la URSS, Estados Unidos y dos o tres de los países más adelantados del mundo, sin contar con que aquí se distribuyen de acuerdo con preferencias políticas y no hay la menor organización de sanidad. Mejor que ese gigantismo es mandar un grupo de médicos revolucionarios y aumentarlo según mi pedido, con algunos enfermeros bien prácticos y del mismo tipo.

Como en el mapa adjunto va una síntesis de la situación militar, me limitaré a unas cuantas recomendaciones que les ruego tomen en cuenta de una manera objetiva: olvídense de todos los hombres en dirección a agrupaciones fantasmas, prepárenme hasta 100 cuadros que no deben ser todos negros y elijan de la lista de Osmany [Cienfuegos], más lo que descuelle por allí. Como armas, la nueva bazuca, fulminantes eléctricos con su fuente de poder, un poco de R-4 y nada más por ahora; olvídense de los fusiles, que si no son electrónicos no resuelven nada. Nuestros morteros deben estar en Tanzania y con ellos, más una nueva dotación de sirvientes, tendríamos de sobra por ahora. Olviden lo de Burundi y traten con mucho tacto lo de las lanchas (no olvidar que Tanzania es un país independiente y hay que jugar limpio allí, dejando de lado el tarrito que metí yo). Manden a la brevedad los mecánicos y un hombre que sepa navegar para cruzar el lago con relativa seguridad; eso está hablado y Tanzania lo acepta. Déjenme administrar el problema de los médicos, pero dándole algunos a Tanzania. No vuelvan a incurrir en el error de soltar dinero así, pues ellos se acuestan en mí cuando se sienten apurados y seguramente no me harán caso si el dinero corre. Confíen un poco en mi criterio y no juzguen por las apariencias. Sacudan a los encargados de administrar una información veraz, que no son capaces de desentrañar esta madeja y presentan imágenes utópicas, que nada tienen que ver con la realidad.

He tratado de ser explícito y objetivo, sintético y veraz. ¿Me creen?

Un abrazo.

[No lleva firma]

Carta a Armando Hart

4 de diciembre de 1965[9]

Mi querido Secretario:

Te felicito por la oportunidad que te han dado de ser Dios; tienes 6 días para ello. Antes de que acabes y te sientes a descansar (si es que no eliges el sabio método del dios predecesor, que descansó antes), quiero exponerte algunas ideíllas sobre la cultura de nuestra vanguardia y de nuestro pueblo en general.

En este largo período de vacaciones le metí la nariz a la filosofía, cosa que hace tiempo pensaba hacer. Me encontré con la primera dificultad: en Cuba no hay nada publicado, si excluimos los ladrillos soviéticos que tienen el inconveniente de no dejarte pensar; ya el partido lo hizo por ti y tú debes digerir. Como método, es lo más antimarxista, pero, además suelen ser muy malos. La segunda, y no menos importante, fue mi desconocimiento del lenguaje filosófico (he luchado duramente con el maestro Hegel y en el primer round me dio dos caídas). Por ello hice un plan de estudio para mí que, creo, puede ser estudiado y mejorado mucho para constituir la base de una verdadera escuela de pensamiento; ya hemos hecho mucho, pero algún día tendremos también que pensar. El plan mío es de lecturas, naturalmente, pero puede adaptarse a publicaciones serias de la Editora Política.

Si le das un vistazo a sus publicaciones podrás ver la profusión de autores soviéticos y franceses que tiene. Esto se debe a comodi-

---

9   Esta carta aparece publicada además en Ernesto Che Guevara: *Apuntes filosóficos*, Ocean Sur, 2012, pp. 23-25.

dad en la obtención de traducciones y a seguidismo ideológico. Así no se da cultura marxista al pueblo, a lo más, divulgación marxista, lo que es necesario, si la divulgación es buena (no es este el caso), pero insuficiente.

Mi plan es este:

I.   Clásicos filosóficos

II.   Grandes dialécticos y materialistas

III.   Filósofos modernos

IV.   Clásicos de la economía y precursores

V.   Marx y el pensamiento marxista

VI.   Construcción socialista

VII.   Heterodoxos y capitalistas

VIII.   Polémicas

Cada serie tiene independencia con respecto a la otra y se podría desarrollar así:

I. Se toman los clásicos conocidos ya traducidos al español, agregándole un estudio preliminar serio de un filósofo, marxista si es posible, y un amplio vocabulario explicativo. Simultáneamente, se publica un diccionario de términos filosóficos y alguna historia de la filosofía. Tal vez pudiera ser Dennyk [Dynnik] y la de Hegel. La publicación podría seguir cierto orden cronológico selectivo, vale decir, comenzar por un libro o dos de los más grandes pensadores y desarrollar la serie hasta acabarla en la época moderna, retornando al pasado con otros filósofos menos importantes y aumentando volúmenes de los más representativos, etc.

II. Aquí se puede seguir el mismo método general, haciendo recopilaciones de algunos antiguos (hace tiempo leí un estudio que estaban Demócrito, Heráclito y Leucipo, hecho en la Argentina).

III. Aquí se publicarían los más representativos filósofos modernos, acompañados de estudios serios y minuciosos de gente entendida (no tiene que ser cubana) con la correspondiente crítica cuando representen los puntos de vista idealistas.

V. Se está realizando ya, pero sin orden ninguno y faltan obras fundamentales de Marx. Aquí sería necesario publicar las obras completas de Marx y Engels, Lenin, Stalin y otros grandes marxistas. Nadie ha leído nada de Rosa Luxemburgo, por ejemplo, quien tiene errores en su crítica a Marx (III tomo) pero murió asesinada, y el instinto del imperialismo es superior al nuestro en estos aspectos. Faltan también pensadores marxistas que luego se salieron del carril, como Kautsky, Hilfering [Hilferding] (no se escribe así) que hicieron aportes y muchos marxistas contemporáneos, no totalmente escolásticos.

VI. Construcción socialista. Libros que traten problemas concretos, no solo de los actuales gobernantes, sino del pasado, haciendo averiguaciones serias sobre los aportes de filósofos y, sobre todo, economistas o estadistas.

VII. Aquí vendrían los grandes revisionistas (si quieren pueden poner a Jrushov) bien analizados; más profundamente que ninguno, y debía estar tu amigo Trotski, que existió y escribió, según parece. Además, grandes teóricos del capitalismo como Marshall, Keynes, Schumpeter, etc. También analizados a fondo con la explicación de los por qué.

VIII. Como su nombre lo indica, este es el más polémico, pero el pensamiento marxista avanzó así. Proudhon escribió *Filosofía de la Miseria* y se sabe que existe por la *Miseria de la Filosofía*. Una edición crítica puede ayudar a comprender la época y el propio desarrollo de Marx, que no estaba completo aún. Están Robertus y Dühring en esa época y luego los revisionistas y las grandes polémicas del año 20 en la URSS, quizás las más importantes para nosotros.

Ahora veo, que me faltó uno, por lo que cambio el orden (estoy escribiendo a vuela pluma). Sería el IV, clásicos de la economía y precursores, donde estarían desde Adam Smith, los fisiócratas, etc.

Es un trabajo gigantesco, pero Cuba lo merece y creo que lo pudiera intentar. No te canso más con esta cháchara. Te escribí a ti porque mi conocimiento de los actuales responsables de la orientación ideológica es pobre y, tal vez, no fuera prudente hacerlo por otras consideraciones (no solo la del seguidismo, que también cuenta).

Bueno, ilustre colega (por lo de filósofo), te deseo éxito. Espero que nos veamos el séptimo día. Un abrazo a los abrazables, incluyéndome de pasada, a tu cara y belicosa mitad.

R[amón].

Carta a Aleida March
[Desde el Congo]

Mi única en el mundo:*[10]

(Se lo pedí prestado al viejo Hickmet)

¿Qué milagro has hecho con mi pobre y viejo caparazón, ya no me interesa el abrazo real y sueño con las concavidades en que me acomodabas y en tu olor y en tus caricias toscas y guajiras?

Esto es otra Sierra Maestra pero sin el sabor de la construcción ni, todavía al menos, la satisfacción de sentirlo mío.

Todo transcurre con un ritmo lento, como si la guerra fuera una cosa para pasado mañana. Por ahora, tu temor de que me maten es tan infundado como tus celos.

Mi trabajo se compone de la enseñanza de francés en varias clases al día, aprendizaje de swahili y medicina. Dentro de unos días comenzaré un trabajo serio, pero de entrenamiento. Una especie de Minas del Frío, de la de la guerra; no la que visitamos juntos.

Dale un beso cuidadoso a cada crío (también a Hildita).

Sácate una foto con todos ellos y mándala. No muy grande y otra chiquita. Aprende francés, más que enfermería y quiéreme.

Un largo beso, como de reencuentro.

Te quiere

Tatu

---

*   Archivo del Centro de Estudios Che Guevara.

[10]   Esta carta aparece publicada además en Aleida March: *Evocación. Mi vida al lado del Che*, ob. cit.

Carta a su hija Hilda Beatriz Guevara Gadea
15 de febrero de 1966

A Hildita*[11]

Hildita querida:

Hoy te escribo, aunque la carta te llegará bastante después; pero quiero que sepas que me acuerdo de ti y espero que estés pasando tu cumpleaños muy feliz. Ya eres casi una mujer, y no se te puede escribir como a los niños, contándoles boberías o mentiritas.

Has de saber que sigo lejos y estaré mucho tiempo alejado de ti, haciendo lo que pueda para luchar contra nuestros enemigos. No es que sea gran cosa pero algo hago, y creo que podrás estar siempre orgullosa de tu padre, como yo lo estoy de ti.

Acuérdate que todavía faltan muchos años de lucha, y aun cuando seas mujer tendrás que hacer tu parte en la lucha. Mientras, hay que prepararse, siempre lista a apoyar las causas justas. Además, obedece a tu mamá y no creerte de todo antes de tiempo. Ya llegará eso.

Debes luchar por ser de las mejores en la escuela. Mejor en todo sentido, ya sabes lo que quiere decir: estudio y actitud revolucionaria, vale decir: buena conducta, seriedad, amor a la Revolución, compañerismo, etc. Yo no era así cuando tenía tu edad, pero estaba en una sociedad distinta, donde el hombre era el enemigo del hombre. Ahora tú tienes el privilegio de vivir otra época y hay que ser digno de ella.

---

* Archivo del Centro de Estudios Che Guevara.
11 La siguiente carta fue enviada a la mayor de los hijos de Guevara, Hildita en su décimo cumpleaños.

No te olvides de dar una vuelta por la casa para vigilar a los otros críos y aconsejarles que estudien y se porten bien. Sobre todo Aleidita, que te hace mucho caso como hermana mayor.

Bueno, vieja, otra vez, que lo pases muy feliz en tu cumpleaños. Dale un abrazo a tu mamá y a Gina, y recibe tú uno grandote y fortísimo que valga por todo el tiempo que no nos veremos, de tu

Papá

Carta a Haydée Santamaría
[Sin fecha]

Querida *Yeyé*:[12]

Armando y Guillermo me contaron tus tribulaciones. Respeto tu decisión y la comprendo, pero me hubiera gustado darte un abrazo personal en vez de este epistolar. Las reglas de seguridad durante mi estancia aquí han sido muy severas y eso me ha privado de ver mucha gente a la que quiero (no soy tan seco como a veces parezco). Ahora estoy viendo a Cuba casi como un extranjero que llegara de visita; todo desde un ángulo distinto. Y la impresión, a pesar de mi aislamiento, hace comprender la impresión que se llevan los visitantes.

Te agradezco los envíos de medicamentos. Veo que te has convertido en una literata con dominio de la síntesis, pero te confieso que como más me gustas es en un día de año nuevo, con todos los fusibles disparados y tirando cañonazos a la redonda. Esa imagen, y la de la Sierra (hasta nuestras peleas de aquellos días me son gratas en el recuerdo) son las que llevaré de ti para uso propio. El cariño y la decisión de todos ustedes nos ayudarán en los momentos difíciles que se avecinan.

Te quiere,
tu colega

---

12   Che había regresado clandestinamente a Cuba en julio de 1966 para iniciar el entrenamiento militar como parte de la preparación de los hombres que participarían junto a él en la guerrilla en Bolivia. La zona elegida para su estancia fue una zona de Pinar del Río conocida como San Andrés. Desde allí escribió esta carta a Haydée Santamaría, combatiente del Moncada, de la clandestinidad y del Ejército Rebelde, quien luego del triunfo revolucionario estuvo al frente de la Casa de las Américas. Véase Ernesto Che Guevara: *Che desde la memoria*, Ocean Sur, 2004.

Carta a Aleida March

Bolivia, diciembre de 1966

Mi única:*[13]

Aprovecho el viaje de un amigo para mandarte estas letras, claro que podían ir por correo, pero a uno le parece más íntimo el camino «paraoficial». Te podría decir que te extraño hasta el punto de perder el sueño, pero sé que no me creerías de manera que me abstengo. Pero hay días en que la morriña avanza incontenible y se posesiona de mí. En navidad y Año nuevo, sobre todo, no sabes cómo extraño tus lágrimas rituales, bajo un cielo de estrellas nuevas que me recordaba lo poco que le he sacado a la vida en el orden personal [...].

De mi vida aquí, poco interesante se puede decir, el trabajo me gusta pero es excluyente y a veces un poco cansador. Estudio, cuando me queda tiempo y sueño en algunos instantes; juego ajedrez, sin contrincantes de categoría y camino bastante. Voy perdiendo peso, un poco de añoranza y otro del trabajo.

Dale un beso a los pedacitos de carne, a todo el resto y recibe el beso preñado de suspiros y otras congojas de tu pobre y pelado

Marido

---

*   Archivo del Centro de Estudios Che Guevara.
13 Esta fue la única carta que recibió Aleida March del Che desde Bolivia. Fue entregada por el peruano Juan Pablo Chang, *el Chino*, después de su visita al Campamento de Ñancahuazú, el 2 de diciembre de 1966, antes de su incorporación definitiva a la guerrilla. Véase Aleida March: *Evocación. Mi vida al lado del Che*, ob. cit.

Carta a sus hijos
[Desde algún lugar de Bolivia, 1966]

Mis queridos Aliusha, Camilo, Celita y Tatico:*

Les escribo desde muy lejos y muy aprisa, de modo que no les voy a poder contar mis nuevas aventuras. Es una lástima porque están interesantes y Pepe el Caimán me ha presentado muchos amigos. Otra vez lo haré.

Ahora quería decirles que los quiero mucho y los recuerdo siempre, junto con mamá, aunque a los más chiquitos casi los conozco por fotografías porque eran muy pequeñines cuando me fui. Pronto yo me voy a sacar una foto para que me conozcan como estoy ahora, un poco más viejo y feo.

Esta carta va a llegar cuando Aliusha cumpla seis años, así que servirá para felicitarla y desearle que los cumpla muy feliz.

Aliusha, debes ser bastante estudiosa y ayudar a tu mamá en todo lo que puedas. Acuérdate que eres la mayor.

Tú, Camilo, debes decir menos malas palabras, en la escuela no se puede decirlas y hay que acostumbrarse a usarlas donde se pueda.

Celita, ayuda siempre a tu abuelita en las tareas de la casa y sigue siendo tan simpática como cuando nos despedimos ¿te acuerdas? A que no.

Tatico, tú crece y hazte hombre que después veremos qué se hace. Si hay imperialismo todavía salimos a pelearlo, si eso se acaba, tú, Camilo y yo podemos irnos de vacaciones a la Luna.

---

*   Archivo del Centro de Estudios Che Guevara.

Denle un beso de parte mía a los abuelos, a Myriam y su cría, a Estela y Carmita y reciban un beso del tamaño de un elefante, de

Papá

Nota al margen: A Hildita, otro beso del tamaño de un elefante y díganle que le escribiré.

ANEXOS

Carta de Juan Almeida a Che
Sierra Maestra, 20 de diciembre de 1957*

Che:

Como ya te habrá informado Ramirito, el comandante no ha podido escribirte personalmente, por encontrarse escribiendo el manifiesto que dará a la luz lo más pronto posible contestando el tan cacareado pacto que ya conoces. Te digo que está formidable, nos ha llenado de contento a los de acá de este lado, así que puedes imaginarte cómo habrá de caer en el otro; en mi opinión muy modestísima por cierto es un bombardeo total para aquella gente. En todo este tiempo ha estado Armando presente. Pero a él también lo han salpicado algunas ráfagas o mejor dicho algo de esquirla de la bomba.

Sabrás ya, que mandamos que se atacara Veguita, no pudo ser por negligencia de los encargados de tirar las granadas y los cocteles, no sé si es así como se escribe de todas maneras no los tiraron y eso fue suficiente para que todo saliera mal. Guerrita fue herido en un tobillo, al establecerse el tiroteo, en fin, que salió todo mal; creo que no hubo completo control del personal. De dicho ataque aun nos faltan cinco hombres que se han extraviado.

Ahí te regresamos al Mexicano, espero que no sea el tremendo charlatán que me imagino. Se trae él solo un rollo que ni él mismo

---

*   Archivo del Centro de Estudios Che Guevara.

sabe cómo salir de él. Le dimos \$200 pesos para salir de él, parece que deseaba vivir bien en México con dinero nuestro. Abusa del hombre; quiere tantas cosas que tú tienes que devolverlo por el mismo camino por donde vino. Te digo lo del dinero para que no te dé la tradicional «mordida» pues ya nos la dio a nosotros.

Bueno Che, este es más o menos el informe del día.

Sin más

Tu hermano
Almeida

Carta de Celia Sánchez al Che Guevara

Sierra Maestra

13 de diciembre de 1957*

Querido Che:

Hace aproximadamente tres semanas que recibimos el dolor de haber entregado esta Revolución a Prío y su camarilla de politiqueros. Hoy recibimos el dolor de tu herida en una «pata». A todo esto nos tenemos que reponer y luchar ahora contra los guardias y contra nuestra Dirección Nacional. A ellos he hecho tres tremendísimas cartas diciéndoles muy claramente la inconformidad de todos los de la Sierra. Yo me apuro mucho en esa carta que Fidel escribe a la Unidad para que conste hoy y en el futuro el nombre de él y la postura nuestra. Ahora hay que olvidarlos a ellos y seguir matando soldados y quemando caña. A pesar de tu «pata» herida tenemos fe que te repongas pronto de todos estos dolores y sigas tu lucha heroica como hasta ahora.

Por las noticias que se tienen del interior sobre la quema de caña parece que se está quemando bastante pero… a la Dirección Nacional, y muy especial a René le debemos que no se cumpla el lema de «No habrá zafra con Batista», cuando partió de aquí quedamos que la fecha fuera el día 12 de noviembre. Así no daría tiempo a echar los centrales a moler; así los guardias repartirían sus fuerzas hacia los centrales y no se hubieran concentrado en la Sierra, todo

---

*   Archivo del Centro de Estudios Che Guevara.

esto nos ha traído haber perdido a Ciro y a Juanito. Solo nos queda afrontar todo esto y seguir la lucha.

Un abrazo fuerte a tu tropa y para ti otro con la admiración nuestra

[Firma ilegible]

Carta de Armando Hart al Che

Sierra Maestra, 25 de diciembre de 1957

Mi admirado Che:[1]

Te hago esta segunda nota luego de recibida copia de la que dirigiste a Daniel y su respuesta. He lamentado más que nunca no haber salido a verte hace días pero, créemelo, hemos tenido aquí que tratar mil asuntos y mi presencia fuera se hace imprescindible.

Estoy seguro que una conversación nuestra resolvería mil problemas y hasta tus propias y legítimas preocupaciones doctrinales con respecto a nosotros.

Sí debo decirte que además de grosero has sido injusto. Que tú creas que nosotros somos derechistas o salgamos de la pequeña burguesía criolla o más propiamente la representemos, es cosa lógica que no me extraña en lo más mínimo, ni mucho menos puede dolerme pues está a tono con tu interpretación del proceso histórico de la Revolución Rusa. Y a fin de cuentas a nosotros no nos ha quedado más remedio que hacer esta pequeña revolución nacional, porque los guías del proletariado mundial convirtieron el formidable estallido de 1917 en una Revolución Nacionalista que se planteó antes que otra cosa —en algo muy legítimo para los rusos— en un movimiento de liberación contra el feudalismo

---

1   La siguiente carta apareció publicada, en enero de 1958, en un periódico cubano de la época, junto con la noticia de que habían detenido al revolucionario Armando Hart Dávalos, uno de los dirigentes nacionales del Movimiento 26 de Julio. Según narró años después el propio Hart, había escrito estas líneas al Che dentro de un intercambio intenso de ideas y opiniones en las que ambos diferían.

zarista, pero nos dejaron a los pueblos situados fuera de ese país sin la oportunidad de desencadenar una revolución universal que acaso hoy venga por caminos insospechados…

La fatalidad de todo esto es que Stalin no era francés, o inglés o alemán y por tanto no rebasó los límites de un gobernante ruso. Si hubiera nacido en París acaso hubiera visto el mundo por un prisma más amplio.

Te repito, nada de esto es culpa nuestra sino de la incapacidad política para juzgarlo que tuvieron los verdaderos genios de la Revolución de Octubre.

Lo que sí me pone un poco bravo es tu incomprensión para nuestra actitud frente a un pacto que siempre hubimos de rechazar. Tan pronto llegue a Santiago te enviaré todos los documentos sobre el particular. Quiero decirte, querido Che, que si pueden existir discrepancias en el aspecto internacional de la política revolucionaria, yo me cuento entre los más radicales en cuanto al pensamiento político de nuestra Revolución.

Rechazamos el pacto y exigimos que se cumplieran nuestras bases, no lo hicimos público porque en aquel momento hubiera creado confusión en el Pueblo, sino que esperamos que se agotara la posibilidad de que se aceptaran nuestras bases para discutir con Fidel la necesidad del rechazo público. Y cuánta satisfacción sentimos cuando vimos que Fidel planteaba públicamente idénticas proposiciones a las nuestras. Cuánta satisfacción sentimos cuando en Miami uno de los firmantes de la carta de la Sierra, Raúl Chibás, dijo que nuestros planteamientos recogían sus planteamientos, cuánta satisfacción al ver que había una completa identificación entre el «líder izquierdista de la pequeña burguesía» y la propia pequeña burguesía que tú dices nosotros encarnamos.

Sí quiero decirte que me siento muy contento con ser considerado pequeño burgués, porque tengo la conciencia muy tranquila y sé que esos clichés no me afectan. Y tan no me afectan que siéndolo he sido dentro del movimiento quien más me he empeñado en organizar a los obreros, y que ellos sean fuerza determinante en nuestra revolución. Si hemos seguido mal el camino te ruego me indiques el más correcto, pero nunca me hagas identificar con gente que durante 25 años han dominado la CTC, y no pudieron desencadenar la gran revolución social, por la que yo lucho en última instancia.

Tuyo. Te respeto

Jacinto

Carta de Camilo Cienfuegos
24 de abril de 1958*

Che, hermano del alma:

Recibí tu nota, veo que Fidel te ha puesto al frente de la Escuela militar, mucho me alegro pues de ese modo podremos contar en el futuro con soldados de primera, cuando me dijeron que venías a «hacernos el regalo de tu presencia» no me agradó mucho, tú has desempeñado papel principalísimo en esta contienda, si te necesitamos en esta etapa insurreccional, más te necesita Cuba cuando la guerra termine por lo tanto bien hace el Gigante en cuidarte.

Mucho me gustaría estar siempre a tu lado, fuiste por mucho tiempo mi jefe y siempre lo seguirás siendo, gracias a ti tengo la oportunidad de ser ahora más útil, haré lo indecible por no hacerte quedar mal.

Tu eterno chicharrón

Camilo

---

* Archivo del Centro de Estudios Che Guevara.

Carta de Fidel «A los rebeldes de Las Villas»
Sierra Maestra, 2 de octubre de 1958*

Hemos recibido con profunda alegría la noticia de que un grupo de cubanos están [sic] combatiendo también en esa provincia.

Cualquiera que sea la militancia revolucionaria del mismo, hemos dado instrucciones al Movimiento de prestarle toda la ayuda posible.

Deseamos saber la situación en que se encuentran. Poco es lo que podemos hacer directamente por ustedes a tanta distancia, pero deseamos expresarles nuestra más sincera solidaridad.

Consideramos conveniente a la lucha contra la tiranía que ese frente se sostuviera a toda costa. Imaginamos [los] obstáculos iniciales que estarán afrontando. Si la topografía de la zona hace imposible resistir o el parque se agota, aconsejo moverse hacia acá, caminando de noche y emboscándose de día en sitios donde no pueda percibirlos la aviación, siguiendo la ruta en zigzag. Cuando el enemigo caiga una o dos veces en emboscada cesará toda persecución, se puede avanzar de 20 a 30 kilómetros cada noche. Tenemos situada una patrulla entre Bayamo y Victoria de las Tunas que les puede servir de puente, trataremos de intensificar la campaña a fin de aliviar presión en esa.

La portadora puede informar detalles y experiencias de interés. Espero noticias. Hacemos votos por el éxito de ese frente y enviamos a sus bravos combatientes un fraternal abrazo.

Fidel Castro

---

* Archivo del Centro de Estudios Che Guevara.

Carta de Lidia Doce al Che Guevara
[Sin fecha]*

Mi querido Comandante:[2]

¿Cómo está? ¿Aún me recuerda? Pues yo no he podido dejar de pensar en Ud. un momento, siempre esperando el correo para ver si me escribe, yo creo ya habrá recibido la Cámara, y estará contento conmigo, quiero recordarle algo, quizás Ud. se le haya olvidado, me ofreció una vez en Las Vegas una pistola, y creo la olvidó, hoy me hace falta aquí en la Habana, pues no tengo ninguna. ¿Cuándo me va a mandar a buscar?

Espero por Ud. mi querido Comandante, espero le entreguen los uniformes pues no sé dónde se los iba a mandar. Aquí estoy luchando aunque disgustada pues aquí no tengo mi Comandante que me manda, y saber lo que tengo que hacer, estoy organizando a las mujeres. Se llaman Grupo Femenino 26 de Julio. ¿Qué le parece? Tengo mucho trabajo, demasiado para mí sola pues al subir [Delio] Ochoa me he quedado muy sola, dígame si recibió lo que le pedí en Bayamo, o sea platos, ollas y de todo lo que hacía falta en su Comandancia.

¡Pero por Dios mándeme a buscar pronto! Pues deseo verlo y darle un fuerte abrazo como Ud. merece aunque yo no lo merezca.

---

*   Archivo del Centro de Estudios Che Guevara.

2   Lidia Doce Sánchez, mensajera de las columnas 1 y 4, muere asesinada después de ser torturada, el 12 de septiembre de 1958. El Che dedica un retrato bajo el título de «Lidia», modificado posteriormente con el título de «Lidia y Clodomira» por ser esta última igualmente torturada y asesinada en la misma acción llevada a cabo por los esbirros de la dictadura. Lidia envió esta carta en septiembre de 1958, días antes de su muerte.

Dele cariños a *Guile* y a *Miguel*, le tengo conseguido un perrito de raza alemana muy fiero, sus padres son campeones de allá de Nueva York. ¿No le gusta? Espero que sí.

Reciba como siempre mis respetos y un fuerte abrazo pero lo más fuerte que se pueda.

De su siempre

Lidia

Carta de Raúl Roa a Che
La Habana, 19 de diciembre de 1963

Che:*

Aunque con gran retraso, te remito un ejemplar de la versión inglesa de tu libro *Guerra de guerrillas*.

Si te interesa puedo interponer mis buenos oficios con Mao para que editen 600 millones de ejemplares en la lengua de Lao-Tse.

Un abrazo de

Raúl Roa

---

*   Archivo del Centro de Estudios Che Guevara.

Diarios de Motocicleta:
Notas de viaje por América Latina

Prólogo de Aleida Guevara

Introducciones de Walter Salles y Cintio Vitier

"La enormidad de nuestro empeño se nos escapaba en aquellos momentos; sólo veíamos el polvo de la carretera por delante y a nosotros mismos en la moto, devorando kilómetros en nuestro ascenso hacia el norte", escribió un joven Ernesto Guevara cuando, junto a su compañero Alberto Granado, se lanzó a la carretera en una motocicleta Norton de época para descubrir América Latina.

Este es su vivaz y entretenido diario de aquella aventura, con fotos exclusivas e inéditas tomadas por el estudiante de medicina argentino de 23 años en su viaje a través del continente, y un delicado prólogo de Aleida Guevara que ofrece una inteligente perspectiva de su padre, el hombre y el icono. (Marzo 2023). ISBN: 9781644211380

Diario de Che en Bolivia

Prólogo de Camilo Guevara

Introducción de Fidel Castro

El relato del Che sobre la fatídica misión en Bolivia que intentó desencadenar una revolución en todo el continente. Este es el último diario del Che Guevara, compilado a partir de los cuadernos descubiertos cuando fue capturado y ejecutado por el ejército boliviano en octubre de 1967. Se convirtió en un *bestseller* instantáneo. Esta nueva edición revisada cuenta con un revelador prólogo del hijo mayor del Che, Camilo, una cronología, mapas y 32 páginas de fotos raras e inéditas. (Septiembre 2023). ISBN: 9781644211397

Pasajes de la Guerra Revolucionaria: Congo

Prólogo de Aleida Guevara

Introduccion de Gabriel García Márquez

Un intrigante relato del Che Guevara sobre la guerra revolucionaria en el Congo que completa el capítulo perdido de su vida. Antes de su fatal misión en Bolivia, en 1965, el Che dirigió una fuerza secreta cubana que viajó para ayudar al movimiento de liberación nacional africano contra los colonialistas belgas, tras el asesinato de Patrice Lumumba por la CIA. (Diciembre 2023). ISBN: 9781644211403

Te abraza con todo fervor revolucionario: Epistolario de un tiempo 1947-1967

Prólogo de Aleida Guevara

Ernesto Che Guevara fue un viajero—y por tanto un escritor de cartas—durante toda su vida adulta. Las cartas reunidas aquí van desde las enviadas a su hogar durante su viaje en *Diarios de Motocicleta*, hasta la larga carta a Fidel tras el éxito de la revuelta cubana a principios de 1959; desde las más personales hasta las más intensamente políticas, revelando a alguien que no sólo reflexionaba profundamente sobre todo lo que encontraba, sino que el proceso de transformación social fue un compañero constante desde su juventud hasta poco antes de su muerte. Sus cartas nos muestran al Che hijo, al amigo, al amante, al guerrillero, al político, al filósofo y al poeta. El Che, en estas cartas, es a menudo juguetón, divertido, a veces sarcástico, y profundamente afectuoso. Su vida fue corta, y estos veinte años, desde que tenía diecinueve hasta días antes de su muerte, muestran que también fue increíblemente rica y plena. (Septiembre 2023). ISBN: 9781925756395

Che Guevara Presente: Una antología mínima

Editado por David Deutschmann y María del Carmen Ariet García

Reconocido como uno de los "iconos del siglo XX" por la revista *Time*, el Che Guevara se convirtió en una leyenda en su época y ahora ha resurgido como símbolo de una nueva generación de activistas políticos. Mucho más que un estratega guerrillero, el Che Guevara hizo una profunda y duradera contribución a la teoría revolucionaria y al humanismo marxista, como se demuestra en este *bestseller*. (Diciembre 2023). ISBN: 9781644211410

Otra Vez: Diario del segundo viaje por Latinoamérica

Esta secuela de *Diarios de Motocicleta* incluye correspondencia, poesía y periodismo que documentan el segundo viaje latinoamericano del joven Ernesto Guevara tras su graduación en la facultad de medicina en 1953. Revela cómo el joven argentino se transforma en un revolucionario militante, dispuesto a comprometerse con la lucha guerrillera que Fidel Castro y sus compañeros están a punto de lanzar en Cuba contra la dictadura del general Fulgencio Batista. (Diciembre 2023). ISBN: 9781644211427

Pasajes de la Guerra Revolucionaria

Prólogo de Aleida Guevara

Publicada originalmente como una serie de artículos para los periódicos cubanos, esta edición completamente revisada incluye por primera vez correcciones hechas por el propio Che a su diario en el que se basaron los ensayos. Este libro también incluye un prólogo de la hija del Che, Aleidita, sobre cómo se conocieron sus padres durante la guerra revolucionaria y 32 páginas de fotos y mapas de la campaña guerrillera. (Diciembre 2023). ISBN: 9781644211434

La Guerra de Guerrillas: Nueva edición autorizada y corregida

Prólogo de Harry "Pombo" Villegas

Un clásico de superventas durante décadas, este es el incisivo análisis del Che Guevara sobre la revolución cubana, un texto estudiado por sus admiradores y adversarios por igual. Aunque a menudo se considera un "manual" de guerra de guerrillas, este libro es principalmente un relato político de lo que ocurrió en Cuba y por qué. Explica cómo un pequeño grupo de combatientes dedicados se hizo más fuerte con el apoyo del pueblo cubano, superando sus limitaciones para derrotar al ejército del dictador respaldado por Estados Unidos. También analiza por qué la revolución cubana alcanzó una "trascendencia continental e internacional". (Marzo 2024). ISBN: 9781644211663

Justicia Global:
Tres ensayos sobre liberación y socialismo

Introducción de María del Carmen Ariet García

¿Existe una alternativa a la globalización empresarial y al militarismo que asola nuestro planeta? Estas obras clásicas de Ernesto Che Guevara presentan una visión revolucionaria de un mundo diferente en el que la solidaridad humana y la comprensión sustituyen a la agresión y la explotación imperialistas. (Marzo 2024). ISBN: 9781644211687

América Latina:
Despertar de un continente

Editado por María del Carmen Ariet García

En una carta a su madre en 1954, un joven Ernesto Guevara escribió: "Las Américas serán el teatro de mis aventuras de una manera mucho más significativa de lo que yo hubiera creído". En America Latina se narra la historia de esas aventuras, trazando la evolución del Che desde el joven e impresionable estudiante de medicina al "guerrillero heroico", asesinado a sangre fría en Bolivia. A lo largo de diecisiete años, esta antología se nutre de los archivos personales de su familia y ofrece lo mejor de los escritos del Che: ejemplos de su periodismo, ensayos, discursos, cartas e incluso poemas. A medida que el Che documenta sus primeros viajes por América Latina, su participación en las revoluciones guatemalteca y cubana, y su ascenso a la prominencia internacional bajo el mando de Fidel Castro, vemos cómo su ferviente compromiso con la justicia social moldeó y fue moldeado por el continente al que llamó hogar.

Casi la mitad de este libro se publica por primera vez y es anterior a la llegada del Che a Cuba con la expedición guerrillera de Fidel Castro en 1956. También se incluyen sus notas para su libro inacabado, *El rol de los médicos en América Latina*. (Marzo 2024). ISBN: 9781644211700